U0932100

獻給

那些年曾為我禱告、期盼著我早日回家的您們

中國神學研究院
普及神學叢書

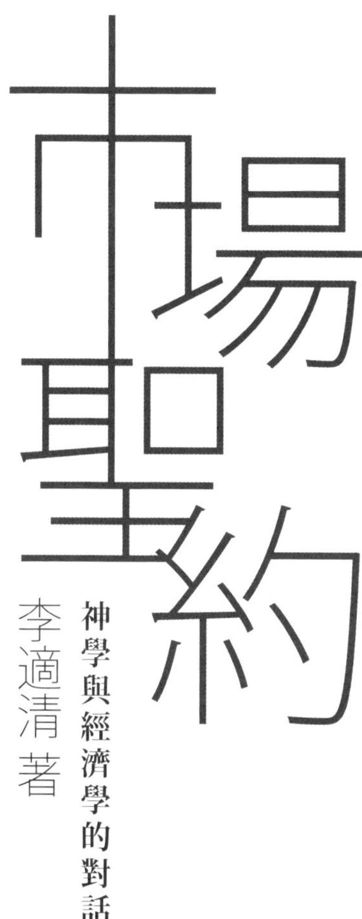

神學與經濟學的對話

李適清 著

基道

出版社

中國神學研究院
China Graduate School of Theology

▼

中國神學研究院 · 普及神學叢書

市場聖約

神學與經濟學的對話

作者
李適清

叢書編委
余達心、張略、黃嘉樑

責任編輯
梁冠霆

裝幀設計
奇文雲海 · 設計顧問

■

聯合出版
中國神學研究院、基道出版社

發行
基道出版社
香港沙田火炭坳背灣街 26 號富騰工業中心 1011 室
LOGOS PUBLISHERS
Unit 1011, Fo Tan Ind. Centre, 26 Au Pui Wan St., Shatin, Hong Kong
電話：(852) 2687-0331 傳真：(852) 2687-0281
網址：http://www.logos.com.hk

承印
雅聯印刷有限公司

●

10/2012 初版

Cat. No. LP257

ISBN: 978-962-457-450-0

刷次	10	9	8	7	6	5	4	3	2	1
年份	2021	2020	2019	2018	2017	2016	2015	2014	2013	2012

叢書總序

華人神學教育的本土化歷五十年耕耘而茁壯，新一代華人神學工作者更是人才輩出，使不少華人神學院走出了倚賴西方的格局。然而深一層的倚賴仍在。神學教育的模式，人才的培訓，以至教科書、參考書和期刊等幾方面，華人教會仍未能完全自立。近年不少華人神學期刊冒起，且水平極高。遺憾的是，華人神學著作，特別是提供教學之用的教科書，卻仍甚匱缺，以致西方神學教材仍是主流，西方神學的思考模式及其關注的問題因此仍盤踞不去。這對神學本土化做成了極大的窒礙。不少神學生也因此視外文能力要求為攻讀神學所必須跨越的高欄。要扭轉這形勢，我們必須大力推動華人神學工作者著述，使華人神學思想能萌芽茁長。與此同時，中國內地教會發展神速，神學教育巨大的需求，巨大而急，真是刻不容緩。但對內地神學教育一個最大的障礙正是教科書的嚴重缺乏。

面對著這實在而急迫的挑戰，中神決定籌劃「**中國神學研究院．普及神學叢書**」，為中國神學的發展，盡一分力。從籌劃到實現，起步實最為艱難，幸得黃澤華先生協助，以他豐富的出版經驗，加上用心的策劃和推動，使這套叢書的計劃終能開展。我們謹此向他表達極深的謝意。同時，得到基道出版社作為這套叢書的出版伙伴，實在重要非常。他們編輯認真、嚴謹，在編輯和校對的過程中，對確保書本的學術質素，有極高的要求。這實在使我安心不已。

這系列的叢書有另一重要的要求，就是要求作者一方面以嚴謹的學術取態書寫，但另一方面卻又要以淺白的論說和流暢的筆觸行文，讓一般願意認真思考的信徒，雖未受神學訓練，讀下去仍感淺易近人。結合兩種要求，殊非易事，猶幸作者們有同一信念，並以此為必要。因此，我們深信，這系列叢書必受普羅信徒歡迎。我們深知，現時所作的只是涓滴，深盼它能與更多涓滴之流匯成江河，以灌溉廣大乾渴的信仰心田。

余達心

作者序

本書的寫作目的，主要是為了建構一個面向現代經濟市場的神學回應。有關神學與經濟學的研究，以往一般都專注在倫理問題、單一的經濟問題，又或基督教的理想思維之上。然而，神學本身卻包含著一套關於創造和人類本質的基本宇宙觀，對人類經濟活動具有深遠意義。這些引申意義並不限於倫理層面，也深深影響著最根本的人類本質、羣體關係、社會發展和全人福祉。

本書為經濟市場提供一套名為「市場兩基柱」的經濟典範(paradigm)，在其中聖約和合約互相並列，成為組成平衡經濟秩序的兩根「基柱」(pillars)。現代市場的根基依靠法律合約的支持，由合約法規管理經濟活動。那些不能成為合約元素的東西，則被排除於市場預設的規律外，完全依賴每一位市場參與者的個人推動。在書中，我們將會重新發現和考核聖約觀念在社會裏及經濟上的根基性和重要性，藉著比較「神學聖約觀」和「法律合約觀」，分別指出它們的意義和特點，並解說兩者如何在市場中相輔相成地推動正規和平衡的經濟關係。本書會以長期雇傭安排作為範例，說明「兩基柱」典範的實際可行性和應用方式，從而引申出它如何能為其他經濟活動提供一個完整的規範。此外，本書亦會探討聖約的根源、特性及其社會應用，指出聖約的普遍性和必然性並不限於信仰羣體，而是支撐經濟市場那必需的基柱之一。我們將從神學角度，通過兩基柱的典範，與古今經濟學者對話，且在更廣泛的層面上，探討兩基柱的應用模式，以達成一個能實際地回應現代經濟市場之基本需要的神學建構。

本書是二〇一〇年出版的英文原著 *The Two Pillars of the Market: A Paradigm for Dialogue between Theology and Economics* 的中文普及版，內容修訂自筆者在愛丁堡大學（University of Edinburgh）完成的博士論文。相比起英文版，本書對某些章節內容進行了調整，例如刪減了某些學術內容，並加入了第七章有關香港經濟的宏觀討論，以更適切本地讀者的需要。

我衷心感激中國神學研究院院長余達心博士鼓勵我踏上這趟研究之旅，以及院方一直以來的代禱和資助，使我可以在英國愛丁堡研究及寫作。愛丁堡是一個歷史悠久之都，在寧靜的環境裏，我得以向愛丁堡大學的教授們學習，其中包括神學系的弗格森教授（Professor David Fergusson）和經濟學系的湯瑪斯教授（Professor Jonathan Thomas）。此外，本書內容亦得到經濟學家托馬斯．托倫斯教授（Professor Thomas Torrance）和神學家珀塞爾教授（Professor Michael Purcell）的評閱，他們都給予不少寶貴意見。二〇〇九年一月，在鄧普頓基金會（John Templeton Foundation）於愛丁堡主辦的「神學家亞當．史密斯」（"Adam Smith as Theologian"）學術會議上，筆者曾發表有關「市場兩基柱」的構思，與會學者的鼓勵和寶貴意見，讓我銘記。

目錄

第1章 導論：神學與經濟學的整合

1.1 神學與經濟何干？

1.2 神學與經濟學整合的發展

1.3 以神學觀念為經濟活動的借鏡

1.4 為經濟市場建構神學典範

本書源於神學與經濟學跨學科整合的需要，目的是探討神學與經濟學的接觸面，並對當代經濟市場現象提出神學回應。驟眼看來，神學與經濟學是風馬牛不相及的學科；可是，當我們仔細地想，不難發現這兩門學科之間，卻共享一個基本的關注點，就是人類的本質和活動，以及人與人之間的互動。經濟學注重如何適當地分配資源及提升效益，以滿足人類的需求和慾望；神學則涉及人類對真理的尋索，以及整體人類的福祉。直到目前為止，神學與經濟學的整合和對話工作，比起其他跨學科研究似乎仍相對地稀少，故本書嘗試探討這兩門學科其不同的前設和宇宙觀，最終希望為經濟市場提供一套既合乎神學理念、又實際可用的典範（paradigm）。

1.1 神學與經濟何干？

在現今的社會裏，經濟活動的影響力，比以往任何年代更加深遠。經濟活動不但在市場交易和資源分配上發揮具決定性的作用，它甚至主導著人類的基本價值優次，驅使人在滿足個人需要的過程中接受它的一套思維方式。無論我們是否察覺，在日常生活的每一天裏，我們都必須參與經濟活動。與此同時，我們亦發現一個事實，就是人並不單是個別的個體，也不能獨個兒自給自足，即使是最有才能的人，也必須參與市場交易才能生活。因此，所有人都依靠與別人的合作和互動才能生存。每分每秒，市場交易都在不斷地進行，它成為我們生活甚至生存的決定性元素。

現代市場處理交易的方法，就是先為每項交易訂定價格，然後按照這些價格以同等的貨幣價值作出交換。故此，不論是產品或服務，只要能具體地被建構成客觀的商品，就可計算出其市場價值。經濟市場就是按照這種基本規則，為社會大眾提供合作交易的平台，讓參與者可以金錢作為交易工具，換取日用所需。藉著人類相互依賴的交易合作機制，這經濟秩序維護著人類的羣體生活。與此同時，這種交易流程及法則也形成了經濟市場，以及市場中獨特的結構和交易要求，並影響著參與者對於選擇事物的優次和取向。例如：市場傾向排拒一些如清新空氣、關愛、親情、友情等人生的基本需求。這些無法在市場中被標上交易價格的事物，卻正正是人類生活裏的「無價寶」，但在經濟市場中則顯為「無價」。假如有人企圖把「愛」包裝成商品或服務，就會馬上大大扭曲了其本質，貶低了「愛」的崇高情操。這就是說，當經濟市場的參與者在市場中得到產品或服務，他們同時亦受到市場的優次和價值所驅動和塑造。因此，市場參與者必須建立及持守人類的基本價值觀，以免這些不能被市場訂價和買賣的「無價寶」漸漸失落。

從這個角度來看，經濟學的任務就不單是滿足需求或提高效率。它的更深層意義，就是幫助人類適切地善用天然資源，為市場的參與者建立最優良的環境和機會，使他們可以更有效地合作和生活。這焦點超越了那單純地為了滿足物質需求的目標，把我們的視野提升至全人及整體人類的福祉上。神學對經濟學的回應及兩者的整合，乃是以人類經濟生活的福祉為大前提，探勘並提出人類經濟生活的真理據點，包括對人性的反思，以及宇宙觀的影響，從而檢視人類的經濟生活和互動關係是否忠於人類被造的本質，把人類從其因著背棄真理而有的自我傷害中喚醒，並通過探勘和對話，在經濟活動和生活中注入上帝救贖及轉化的出路。

一直以來，神學與經濟學的跨學科研究並不算多。現有的跨學科研究資料，涉及許多不同範圍，有從聖經原則出發的，有從社會倫理出發的，也有較為激進的理想改革進路，至於能從神學據點出發卻又注重實踐的則比較少。神學與經濟學跨學科研究的缺乏，一方面是由於這兩大學科所涉及的範圍既廣闊又複雜，另一方面也因為兩者的接合點不但涉及兩個學科本身，還涉及與人類生活有關的其他基本學科，例如：哲學、政治、社會學、心理學、法律等。再者，經濟學原本是一門處理人類物質世界的學科，而神學在傳統的發展裏卻是與人類心靈世界有關的學科，對世上的事物看得較為次要。所以驟眼看來，這兩門學科似乎沒有甚麼關係。可是，我們不要忘記，物質世界的運作和秩序，深深地影響著我們每天的生活，以及人類尋求與實踐真理的過程。在我們不知不覺間，經濟市場的結構主導著人與人之間的關係，並以它的一套價值觀及優次排序掌控了人類的生活。因此，我們必須不斷反省經濟市場帶來的影響，以致我們在建構人類經濟活動和市場法則的時候，能夠適切地訂立有效的規律和限制，讓市場和它的運作方式達到為人類服務的原意，防止人性在其中受到扭曲。在此，神學作為批判的科學，有著其重要的任務和位置。[1]

有不少學者認為，經濟學本身具有一個神學向度，並且曾經針對這一點作出批判，但有關經濟學的神學本質，仍然有待探討和深入分析。神學與經濟學之間究竟可如何連接及對話，包括跨學科的進路和對話基礎等，仍然有很廣闊的研究空間。自從十八世紀，經濟學成為一門獨立學科以來，神學家一直嘗試以基督教倫理來回應經濟學。可惜「倫理」這個名詞，在現今後現代的處境和文化裏，已經漸漸失去它獨有的位置。與此同時，在經濟學這一學科被科學化，以及計量經濟學的發展下，建構經濟模式的方法和前設都被再三量化。神學與經濟學的對話，正正可以為人類對其本性、信念、價值取向等各方面的經濟研究，提供新的啟示和角度。這些都是人類生活上的基本課題，影響到全人類的福祉和社會發展。近年，一些研究和批判市場經濟的神學家提倡「神聖經綸」(divine economy)，成為神學工作者對市場經濟跨學科研究的新焦點。這些具有深厚神學根基及理想的經濟模式，除了需要更深入的鑽研外，更加需要離開神學自說自話的框架，注入面向世界、回應社會的元素，以至神學理念能為社會提供適切的嚮導，服事社會大眾。

1.2 神學與經濟學整合的發展

在探討神學如何與經濟學銜接時，早期學者大多專注研究神學與政治經濟學(political economy)的關係，其中大致分為「一元」及「多元」兩種看法。在一八九〇年前，「一元」觀點把神學視為其他學科的根本，因此經濟學只是它的一門分支。從一八九〇年至上世紀八十年代，「多元」觀點的興起，促使經濟學及其他科學知識享有獨立專門學科的地位。[2] 以往在神學主導的社會裏，神職人員和教會經常插手經濟問題，這種情況在多元觀念下則轉移到另一極端：經濟學的理論和分析，完全從學科本身的傳統和價值觀分割開來。自此以後，經濟學以一門獨立的學科發展，而基督徒學者只對部分經濟課題進行局部的神學回應。這些回應可分為三大類：(1)社會經濟神學(socio-economic theology)——有關社會經濟及倫理的神學研究；(2)宗教的經濟學(economics of religion)——基督徒經濟學家對信仰與經濟的整合；以及(3)神聖經綸或神學裏的經濟學(theological economics)——對經濟學的批判及以神學觀顛覆性地重建經濟架構。

在社會經濟神學及倫理方面，天主教通諭多年來一直在回應社會經濟課題上扮演著重要角色。其中和經濟學有關的，包括一八九一年教宗良十三世(Leo XIII)的《新事》(*Rerum Novarum*)、一九六七年教宗保祿六世(Paul VI)的《民族發展》(*Populorum Progressio*)，以及一九九一年教宗若望保祿二世(John Paul II)的《百年》(*Centesimus Annus*)等。二○○九年，教宗本篤十六世(Benedictus XVI)發表了《在真理中實踐愛德》(*Caritas In Veritate*)，當中尤其指出，真理的探索和理解對人類明白愛德和經濟活動十分重要。綜合這些通諭的內容，我們便可得見天主教會對於社會經濟的觀點，以及在回應失業問題、資本產權、資源分配，以及社會政策等各方面的社會理念。我們還可看見，天主教會在其回應社會論題的傳統裏，主要是關心社會經濟現象和民生事務。[3]

多年來，有不少文章從聖經或倫理角度探討經濟活動。在聖經研讀上，對財富管理、貧窮問題、物質主義、工作等的經濟狀況不乏討論。一九九○年，全世界超過一百位神學家、經濟學家、倫理學家、發展學家、教會領袖和商界人士共同發佈了〈基督徒信仰與經濟牛津宣言〉("Oxford Declaration on Christian Faith and Economics")，他們以聖經角度陳述有關經濟生活的基本信念。這羣被稱為基督徒重建派（christian reconstructionists）的專家和領袖，致力於按照聖經裏的國度觀、社會福利、借貸、千禧論等觀念，建構合乎聖經真理的經濟論。[4]

在早期的神學作品裏，加爾文（John Calvin）對於社會倫理的進路，以及他著作中一些對經濟方面的論述，經常被學者引用來回應經濟問題。加爾文身處的改教時期，社會正面臨著通脹壓力。在這處境裏，馬丁．路德（Martin Luther）的取向是企圖重尋中世紀的經濟秩序，而加爾文則嘗試了解其眼前的經濟實況並尋找解決方法。時至今日，經濟活動持續地高速發展，經過了多年的改變，現代社會形成了與古時截然不同的經濟狀態和規律，而且還繼續不停地改變著。因此，那「未知」或「有待認知」的真理，仍然挑戰著我們更新對聖經中社會倫理的詮釋。在歷史進程中各項世界大事的展現，也呼籲著我們不斷更新對上帝永恆計劃的尋索。面對眼前各種互相緊扣的複雜經濟關係，任何單一的規範處方，都不足以解決問題。在此，上帝的話語邀請我們繼續反省和洞察真理，不甘安於現況，並積極進入社會的掙扎中，為這些人類共同面對的經濟問題，尋找合乎真理的出路。這洞察力包括探討經濟的基本功能、功能背後的前設，以及導致的結果等。[5] 假如缺乏對這些基本前設和進路的持續性反思，經濟學研究始終是不完整的。

在信仰與經濟的整合方面，基督徒經濟學家也有一些反省和研究，他們的討論較為專注於社會和倫理問題上。例如：經濟學家理查森（J. David Richardson）呼籲，不要讓經濟學淪為一個純技術性的學科。他指出，經濟學的倫理內涵正在滑落，它的關注範圍漸漸變得狹窄，方法也愈來愈薄弱。[6] 除了從聖經詮釋探討經濟外，一直以來，大部分社會經濟學的討論都圍繞著經濟體系，即資本主義和社會主義的研究。雖然研究的結果大致偏向資本主義的建構，但也有學者適切地提出，資本主義並不代表上帝的國度，因為它並非一個基督化的體制，與天國裏上帝掌權的看法也有許多差別。[7]

在學術整合的實踐方面，其中一個代表就是「基督徒經濟學家協會」（Association of Christian Economists），它是一個位於英、美兩國的國際性學術研究網絡。一九九七年，《基督徒經濟學家協會期刊》（*Journal of the Association of Christian Economists*）的特刊，試從基督徒經濟學家的觀點出發，提供了有關基督教信仰和經濟學整合工作方面較為全面的參考書目。[8]二〇〇五年，基督徒經濟學家協會舉辦了一個名為「宗教的經濟學」（economics of religion）的會議，指出宗教觀念可以為經濟研究提供正面的洞見，並肯定了宗教和經濟學的整合價值。可是，經濟學家在整合的進路上選取了另一角度。他們把「宗教經濟學」（religious economics）和「宗教的經濟學」區別出來，前者從宗教信仰的真理觀出發，回應社會及經濟活動；而後者則從社會及經濟角度出發，探討宗教及其推論。[9]簡言之，「宗教的經濟學」是運用經濟和科學的分析方法研究宗教，通過經濟活動的供求理論和交易規律來檢視人類的信仰系統。

除了基本的方法論問題外，基督徒經濟學家也從信仰角度出發，探討經濟體系、微觀和宏觀經濟學、產業組織、勞工、資本、土地、貧窮、社會福利、家庭、健康、教育、國際經濟學，以及經濟增長等問題。經濟學家唐納德．海（Donald Hay）在他的著作《今日經濟學》（*Economics Today: A Christian Critique*）裏，討論了不少信仰與經濟的問題。[10]另一位經濟學家譚斯特（John P. Tiemstra）則從基督教改革宗神學的角度，初步概覽經濟學裏不同的學術分題。這些研究的焦點，都是檢視人類是否按照聖經原則進行經濟活動，尤其聖經中提出的看守／管理（stewardship）觀念，它與現今的經濟學科學方法、人類的經濟互動、家庭及企業組織的建構等是否一致。[11] 從以上的概覽可以看見，神學家和基督徒經濟學家在跨學科的傳統整合上，大都把焦點放在經濟活動和人類生活中的倫理問題上。雖然這些研究為神學及經濟學的跨學科整合，提供了寶貴的洞見和貢獻，卻仍然有很大的空間，建構一種更基本和整全的跨學科整合方式。[12]

近年來，一些神學家開始以神學為據點，批判現代的經濟狀況，並提倡顛覆性地重建經濟規劃，把社會經濟體系完全地扭轉過來。這些進路由較溫和的神聖經綸的比喻，以至激進的經濟批判和重建觀點不等。例如：大衛·萊（David Loy）認為，經濟學是現代社會科學中最具影響力的學科，它的使命是為人類提供一套取代宗教的信仰理念。尤其當經濟市場已經形成一股不斷推動生產和消費的力量時，它本身就象徵著一種世俗化的救贖觀念，讓人類以經濟增長和個人消費為人生目標以至生命的焦點。[13] 另一位學者莉薩·希爾（Lisa Hill）認為，經濟學之父亞當·史密斯（Adam Smith）的經濟理論本身蘊含著神學觀，是根據上帝在自然界的活動建構而成的。[14] 這並不是說，史密斯的理念乃基於一套宗教信仰，而是他的經濟理念建基於他的倫理哲學上，因而蘊含著史密斯本身對神學的理念和觀感。二○○一年，學者尼爾森（Robert Nelson）出版了《經濟學作為宗教》（*Economics as Religion: From Samuelson to Chicago and Beyond*）一書，認為現代經濟學是現代社會裏最具力量的一套宗教信念。[15] 在功能上，經濟活動已經主導著現代文化，而這種現象早於耶穌門徒的生活裏就已經開始了，從耶穌大量引用經濟生活作祂比喻的材料便可得見。人類對經濟發展的追求，就如一股信仰的力量，在歷史中不斷地向前衝，橫掃每一個時空、學科、專業和生活領域。

按照這種批判的進路，有些神學家倡導重建經濟的神學觀念。奧斯林頓（Paul Oslington）呼籲發展「神學裏的經濟學」，先探討經濟學中蘊含的神學觀，然後重新建構合乎神學的經濟學。他提倡傳統神學應尋找自身與經濟學的關係，認為神學與經濟學不應該也不可能分開，神學必然地蘊藏在現代經濟學裏，而正統的基督教教導則必須在經濟活動中佔有基本的地位。[16] 在以正統的基督教教義回應經濟學的層面上，神學家米爾班克（John Milbank）提出徹底正統主義（Radical Orthodoxy）的觀念，認為神學是「後設論述」（meta-discourse）的根基。在這個徹底正統神學的陣營中，學者斯蒂芬．龍（Stephen Long）出版了《神聖的經濟》（*Divine Economy*）一書，提出人類過去在處理經濟問題時，曾經使用三項策略：第一項策略是遵照早期教會傳統，以經濟學為一門獨立科學；第二項策略是按較後期的社會—神學進路研究經濟；第三項策略是回到古代基本社會經濟功能來為現代經濟尋找出路。龍認為，我們應該採取第三項策略，同時藉此確定神學必須參與經濟學的討論。[17] 他這觀點要求神學主動地參與經濟討論，並提供建基於真理的洞見。

其後，學者格勞（Marion Grau）在她的《有關神聖的經濟》（*Of Divine Economy: Refinancing Redemption*）一書裏，以救贖論作為比喻，研究基督教傳統裏蘊含的經濟理論，及其對社會經濟重建的意義。格勞指出，自由神學和徹底正統神學的支持者都認為，新古典經濟學（neoclassical economics）是現代主義下有問題的產物。因此，她嘗試建構一種「反經濟論的神學」（a theology of counter-economy），在神學批判和新古典經濟學之間規劃全新的「第三空間」（third space）。[18] 雖然以上這些對於社會經濟的批判都是建基於神學思辨的洞見，但它們普遍缺乏實際可行的應用方法，有人甚至認為，這些理想觀念只是一種神學帝國主義（theological imperialism）。事實上，基督徒羣體在社會中與非基督徒羣體共同生活，而後者更是社會經濟參與者的大多數，所以無論提出怎麼樣的神學與經濟學的整合方案或典範，都應考慮到非信徒羣體的實際參與，才能建構出可行的方案。

另一個值得關注的建議，來自神學家坦納（Kathryn Tanner）的作品《恩典經濟論》（*Economy of Grace*）。坦納嘗試把金錢和恩典連接起來，提倡一套扭轉現有經濟架構的「恩典經濟體系」。恩典經濟體系的運作和市場經濟裏的競爭及自利觀念截然不同。在無條件施予的規律和大前提下，上帝那樂於賜予的本質和施恩的行動，成為人類經濟行為的指引，讓人與人之間的合作和互動，都以上帝無條件的付出為原則，並肯定在上帝的賜予下，人類一無所缺。因此，人沒有需要去競爭，也沒有未能滿足的基本所需。上帝作為世界的創造主必能滿足一切需要，這照管（providence）和滿足同時也是普世性的，使人可以在一無所缺的豐足狀態下樂於付出和施予，因而促成完美的經濟結構和運作。[19]

可惜，坦納並未能在她提出的系統中，說明如何在個人層面上達到這種豐足的狀態。原則上，上帝是豐富的，而且樂意把一切美善和豐足賜予每個人。我們也因此時常活在這恩典裏，自由地施予和付出。但實際上，當我們面對饑荒和貧窮的事實時，這原則似乎顯得不切實際。然而我們必須留意，創造和照管等信仰重點，都是基本的教義觀念和真理，並非應用上的工具。它們是信仰中的大原則，涵蓋著人類存在的基礎。在這些真理的基礎上，人類必須共同建構自身的社會。這就是說，上帝創造及賜予，但人類必須按照上帝的創造原意負責看守及管理，對抗陷在罪中的自私自利傾向，共同建立公平合一的社羣，保護創造的規律和秩序。當我們將這些神學觀念單一地應用在個人施予的行動時，就像抽取了恩典含義裏的一小部分，輕易地扭曲了它本身豐富的意思，以致最後的結論顯得不切實際，難以實踐。

坦納的恩典經濟體系，乃是基於一套與經濟學截然不同的前設，展示了一套與人類歷來的交易方式完全不同的建議。無條件的施予，正正和自我利益的原則相違，而無需競爭的狀態，也與從競爭中獲取最高利潤的想法背道而馳。坦納並不是忽略恩典經濟制度的應用層面問題，反而藉此指出，任何對於現時經濟制度的更改建議，都只是妥協而非轉化，其最終結果只會徒勞無功，因為我們離開真理的基礎實在太遙遠了。[20] 在這一點上我們要注意，建基於神學觀的恩典經濟體系，從真理的角度看來是很有意義的，它代表了全然美善的取向，展示了新天新地的盼望。然而，在這已然未然（already but not yet）的世界裏，人類及宇宙的一切被造之物，仍然盼望著基督的再臨，並且竭力在世上未得之民中作見證。因此，信仰羣體必須從真理的據點上為世界反思，建立以人類整體社會為大前提的公共神學，也就是教會羣體選擇以社會羣體的好處為先的反省。在這公共神學的領域裏，經濟活動是重要的範疇。神學對經濟學的回應也必須以此為進路，並嘗試建構一個既能站穩真理之上，又實際可行的經濟典範。

1.3 以神學觀念為經濟活動的借鏡

在神學與經濟學整合的著作中，米克斯（M. Douglas Meeks）的《經濟學家上帝》（*God the Economist*）被一些學者認為是一部歷年來較為出色的神學作品。[21] 他以希臘文的「經綸」（*oikonomia*），即對於天地萬物經濟管理的比喻，論述創造中萬有皆建基於上帝國度的規律和管理。他以這經綸觀念重建經濟秩序，顯示出神聖經綸作為上帝管治下的規律與新古典經濟學中的規則截然不同，這擴闊了我們對「經濟」所涵蓋的範圍的理解。米克斯認為，市場法則出現的問題，在於人把上帝從經濟領域中挪走了，以致原來蘊含的超越性基礎和人性反思，都變成功能式的、物質上的追逐。一旦上帝在人類經濟生活中的應許和聖約被挪走，人類的活動最終必淪為虛空無有。因此，米克斯重新把上帝比喻為經濟學家。上帝作為經濟學家，就正如祂是律法的守護者、天地萬物的創造主、永恆的救贖主等，在經綸的規律裏，祂是掌舵的上帝。[22] 耶穌基督的死和復活，是上帝絕對主權的終極啟示，使人明白上帝已經勝過世界，所有一切包括人類在經濟活動所經歷的不足和缺乏，都因著人從罪中被上帝釋放、重新得著自由而被扭轉過來。人不再活在罪和死亡的權勢下，而是活在上帝掌權的經綸秩序中。因此，米克斯呼籲我們擴闊視野，把財富與產物的私有觀念，擴闊到信徒羣體裏彼此相顧和分享的層面上。

米克斯把人類的工作視為神學問題的重心之一，因為工作涉及權力和從屬關係。這正是人類經綸關係中統治和剝削的起始點。他指出，工作不能降格為受苦或以此來作自我肯定。工作是個人內在生命的揭示，反映上帝形象中的作工與休息。上帝把人類從罪和死亡的權勢中拯救出來，同時也將經綸秩序從非人性化的工作狀態中扭轉過來。因此，工作本身是一種權益，使人得到應有的尊嚴，能夠參與在社羣之中，不至淪為追求效率的工具。工作亦使人對社羣有歸屬感，以至可以成為貢獻社會的一分子，並且分享羣體共同努力的成果。與此同時，人類的渴求也因罪被扭曲了，而需要上帝彰顯權柄和永恆的救贖。米克斯指出，上帝願意照顧每個人，供應我們的需要。雖然我們眼前的缺乏十分真實，但這些缺欠只是在人類的限制和不足中出現，而不是經濟學家所指的物質缺乏。因此，在上帝的經綸秩序中，經濟活動的目標是為所有人提供生活所需，並從中得著豐富的祝福。[23]

米克斯的研究以神學觀念作比喻，提出了不少獨特的見解，可惜他的討論並沒有就基督徒如何回應現代經濟學理論提供具體的方案。米克斯對民主政制的支持，影響著他對經濟學的觀點。他認為社會傾向依賴市場所隱藏著的力量，這是一種機械式、非刻意的自然現象，並反映著市場參與者有選擇自由。事實的確如此，但經濟市場比米克斯所想的更複雜。雖然市場是根據各人的自由抉擇和意向所形成的，但它也是羣體中所有人共同建構而成的。市場提供給個人看似自由的抉擇，但這並不是完全的自由，而只是按照市場優次和法則限制內的有限度選擇權。

米克斯發現，聖經中有許多和經濟語言近似的用字，例如：欠債、信託、管理、贖回等，因而觸發他以「經綸」(*oikos*)這字詞，把上帝和經濟連接起來。[24] 可是，我們必須注意，這種文字的修辭手法，並不代表其背後意義與經濟有必然的關係。上帝的經綸秩序是否就是祂對世上經濟活動的心意呢？這一點仍然有待分析。再者，米克斯發現教會的經濟觀也被現代市場的規律扭曲了，以致忘掉了教會所要踐行的公義和管家職分這些基本要素。可是我們知道，在基督徒尋求天國在地若天的過程裏，現實世界並不一定為實踐公義和管理大地提供有利條件。聖經教導中也沒有假設一個對實踐真理有利的處境，反而要求教會在世俗的洪流中，為主見證教會的公義和管家職分。我們發現，市場的規律本身已被扭曲，而且它也沒有聲稱在資源分配上會顯出公義，又或為人類的行為作出規劃。反之，市場是按照人類行為和處境而形成的，我們仍然需要盡忠地尋求實踐公義和管家職分，竭力地共同建構合乎真理的經濟秩序。

比喻和神學觀念的確有助解釋神學真理，但我們必須恰當地應用這些觀念，以致能適切和實際地反映經濟活動的精粹。要適切地建構一套神學對經濟學的回應，我們必須由市場對人性的前設開始，並探討市場中人與人之間互動的關係和動力，再把這些前設與神學的人觀作出比較。當我們進深地反思，發現在人類的始祖犯罪之後，上帝主動通過「聖約」(covenant)與人類重建關係。聖約這一教會早已認識的觀念，揭示了世上神人互動和人與人之間互動的重要基準。聖約觀念的重要性，不單在於它的神學理論，而是在於它是一種關係上的規律，展示著人與人之間在社會裏互動的基本結構，為社會和人類生活提供了重要的應用原則。因此，聖約觀念的應用不只是一種喻意，而是建基在聖經真理上的實際生活方式和關係觀念，反映著上帝揭示的一種關係互動法則。

自舊約開始，聖約觀念一直為上帝的百姓提供了基本社會關係的典範(basic societal paradigm)，包括在經濟關係裏對參與者的倫理、責任和委身等要求。可惜這些基本要求，在人類發展市場經濟的歷史中，已經漸漸地被蠶食。聖約亦蘊含著神聖的應許、誓言、約定和契合，展現在上帝於歷史中與人立約的故事裏，並顯出它的豐富和全面。其中，上帝與摩西立下以色列的聖約，上帝又透過耶穌基督以新約建立教會，以至我們今天所經歷的友誼、婚盟、工作關係等當中的美善，都來自上帝，反映著祂自身形象的創造，並在聖約觀念中揭示出來。[25] 上帝是訂立聖約、與人建立關係的上帝，這聖約的行動顯示了上帝的本質，因此那反映上帝形象的人類，同樣地具有訂立聖約、活在聖約之中的本質。[26]

有不少神學家曾經從多角度探討聖約觀念。「聖約」被一些學者引用為聖經研究的根基、神學模式的演繹，以及社會關注等方面的鑽研。在定義和分析的過程中，學者威爾（David Weir）把有關聖約概念分成「聖約觀念」（covenant concept）、「聖約神學」（covenant theology）和「立約神學」（federal theology）三種。聖約觀念本身是一連串建基於聖經敍述而引申的神學思想。這些聖約觀念被引用作為結構框架，建構成一套系統性神學，就是聖約神學。立約神學將聖約神學再推進一步，視聖約為整體神學系統的重心，由人類墮落前期上帝與第一亞當所立的約，一直延伸至人類墮落時代第二亞當耶穌基督所設立的新約。[27] 立約神學源於十六世紀，由改革派神學家在改革教會及追求政制自由時所建構的。[28] 對他們來說，聖經中的聖約觀念不單是一種比喻，而是建設現實社會的實質方法。因此，他們把立約或聖約的精神要點應用在社會政制上，漸漸形成聯邦主義的思想，以及日後不同類別的聯邦政制的雛型。

在本書中，我們把聖約較廣泛地定義為聖約觀念，特別注重它作為人類羣體生活和關係性的導向，反映著上帝在創造和照管中揭示的一種互動方式。上帝在歷史中與人立約，包括祂所揀選的人及以色列民族，以至所有屬祂的百姓，並透過耶穌基督的救贖工作而更新的屬天子民。這永恆的聖約以及歷史中的敍述，展示了上帝親自設立的關係特質；聖約這種關係模式，正正就是各種關係的基本典範。故此，聖約也是人與人之間建立真摯關係的基本模式，是整個羣體及社會互動和合作關係的基柱。這就是說，聖約在本書的應用，乃在於它的倫理及實踐意義，而不在於它的神學或教義性。這種倫理實踐取向固然有它的限制和不足之處，卻為神學回應經濟學的跨學科整合，提供了較為可行和實用的進路，且在公共神學的領域中，讓教會羣體在公共空間作出更適切的回應和貢獻。

從聖經的敍述中，可以發現聖約觀念蘊含著許多豐富的特質，而且藉著研究聖約及立約神學而進一步深化，成為創造論和基督徒世界觀的一部分。神學研究為聖約觀念的定義、內容和應用等各方面，提供了穩固而全面的基礎，以致我們今天能更適切地了解和應用聖約觀念。但與此同時，聖約觀念並不限於某種神學或教義。它是神學人類學中人與人之間建立真摯關係的基本方式，也反映著人按照上帝形象被造的深層關係。因此，人類的生活，包括其經濟活動，必須反映聖約的方式和特質，才能建立整全和美善的生命。這些豐富的聖約特質，深藏在人類被造的美善之中，即使在罪性的扭曲之下，以及人類的無知和不自覺當中，這些美善的特質仍然存留於人的心底裏。透過探討聖約觀念的內涵，並分析它與現今世界中經濟合約關係的異同，我們將會找到一個平衡的經濟市場及其應當包含的要素和基準，並幫助我們推動一個以全人和羣體利益為先的均衡經濟市場。

有學者曾經把聖約觀念應用於不同的生活範疇。學者艾倫（Joseph Allen）對聖約觀念的應用，主要是在羣體生活的倫理和關係層面。他直接指出，要建立聖約關係，就必須具備一些基本信念和倫理觀，以及對社會羣體的歸屬感。他認為，在這個具備道德倫理標準的羣體裏，每一位參與者都是重要的，而且每人都願意把自己交託在其他參與者手上。也就是說，聖約羣體中的每一位參與者，都互相向對方負責。[29] 猶太拉比薩克斯（Jonathan Sacks）形容，聖約中的互動，是一種願意賦予對方自由、要求雙方互相尊重的關係。當中最重要的不是權力或經驗，而是一種雙方都願意、言語上的宣認。聖約把雙方連結起來，在互信、開放和忠誠的基礎上發揮它的約束力。[30] 何頓（Michael Horton）把這種獨特的聖約質素，形容為上帝百姓的文化，並於整個救贖歷史中顯明出來。他的研究包括聖約觀念在救贖及末世的延伸性和所處的位置，並說明信仰羣體乃擁抱聖約，使之成為他們獨特的文化產業，並以它來詮釋世界。[31]

雖然聖約觀念被廣泛地認定為一種關係性的觀念，甚至被發展成神學觀，但它一直尚未全面地應用在經濟生活的領域。本書將嘗試填補這個空白，運用聖約觀念來整合和建構出一套對話典範，以神學回應當代的經濟學，並重建聖約觀念在人類經濟活動中的重要位置。作為上帝揭示的互動規律，以聖約為基礎的經濟活動指向新天新地的來臨，是當人類都活在上帝國度中的時候，其反映上帝創造秩序的一種終極規律。也就是說，當一切都被上帝的恩典救贖、天地萬物都回歸創造主的經綸掌管時，一切關係都按照完全的美善而得到體現，這也就是聖約關係得以完全的時候。然而，在這個已然未然的時代裏，在主耶穌再臨之前，教會羣體的使命就是要在世上活出真理，讓天國的道和法則活現在社會中，包括在人類的經濟活動裏，努力闡揚上帝經綸的真理，使人無論在個人生活或社羣合作的各個層面上，都能活出聖約的特質，以至人可以尋回被造的真我，讓人心轉向從太初創造時早已完備的美善，也就是那永恒的美善。

1.4 為經濟市場建構神學典範

真實又無偽的美善人性，原本就深藏在人類完全的創造裏，這就是當上帝起初創造萬物時所賜予人類的美善。只有重尋及履行人類在完美創造中的真理及美善，才能讓人的生命真正地人性化。起初上帝創造天地，祂看一切原是好的，萬物都為祂所喜悅。罪的出現使人性扭曲，令創造中原有的完全和美善失落了。因此，當我們從神學角度回應及建構經濟觀時，不能單單停留在神學反省的層面，也不能只從社會倫理的角度著眼。我們必須提出合乎真理的宇宙觀，從真實無偽的美善出發，為經濟規律建構適切的典範，藉此提供一扇窗戶，讓人持續按照真理來檢視經濟活動。經濟是人類生活中不可或缺的重要領域，因此，回應經濟的神學，也就是回應現代生活的公共神學，為要讓人找到出路，把社會帶回到創造的真理和美善中。

我們對上帝的認知和遵照真理的行動，不但是基督徒道德倫理的彰顯，也為世俗化的思維活動提供了範例，使人尋見真理。創造主並沒有在祂完美的創造中丟棄那些被視為世俗化的事物。上帝擁抱整個創造，即使在罪的扭曲下，祂仍然不斷尋找失落的迷羊，用祂大能的話語承托宇宙萬物。在經濟的領域裏，物質需要和靈性生命也是不能二分的，我們必須追求活出真摯和美善等諸種創造原意，包括建立美好的關係和經濟合作互動，才能重尋整全的生命。人與人之間的關係也包括許多層次，在我們的限制中，關係的性質可以由最親密的家庭伴侶關係，以至最疏離的經濟交易活動。然而，在這些活動中，我們都選擇作出一些行動，同時因著對方的行動而作出回應。經濟市場就是這種交易活動的平台，為參與者提供互動和合作的渠道，同時因著人在其中的選取與行動，而建構成一套規律系統，按照市場的法則和合約形式進行。這些明顯和隱藏的法則以及市場的前設，成為推動市場參與者在其中的取向和活動的力量。

本書的第二章為經濟市場重尋適切的神學回應，以聖約觀念為社會及經濟秩序的範本，為經濟活動重尋創造的本意。這一章的目標是探討聖約觀念在社會關係、尤其是經濟活動上是否適切和可行。從剖析人觀對經濟活動的影響開始，我們將會展示聖約觀念在創造和人類本質中的位置，並從聖經中有關聖約的敘事，分析聖約觀念的內容和特質。我們將會察覺，聖約觀念對人類的關係、社會秩序和經濟規律都極為適切，最終我們發現必須在社羣中重新推動聖約特質，並將這些建立關係的元素和互動方式注入現有的經濟市場裏。

既然聖約觀念如此適切和重要，它在歷史中又如何在基本的社會建制裏出現？另外，以聖約為根基的社會結構，對經濟活動又有何影響？在第三章，我們將會通過十七世紀神學家阿爾圖秀斯（Johannes Althusius）的著作，重新追溯聖約觀念在歷史裏的社會及經濟應用。尤其在基督教新教徒努力實踐信仰的時期，究竟聖約觀念如何影響著社會政制，以及在政制之下發展而成的經濟體系？

第四章將會探討聖約和合約兩種觀念，並提出一種回應經濟市場的「兩基柱」對話典範。社會及經濟活動在歷史中經歷了許多改變和發展，當中有不少值得鑽研之處，但本書為了聚焦在現今的社會及信徒生活上，所以選擇針對現代經濟現象及處境作出回應。除了相關的背景外，本書不會詳細探討經濟狀況或體系的歷史演變及進程。筆者最關注的，是為現代市場建構一個適切又可行的典範。近年來，全球經濟受到金融海嘯、貨幣匯率波動、全球一體化、房屋土地政策、財富分配、天然災禍等許多問題影響，眾人的焦點似乎都注視在解決眼前的急務。然而，經濟市場的根基必須建立在真理和誠信之上，在這大原則下，了解整體經濟的前設和穩定市場的根基是當前要務，不然問題只會繼續湧現。

市場兩基柱，就是指聖約和合約。聖約和合約是兩種不同的觀念，這方面將會在本書的第四和第五章詳述。在「兩基柱」典範中，經濟市場的活動必須同時建基在聖約和合約觀念上，才能承載合作共融的經濟規律。一個單單依賴合約模式運作的市場，很容易造成自我中心和個人主義；一個純粹按照聖約運作的社會，卻只會出現在終末的盼望裏。在這已然未然的現實世界中，聖約和合約兩種觀念必須以互動、互補的方式，承托著一個平衡的經濟市場。這種相輔相承的互動關係，使「兩基柱」典範為經濟市場提供一個適切及實際可行的方案。

基於聖約觀在人類經濟互動裏十分重要，第五章選取了企業中的雇傭關係為例，說明「市場兩基柱」典範的實際應用。「市場兩基柱」典範的首要目標，是在現今以合約模式為主的經濟市場中，重申聖約觀念作為市場不可或缺的重要根基，並喚醒人類重拾日漸失落的聖約特質。在市場中，合約與聖約的特質必須同時並存、相輔相成地承托著經濟交易的平台，猶如兩根基柱一樣，缺一不可。「市場兩基柱」為現今的經濟秩序提供一個既合乎真理又切實可行的典範，呼籲人類把人性化的聖約美善，重新注入經濟互動的關係裏。這部分將會剖析合約和聖約觀念的異同，討論這一典範對市場生產力和產權擁有的影響，並引用長期雇傭關係作為範例，展示合約和聖約的元素如何在這種經濟活動中展現及互動。

在第六章，我們將會以「市場兩基柱」典範為基礎，與多位經濟學家對話，其中包括討論經濟學之父亞當．史密斯的經濟哲學，以及現代諾貝爾經濟學獎得主貝克爾（Gary Becker）的行為經濟論（behavioural economics）等，以檢視經濟市場模式的前設和限制，藉此反思和更新我們對人類經濟活動的理解。

在這個宏觀的層面上，第七章把我們帶到本土的地區發展實例裏，探討香港的經濟特色和發展，包括社會羣體的文化特質和環境變化，並觀察神學中的聖約觀念和兩基柱典範，能為香港的經濟處境提供甚麼洞見和宏觀方向。

本書涉及跨學科的範疇，但主要是由神學出發，藉神學洞察真理的能力，為經濟學注入人性化美善的特質；本書亦肯定了經濟學學科的價值，通過跨學科整合的方式，為經濟模式提出被忽略的洞見。因此，本書一方面是為神學和經濟學的讀者而寫的，另方面更是為參與經濟活動的廣大羣眾而寫的。神學的人觀，檢視人類的本質和狀況，提醒人類其羣體關係的重要性，把人從罪中的自我和慾望喚醒過來。同時，神學也提出一套建基於真理的宇宙觀，回應現代社會的需要。神學整合能為經濟規律提供比社會倫理進路更全面的回應，它的著眼點並不是已經浮現的經濟問題，而是經濟活動中最根本的基礎。與此同時，神學整合必須避免不切實際的顛覆性建構，因為這些建構只能停留在信念的層面，不能適切地回應社會的需要。

對於基督徒來説，本書乃重新發掘聖經中聖約觀念對社羣和經濟生活的重要性，呼籲我們認識怎樣將聖約應用在生活之中，並將聖約精神在社會關係裏活現出來。對於非基督徒來説，本書為社羣和經濟活動提供了聖約觀念，藉著説明它的內容和特質，以及在實際生活裏的可行性和應用性，為人類的經濟生活提出那建基於真理和人類本質的洞見，並呼籲社會把聖約特質注入交易市場，建立平衡及人性化的美善社羣，以達成人類追求美善和共同福祉的目標。為了讓內容更為聚焦，本書將不會詳述聖約觀念所涉及的社會政制和民生秩序等範圍，只會闡釋有關聖約觀念中經濟規律的部分，以及社會政制的聖約歷史根源。就著合約和有關法制的發展，本書也只限於市場交易方面的討論，不會詳述其他如社會契約、社會民生、政治約章和聯邦政制發展等問題。

本書選用荷蘭神學家巴文克（Herman Bavinck）所展示之倫理—實踐神學進路（ethical-practical theological approach），以此探討如何在經濟生活中實踐聖約觀念，同時以聖約的內容和特質，批判現今建基於合約觀念的市場交易方式。[32] 在建構「市場兩基柱」的典範時，教義神學中的創造論和人觀顯得非常重要。創造乃是探討經濟活動的根源和起點，因為天地萬物，無論有形抑無形，都是從這創造時刻而來的，所以必須根據這創造秩序而運行，才能回歸和發揮那全然美善的本質。人類的存在，乃是建基於創造，以及創造秩序的內涵及邏輯；而經濟學所關注的、物質世界內人類互相合作的關係，也是完全靠賴創造而存在的，因為沒有人能在這宇宙的創造之外存活。這也是經濟和物質生活的弔詭之處——看似和屬靈世界毫無關係的物質世界，對屬靈生命卻有極大的影響力，甚至生命的本質和存在，也靠賴著物質的供應。創造展現了上帝那讓人無可推諉的恩典。對地上的活物來說，宇宙的創造代表了牠們的家，以及一切必需的供應，是上帝基於祂愛的選擇和恩典的流露而成就的，這是為了讓萬物可以得著滋潤和餵養，也可以通過工作和互動，讓生命得以延續。[33] 因此，創造是神聖的祝福，是上帝按祂的心意自由地、無條件地賜予人類的，使人得以成為上帝立約的伙伴。在下一章，讓我們首先檢示上帝與人類在歷史中立約的敍述，看看這種由上帝所啟示的聖約觀念有甚麼特質，以及是否適用於人類的經濟活動及規律之上。

註釋

1. 有關神學的本質、角色及其作為批判的科學的任務，參余達心：《聆聽：神學言說的開端》(台北：校園書房出版社，2008)，頁 16 ~ 54。
2. Anthony Michael C. Waterman, "Economists on the Relation Between Political Economy and Christian Theology: A Preliminary Survey," *International Journal of Social Economics* 14 (1987): 46 ~ 68.
3. 由於篇幅所限，本書將不會為天主教社會言訓作全面探討，但在分題的內容中，筆者將會引述通諭裏的相關內容，尤其在本書的第五章，包括了《在真理中實踐愛德》(*Caritas In Veritate*)的討論。讀者如欲更全面地了解通諭的內容，可參閱 Philip Booth, ed., *Catholic Social Teaching and the Market Economy* (London: Institute of Economic Affairs, 2007), 27 ~ 43。書中有不少文章，探討有關天主教言訓對經濟問題的觀點，可供參考。
4. 要了解更多有關基督徒重建派的分析，可參閱 Edd S. Nell, "A Reformed Approach to Economics: Christian Reconstructionism," *Journal of the Association of Christian Economists* (1993): 6 ~ 20。
5. 正如紹爾(James Sauer)所總結的，基督教倫理為經濟學提供了「超越性的嚮導」，以免它停留在技術性的層面。有關基督教倫理對經濟學的貢獻，參 James B. Sauer, "Christian Faith, Economy, and Economics: What Do Christian Ethics Contribute to Understanding Economies?" *Journal of the Association of Christian Economists* 42 (2003): 17 ~ 25。
6. J. David Richardson, "Frontiers in Economics and Christian Scholarship," *Christian Scholar's Review* 17, no. 4 (1988): 1 ~ 20.
7. John P. Tiemstra, "Christianity and Economics: A Review of the Recent Literature," *Christian Scholar's Review* 22 (1993): 227 ~ 247.
8. 這部著作的出版目的，是幫助基督徒經濟學家從信仰角度探討經濟學的進路和問題。因此，它的參考書目按照十六個經濟學分題排列，其中包括：微觀和宏觀經濟學、產業組織、勞工、土地及天然資源、經濟增長等。參 Andy Hartropp, "Christianity and Economics: An Annotated Bibliography by Andy Hartropp," *Journal of the Association of Christian Economists* special issue (December 1997): 1 ~ 36。
9. Laurence R. Iannaccone, "Economics of Religion: Debating the Costs and

Benefits of a New Field," *The Economics of Religion: A Symposium* (2005): 1 ~ 9.

10. Donald A. Hay, *Economics Today: A Christian Critique* (Vancouver: Regent College Publishing, 2001), 1 ~ 340.
11. John P. Tiemstra, ed., *Reforming Economics: Calvinist Studies on Methods and Institutions*, (New York, NY: Edwin Mellen Press, 1990), 1 ~ 344.
12. 還有其他的神學與經濟學跨學科研究，例如拉丁美洲經濟學家及神學家欣克拉麥特（Franz Hinkelammert）、亞瑟曼（Hugo Assmann）和鄭模成（Jung Mo Sung），就曾以葡語及德語出版這方面的研究。參 Joerg Rieger, *No Rising Tide: Theology, Economics and the Future* (Minneapolis, MN: Fortress Press, 2009), 5。
13. David R. Loy, "The Religion of the Market," *Journal of the American Academy of Religion* 65 (1997): 275 ~ 290.
14. 莉薩．希爾（Lisa Hill）的研究，為亞當．史密斯（Adam Smith）作品裏隱藏的神學觀提供了極具參考價值的概覽。她的文章從自然神學觀、科學信念、目的論、心理學及進化觀念等角度評價史密斯的思想。參 Lisa Hill, "The Hidden Theology of Adam Smith," *The European Journal of the History of Economic Thought* 8 (2001): 1 ~ 29。
15. 尼爾森（Robert Nelson）全面地闡述經濟學於現代文化發展的過程。參 Robert H. Nelson, *Economics as Religion: From Samuelson to Chicago and Beyond* (Pennsylvania, PA: Pennsylvania State University Press, 2001), xxv 和 Robert H. Nelson, "What is 'Economic Theology'?" (paper presented at the Second Abraham Kuyper Consultation on "Theology and Economic Life: Exploring Hidden Links" Princeton Theological Seminary, Princeton, New Jersey, March 22, 2003)。
16. Paul Oslington, "A Theological Economics," *International Journal of Social Economics* 27 (2000): 32 ~ 44.
17. D. Stephen Long, *Divine Economy: Theology and the Market* (London: Routledge, 2000), 1 ~ 336.
18. Marion Grau, *Of Divine Economy: Refinancing Redemption* (New York, NY: T & T Clark, 2005), 1 ~ 255.
19. Kathryn Tanner, *Economy of Grace* (Minneapolis, MN: Fortress Press, 2005), 1 ~ 158.
20. 也有學者認為，坦納（Kathryn Tanner）並非要建構一個全新的經濟體系，而是要轉化現時的經濟制度，但這觀點本身是自相矛盾的。坦納的恩典經濟論，挑戰著現代市場最基本的建構和以金錢作為交易基礎的系統，因此其體現的方法只有全面顛覆整個市場交易體系，棄絕以金錢為價值單位的計算方法。參 Robert J. Weingartner, review of *Economy of Grace*, by Kathryn Tanner, *Missiology*, 34 (2006): 262 ~ 264。

21. J. Philip Wogaman, review of *God the Economist: The Doctrine of God and Political Economy*, *Theology Today*, 47 (1990): 201 ~ 202.
22. M. Douglas Meeks, *God the Economist: The Doctrine of God and Political Economy* (Minneapolis, MN: Fortress Press, 1989), 83 ~ 92.
23. Meeks, *God the Economist*, 127 ~ 155.
24. Meeks, *God the Economist*, 33 ~ 37.
25. Max L. Stackhouse, *Covenant and Commitments: Faith, Family, and Economic Life* (Louisville, KY: Westminster John Knox Press, 1997), 145.
26. Stackhouse, *Covenant and Commitments*, 150.
27. David A. Weir, *The Origins of the Federal Theology in Sixteenth-Century Reformation Thought* (Oxford: Clarendon Press, 1990), 3.
28. 立約神學在十六世紀時，由阿爾圖秀斯（Johannes Althusius）和他的研究團隊繼續發展，成為社會聯邦政制系統和人民管治的基礎。參 Thomas O. Hueglin, *Early Modern Concepts for a Late Modern World: Althusius on Community and Federalism* (Waterloo: Wilfrid Laurier University Press, 1999), 57 ~ 58。有關阿爾圖秀斯的聯邦政制和聖約根基，參本書第七章。
29. Joseph L. Allen, *Love and Conflict: A Covenantal Model of Christian Ethics* (Nashville, TN: Abingdon Press, 1984), 17.
30. 猶太人非常著重聖約，尤其盼望著聖約中彌賽亞的來臨。作為一位猶太拉比，薩克斯（Jonathan Sacks）提倡聖約觀念乃社會政治和人類生活的基礎。參 Jonathan Sacks, *The Home We Build Together: Recreating Society* (London: Continuum, 2007), 109。
31. Michael S. Horton, *Covenant and Eschatology: The Divine Drama* (Louisville, KY: Westminster John Knox Press, 2002), 13.
32. Herman Bavinck, *Reformed Dogmatics, vol. 1: Prolegomena* (Grand Rapids, MI: Baker Academic, 2003), 536.
33. Karl Barth, *Church Dogmatics* (Edinburgh: T & T Clark, 1958), III/1: 207.

第2章 聖約：失落了的市場基柱

要建構回應經濟學的神學典範，我們必須先問一個基本問題：在創造裏，上帝對經濟生活和秩序的心意是甚麼？雖然經濟活動似乎只屬於物質生活的範圍，但人肉體所需與屬靈生命實在是分不開的，神學對於屬靈生命的關注，也不可以從我們日常生活中分割出來。因此，當我們尋找適用於社會經濟秩序的神學理念時，我們需要由人類的本質和活動開始，在關於創造的神學理念中，找出合乎創造原意的社會規劃觀念。我們發現，聖約觀念正正合乎這些原則，它就是上帝在創造和照管裏揭示的關係規劃理念，是社會秩序的藍圖。在這一章，我們將會剖析這藍圖的內容，並從聖經敍述及神學詮釋中勾勒出聖約觀念的特質和元素，以確立它對社會經濟的適切性。由於聖約觀念可以不同形式出現，所以聖約關係模式可廣泛地應用於不同的社會和人倫關係，例如：婚姻、家庭、企業、社羣和政制等。它的含義亦非常廣泛，所以本章不能詳細討論聖約的所有特質，只會選取直接與社會經濟問題有關的內容，例如：聖約的關係規則、聖約中的自由和倫理觀念等，作出較深入的分析和研究。

以神學回應經濟學的目的，並不是要提出顛覆性的基督徒理想概念，而是為了重尋在創造秩序和真理中的經濟生活模式。為此，我們將會檢視聖約觀念是否具備適切社會大眾的普世性。也就是說，由於社會羣體包括非基督徒甚至異教徒，我們需要確定非信徒是否都能明白、接受和自如地應用聖約觀念的內容。在確立聖約觀念的普世性後，我們將會分析它應用於經濟市場時所提供的個人取向及自由觀念，以確定它是否適切。最後，我們也會檢視完全由聖約觀念建構下的經濟規劃，藉以找出經濟市場的平衡架構，使我們的神學回應既不單停留在神學上的理想層面，也不會淪為現實主義。

2.1 人類本性主導著經濟活動

在日常生活中，我們不知不覺就已經參與在經濟市場的活動裏。經濟市場影響著我們每天的交易決定和行為，支持著社會大眾的互動，也塑造我們羣體的交往方式。在經濟市場裏，人與人之間的互動包括與親友的交往，也包括和陌生人的交流。在有意或無意之間，我們與別人以合約方式進行交易。這些「合約」可能是以明文書寫的，也可以是假設和隱藏的。例如：我們在商店裏看見很多不同的產品，當它們陳列在貨架上，就隱藏著有待發售的意思，它的合約基礎並不需要再以明文書寫，而是假設社會大眾已有所意會。

我們每天所作出的經濟選擇，不僅僅在於市場中的產品買賣和服務，也意味著買賣背後所作的倫理優次和互動方式的抉擇。經濟市場的規律隱藏著它本身的互動模式，驅使人按照其特性作出一些優次的選擇。因此，市場參與者必須明辨市場本身所隱藏著的推動力，以致他們可以為自已作出適當的決定。人類是經濟市場的主人而不是奴僕，所以市場理應為社會大眾服務，不應讓市場成為推動社會生活的非人性化力量。人類在經濟市場中應該如何自處？要回答這個問題，我們需要找出適用於經濟生活的神學人類學（theological anthropology）。[1] 雖然本書的篇幅不容許對神學人類學作全面探討，但對於人類本性的研究，卻是建構經濟市場的基本工作，在建立某種市場典範時，我們必須留意這些基本前設。

事實上，經濟學這一學科的起源，就是從探討人類本性開始的。經濟學之父亞當．史密斯（Adam Smith）原本是一位倫理哲學家，主要鑽研人類本性的哲理。他年輕時對自然界的設計和自然規律很感興趣。為了探索宇宙的規律和法則，史密斯開始研究天文學。後來當他成為教授時，轉為研究倫理哲學，並開始把他的觀察和探究方法應用在政治和經濟活動上。[2] 正如亞瑟頓（John Atherton）指出，現代經濟學中對人類福祉的追求，以及其他人文學科同類型的研究，都指向一些人類學的基本問題。以往的經濟學環繞物質缺乏或不足的問題，但今天經濟學已經轉向為人類尋求更大的益處，關注到全人的福祉。因此，亞瑟頓提倡以信仰中的人觀回應這種經濟學思維。假如我們按照史密斯經濟系統的思想發展追尋下去，就會發現自由市場的學者，乃是根據史密斯的哲學思考，倡導一種自由進化形式的市場經濟。這種自由進化，就是讓經濟市場按照史密斯提出的「無形之手」（invisible hand）發展，避免任何對市場的干預。在這種原則下，自由市場乃根據人類的本性而形成、運行和發展。雖然自由市場是人類所建構的，但同時也是按照人類本性的自然選擇和行動而形成的，結果是一種反映人類本性的運作範式，而這運作範式也在它自身的本質和人類賦予它的條件下，反過來限制和影響市場參與者的思維和文化。

史密斯廣為人識，是因為後期興起的芝加哥經濟學派。芝加哥經濟學派的理論假設：人類的動機和推動力，就是追求最大的個人利益。按照這個以個人利益掛帥的經濟人（*homo economicus*）論點，史密斯對人類本性的理解，就是一種在互相競爭中追求自我私利的狀態。這種個人主義的建構，形成了我們今天市場經濟中資源和利益分配的基礎。[3] 可惜，芝加哥經濟學派的觀點，是對史密斯其經濟系統的誤解。史密斯對自由社會的遠象，是一個由有個人自主能力的參與者所形成、並充滿凝聚力的社會，而政府機構在其中的角色，就是維護公義和自由。他的倫理哲學由詮釋人類本性開始，觀察人類行為背後的情感，從而建立人類互動的系統，並指向一個具備公義和自由的社會。這套史密斯的人性系統，以及後來演變而成的自利觀念，與神學人類學都有很大分別。

神學人類學對人類本性的看法，是根據創造論和人類犯罪以致創造被扭曲的觀念。當第一亞當違背上帝的誡命時，罪進入了世界，並扭曲了人類美善的本質。在罪性的扭曲下，當人類以史密斯其自由進化的觀念發展經濟時，就出現了非人性化、被罪扭曲的市場現象，包括人類自利和自我中心的展現，以及關係的破損。從一個自私自利、只計算個人利益的角度來看，人類歷史和經濟活動完全是由貪婪來推動的。假如真的是這樣，那麼人與人之間就無法建立真誠的關係，因為這種真摯之情是無法以市場回報來計算的。神學指出人類本性的罪和限制，使人明白必須按照上帝的創造秩序重尋人類本性的美善。在重尋人性美善的過程中，人類得重新建立那些不能在經濟學模式中被計算的人性特質。在此，聖約觀念在神學人類學中佔有很重要的位置，呼籲我們全面地詮釋上帝在保護人類尊嚴方面的設計和行動，把人與人之間、人類與創造之間，以及世代與世代之間連接起來。因此，學者波特曼（H. Russel Botman）

認為，聖約觀念是最正統和具普世性的神學人類學範疇。[4]

從神學的人觀出發，人類是按照上帝的形象（*imago Dei*）被造的，反映著上帝的樣式，屬於上帝的產物。人之為人，也就是因為他是按照上帝形象所造的。因此，人本身反映著這位三一創造主的本質，而祂的心意就是讓人可以互相建立關係，也和上帝本身建立聖約裏的伙伴關係。這種關係特質，乃是聖約觀念在經濟規律上的應用基礎。只有耶穌基督沒有被罪扭曲，並且保護著創造中的一切美善。祂選擇以聖約方式和我們建立關係：通過道成肉身，把自己作為禮物完全地展示在人類中間。聖約的關係，就是如此般在上帝差遣愛子進到歷史當中的時候，成為上帝行動的終極啟示。在同一歷史敘述中，人類被揀選且被呼召進入社會和經濟的任命裏，肩負著在社會和經濟互動中反映上帝形象的使命，這責任就是讓信仰羣體可以活在聖約中，向世界彰顯聖約的特質並發揮其影響力。以合約形式運作的市場，驅使人獨立自主，以私利為目標，最終引致羣體關係的決裂。藉著履行和持守聖約的特質，這可以為市場重新注入信任和關懷的觀念，為市場參與者重塑個人身分和羣體關係。

2.2 聖約觀念顯明人類本性

聖約（covenant）這字詞是從希伯來文 ברית 而來的，相應的希臘文是 διαθήκη，[5] 拉丁文是 *foedus*。[6] 由於聖約觀念本身包含的內容非常豐富，加上它在歷史中的不同應用和發展，使聖約和合約觀念的定義和結構容易混淆起來。雖然聖約傳統的發展與社會契約、法律合約和商業合約的發展都十分相似，但聖約和合約是兩個截然不同的觀念，必須清楚劃分。聖約是與一個或多個對象在尋求共同價值的基礎上，為羣體利益而訂立的長期承諾。由於聖約觀念內容既豐富又複雜，只有少數學者嘗試為其提供一個清晰的定義。蒙特（Eric Jr. Mount）把合約和聖約定義如下：「合約是某些個體，為滿足或保障參與者之共同利益而訂立的聯盟；聖約則是把效忠於共同價值觀或規範的人，在互相委身下連結起來，為的是羣體中各人長期的福祉。」[7] 蒙特的定義把合約限制在共同利益中，而聖約則被限制在羣體的連結和共同價值觀上。可是，合約的運作方式並不保障共同利益，反而有可能受到權力不平衡和不平等的威脅。新古典合約法（neoclassical contract law）的發展，正正就是為了保障合約雙方免受這些威脅。另一方面，雖然聖約觀念著重羣體關係，但它同時重視合作、履行責任，以及羣體的共同利益。

合約是交易市場的根基，而聖約則是羣體關係的根基。我們對聖約的認識和實踐，必須在合約之先，因為聖約為社會及經濟秩序提供一個必需和根本的基礎。立約的上帝是充滿恩典的上帝，祂豐富的聖約恩典，絕不可淪為律法主義或合約條款。正如詹姆斯．托倫斯（James Torrance）指出：「歷代以來守法主義（legalism）的謬誤 —— 或許就是歷來人心的傾向 —— 就是把上帝恩典的聖約變成合約⋯⋯在聖約中，聖約的形式是把恩典的彰顯放在律法和人的順從之先。」[8]

在神學上，把聖約觀念放在聖約或立約神學中，反而把這觀念局限在教義方面。事實上，聖約是一個更廣泛的觀念，可應用在人類社會的建構和關係上，超越了純粹教義上的關注。它是一個反映上帝形象的關係性觀念，為人與人之間提供了由親密關係至交易關係各個層面的互動原則。因此，聖約典範的價值，乃在於它所提供的社會生活方式。正如蒙特所指，聖約是一種獨特但非排他性的希伯來喻意模式，它把與人建立關係的我放在一個羣體之中，而這羣體則肯定了與上帝與人關係上的身分、承諾和責任。[9] 聖約觀念是按照人神之間的關係建構而成的，是主要的照顧和管理方式，反映上帝揭示的社會關係模式。由於它來自創造秩序，也是人類生命的最基本特質，因而超越了合約方式而顯示出獨特的羣體觀念。經濟秩序，作為其他社會規律的重要部分，因此也在聖約架構下被上帝所照顧和管理。[10]

人類之間的聖約，涵括在上帝的聖約裏。聖約觀念乃是建基於上帝創造的人類本性，這反映聖約裏互相依賴的關係。這種互相依賴的聖約關係，肯定了人類的本質是著重關係的，並且在家庭、義務羣體、信仰羣體、政治團體等聖約組織中履行。[11] 聖約也是處理多元社會的方法，通過上帝的聖約，來自不同背景、獨特的人，均可以在創造、秩序和救贖等律則中回應上帝的聖約。雖然人類落在罪中並且破壞了聖約，但在那立約的進程中，人類及宇宙萬物可以不斷地更新，最終進入上帝的永恆裏。因此，社會裏的倫理操守不單反映美善，更是在救贖的歷史過程中，人在聖約裏彼此互動下的社會成就。聖約神學家柯西裘士（Johannes Cocceius）對人類本性的理解，就是深深地建立在這種聖約的互動關係上。他指出，人類的本質就是活在聖約裏的，聖約為人類提供社會處境，以致人可以在當中存活、自我反思及建立身分。[12]

聖約觀念的應用層面非常廣泛，包括許多社會生活的範圍，例如：婚姻、家庭、友誼、企業、部族、國家、教育、法規等，甚至在聖約裏，我們可以看見人神之間的聖約聯繫。聖經中有關聖約的敍述，揭示了它那多層次、跨範疇的應用性，不同的聖約敍述，更展示了聖約內容的豐富性。在舊約聖經中，上帝與個別人物立約，例如：挪亞、亞伯拉罕、摩西、大衞等，這些聖約都是串連在一起的，指向歷史中上帝與以色列民的「後設敍事」(meta-narrative)。[13] 這後設敍事延伸至新約聖經中耶穌基督與祂的子民所立的新約。因此，這聖約是一直以來人類本性中最重要的關係規律，其內容包括關乎全人類——無論是信徒或非信徒——的道德倫理規範。

斯塔克豪斯(Max Stackhouse)指出，聖經中的每一個聖約，都提供一些關乎全人類的、在人神關係互動中建立、關於道德倫理的法則，因為每一個聖約都不僅僅是歷史敍述，也是一由上帝訂立、關乎人類生活的框架和導向。[14] 由於聖約的觀念是如此基本及豐富，因此它的道德倫理內容可從多方面鑽研。例如：尼布爾(H. Richard Niebuhr)以聖約觀念作為一種象徵，為個人在羣體中的道德關係作出定義。他對責任觀念的理解，不是單單停留在遵守法律和履行承諾的層面，而是因為人身處於聖約中，於是按照其聖約結構裏的身分和職分，引申合宜的權責行為。同樣地，在分析過摩西時代的聖約更新後，斯塔克豪斯指出，聖約的更新為要呼召人進入責任和公共倫理的規範，並給予人一種道德身分。[15] 尼布爾把道德定義為個人對他者行為的回應。加德納(E. Clinton Gardner)指出，在正規的層面上，尼布爾把責任定義為一種對以往行為的回應模式，其中包括對以往行為的詮釋、個人對自身回應的問責，以及在道德羣體中的持續參與。在較為實際的層面上，責任的定義體現於以色列民這個聖約羣體的實質歷史敍事之中。[16]

聖約觀念涵蓋主動與被動的元素，當中的關係是基於個人自由意志的主動抉擇，也被動地受到參與者所認同的外在道德規律所約束。它蘊藏著的道德和法規，可以是多元化的(pluralistic)、聯邦式的(federated)或等級性的(hierarchical)。在原始的禮儀中，聖約是在祭祀和慶典中訂立的。人們聚集在一起分享物質資源，並通過禮儀呼求上帝的臨在及見證。斯塔克豪斯告訴我們，聖約讓人明白眼前並不單是一種協議，而是在公義的社會秩序中、在聖潔的大前提下所建立的約定。我們因而得知，聖約的關鍵之處不止於物質交易，更是具備神聖、生命、恆久性和超越性等特質。[17] 因此，聖約是在公義系統中基於權責所訂立的。它並不是隨意的決定，而是按照超越的掌權者、以長久的法規和目標所訂的。認識這一點後，我們的視野便會由自我操控轉換成分享權責，以及擁抱更高尚的意義。

聖約觀念包括深藏於人類本質、具權責的人類互動。加爾文（John Calvin）的聖約觀念與世俗的個人自由契約主義（individualistic liberal contractarianism）截然不同。[18] 人類的生活狀態和取向並不是中立的，而是受其選擇和權責所影響。正如巴特（Karl Barth）指出，人會下定決心去做某些事，並努力預備自己去實現這些決定。在實現的過程中，人的本體存在於上帝的恩典裏，並因其在上帝聖約裏的位置和身分，而對自己的決定作出相應的行動。[19] 因此，人必須參與成為上帝的聖約伙伴，以體現其人性本質。人類並不能單單徘徊在其動物性（creatureliness）之中，必須在聖約中重尋自身的本性，而這聖約的律則，亦必須讓人能自由選擇參與與否。當人類發現這聖約中的關係規律後，它就會自然在社會關係和市場互動中出現。這種決定不是中立的，而是必須由人在其自由抉擇裏主動地決定和執行的。經濟的參與者因此帶著對聖約的敏鋭度，自由地為其行為注入信任和關愛，並超越了合約裏的權責規律。對於非信徒來説，他們對聖約的追尋，基於他們內心隱藏的、對真理的尋索及對其與創造主復和的渴求。這渴求也在人類建立關係的需要中反映出來，無論信徒或非信徒亦然。

人在罪中墮落後，心裏存著一定的自利觀念，不期然先想到自我的利益，然後才考慮向別人付出愛。因此，人與人之間的關係不能是偶發或自然的，而是必須被培育出來的。當一個人遇上另一個完全不同的他者，而這位他者亦同樣被罪蒙蔽時，人的自我矛盾和限制，將會不斷阻礙真誠的相交和合作。所以，當經濟市場按照自然規律發展，並捨棄了聖約的內涵時，就會漸漸地形成非人性化的局面。弗雷斯特（Duncan Forrester）指出，神學人類學提出的人類罪惡本性，讓我們避免過於依賴人類的美善本質，也提醒我們不要相信真正的人性可以完全從經驗觀察裏得知。所以，人性的真貌和潛能並不在社會科學的探索裏出現，而是在創造秩序和終末現實中出現。在墮落了的罪惡世界中，真正完美而反映上帝形象的人性，已經被隱藏和扭曲了，因此我們不能完全依賴社會科學的觀察方法，來建構適切的經濟秩序。人性破碎的實況讓我們知道，自私自利、操縱控制、律法主義、剝削欺壓等，將會不斷地扭曲原本在創造裏的美善和心意。[20]

在經濟市場裏重建人性美善，對於全人類的福祉來說非常重要。人之為人，必須按照其被造的本質而活才能得以完全。人性的構造本身，就決定了人類是以關係為本的生物，無論在肉身需要或心靈渴求上，都需要彼此互動才能得到滿足。因此，當我們把人從羣體中分割，或因個人經濟獨立的客觀條件而忽略人的關係本性時，人就處於一個自我矛盾的狀態。正如巴特所説，非人性化的罪不單是與上帝為敵，更是與自己為敵。人不能通過犯罪來建造新的世界。人性化就是從人與人之間本體上的相遇，肯定人類美善的本性。[21] 人與人之間的相遇，包括從對方的角度檢視自己，然後彼此相顧和互相幫助。人的本性的發揮，乃在乎我們是否明白到，我們的存活必須建立在彼此互助之上。人性化的美善行為顯示人之為人，以至我們樂於肯定這就是人。這種人性並非只屬於理念或倫理層面，而是一種必須實現的創造秩序。[22] 經濟市場必須是一個實現人類互助的平台，非人性化的市場和人類互助的人性本質，兩者是自相矛盾的。

由於人按照上帝的形象被造，三一上帝其內在關係為本的特性，顯示著人類本質中那以關係為本的特質。在三一論中，上帝的內在存有和祂與世界的關係，同時包含著多樣化和一致性，結果就是一種多樣化的整合，承載著多元化的羣體關係。它提供一種確信，就是世界乃是由一個掌管歷史的三一上帝所創造的，祂把各方各族的人通過恩召團結起來，形成一個跨越時空宇宙的聖約羣體。人的社交特性，與其靈性和倫理原則一樣，首先體現在社會關係的結構裏，然後落實在經濟活動中。[23] 這些元素蘊含在經濟生活的結構裏，顯示我們必須重尋失落了的社羣關係。我們可以從新舊約聖經的敍事中，找到聖約關係的意義和特質。聖徒羣體聚集在一起的聖約生活，就是基於他們對天國的共同盼望，期待著上帝公義的國度降臨。

莫特曼（Jürgen Moltmann）持近似的觀點。他提倡建立聯邦創造神學（confederate theology of creation），以三一上帝父、子、靈之間的關係為基礎，把上帝與世界的關係視為多層次、多方面和多角度的社羣組織關係。生命就是在這種交融關係中彼此溝通，以達成彼此參與和建立的目標。這些交融的關係，形成互動的羣體網絡。這種網絡，在政治上，莫特曼稱之為「自然的聖約」（covenant with nature）；在醫學上，莫特曼稱之為「整全的身心」（psychosomatic totality）；在宗教上，莫特曼稱之為「創造的社羣」（community of creation）。同樣的關係網絡，在經濟上，筆者認為應當稱為「市場的聖約」，指一種在互動社羣關係中彼此負責和管理宇宙萬物的狀態。[24] 聖約的生活方式，為經濟關係提供了無論在教會羣體內外都適用的藍本。

2.3 挪亞和亞伯拉罕：普世與特殊的聖約

創造、照管、救贖和教會秩序都是聖約的根基，可是這些觀念似乎只會與信仰羣體有密切關係。假如聖約觀念真的適用於經濟及市場秩序，它必須同時適用於信徒和非信徒羣體，以至能普及地應用在社會中。聖約羣體雖然按照本身獨特的價值和目標而連結在一起，但同時也必須保持開放性，隨時準備迎接其他人的參與。假如上帝的聖約關係只屬於某部分人，它就不可以應用在普世人類的社會秩序中。因此，在神學語言和聖約經濟規劃之間，我們必須確立一種能普及地適用在所有人身上的聖約觀念，且能涵蓋全人類的參與。這種普世與特殊之間的弔詭特性，在上帝與挪亞和亞伯拉罕的兩個聖約中被啟示出來：挪亞之約是上帝和全宇宙的普世聖約，而亞伯拉罕之約則是上帝和以色列民的特殊聖約。

希伯來文 תירב（聖約）一字詞，首次在舊約聖經中出現，就是當上帝向挪亞宣告祂將會毀滅當時充滿罪惡的世界的時候。上帝與挪亞立約，應許將不會毀滅那些進入方舟的生物（創六 18～19）。後來，上帝更以彩虹為記號，應許只要天地仍然存在，就不會再這樣毀滅世界（八 22）。在洪水以前，人類的罪惡很大，大至「終日所思想的盡都是惡」（六 5）。在洪水以後，聖經同樣形容「人從小時心裏懷著惡念」（八 21）。當我們把這兩句經文放在一起時，就看見在洪水前後，人類同樣充滿罪惡，這事實並沒有改變。[25] 因此，在聖經的敍述裏，聖約中的應許完全是基於上帝的恩典，並沒有考慮到人類本性的改變。上帝賜予恩典的方式，就是通過聖約中的應許。雖然聖約可以是雙向的，卻也可以是單向地施予恩典和憐憫，承載著參與者其自發性的捨己大愛和憐恤。上帝確認祂不會再以洪水毀滅地上的生物（九8～11），這挪亞之約展示了一種施恩的承諾，是基於上帝自由選擇建立的一種關係。戈爾丁蓋（John Goldingay）指出，上帝與挪亞的聖約延伸至整個創造，卻沒有要求人類作出回應。雖然後來出現其他更多雙向的聖約，但挪亞之約是人類聖約的模範，上帝作為神聖天父和賜予那應許之約，是在人類彼此建立聖約關係之先的。[26] 這最初的聖約與普世全宇宙相連，屬普世的關係秩序。

上帝對亞伯拉罕的應許，首先記載在上帝呼召亞伯拉罕離開本族父家前往應許之地的時候。當時上帝更祝福亞伯拉罕，要叫他成為大國，子孫如同天上的星、海邊的沙之多（創十二1～3）。這應許在亞伯拉罕的旅程中再被確認（十八17～19），後來更以莊嚴誓詞的形式出現（二十二15～18），並稱為聖約（十五18）。和挪亞之約相似，上帝向亞伯拉罕的應許，除了假設了他的忠誠和順服外，並無其他附帶條件。[27] 與挪亞之約不同之處，就是亞伯拉罕之約在表面上似乎只屬上帝與以色列民的聖約，並不包括其他人。它的特殊性在於上帝揀選亞伯拉罕，特別選擇賜福予他，使他的子孫成為大國（十二2）。然而，這聖約所涵蓋的，由上帝揀選的以色列民開始，延伸到所有列國的人，因為上帝亦應許萬國都要因著亞伯拉罕而得福（十二3）。因此，亞伯拉罕之約是一個建基在信心之上的聖約，這信心同時在普世與特殊的弔詭之中。事實是，上帝呼召一個人以及他的後代，進入祂神聖的特殊照管中。但與此同時，從亞伯拉罕身上，將會建立一羣上帝所揀選的以色列民。這聖約裏的揀選觀念，代表了一種排他特性，把參與者規範在一個民族之上。然而，在敍事的發展裏，我們繼續發現，以色列民需要成為萬國的光，彌賽亞也將會由以色列而出，拯救全人類。這就是說，亞伯拉罕之約，其本身就是為以色列民而立的特殊聖約，後來通過耶穌基督的救贖工作，把這特殊的揀選，延伸至所有願意相信的人。這聖約的普世性不但是在救恩之上，同時也因為這聖約觀念早已深藏在創造和照管裏，故可以應用在全宇宙的受造之物上。聖約就是最真誠和原始的關係原則，是人類自由地參與和建立的，它的普世性在聖經中通過彌賽亞的出現和再臨的盼望而完全展現。

聖約在猶太拉比的教導裏有很深的根源，也經常在關於上帝和社會的教導裏出現。猶太學者阿古斯（Jacob Agus）指出，排他的聖約觀和現代猶太人對啟示的自由開放見解並不相符。以色列作為被揀選的民族，不單只是一個特殊的羣體，而更是被選召成為其他人和民族的例子和模範。[28] 舊約學者布魯格曼（Walter Brueggemann）也肯定聖約的普世特性。他把聖約視為整個社會羣體的典範，也是向等待被釋放的世界宣講福音的基礎。[29] 在人的內心重尋聖約的語言，也是人類彼此建立真誠關係的根基。蒙特則指出，假如人類關係和社羣結構是基於應許、委身和權責等，那麼聖約的語言就並不陌生。雖然對非信徒來說，聖約是來自另一個信念系統，但同樣是建基於人類在歷史中共享的特質。[30] 亞伯拉罕之約的特質，在其特殊性中指向普世性，與挪亞之約的發展具一致性，是上帝與人類和宇宙間建立聖約關係的延續。

聖約是普世性的，因為它的觀念和特質都適切於全人類，也包含著多樣化與一致性。聖約結構能承載不同宗教和目標之間多個層面的聯合，也支持個人對真理和目標的追尋和委身，無論是信徒或非信徒，他們都可以通過聖約結構來建立羣體。斯塔克豪斯指出，一個真確的聖約為其中的參與者訂立羣體中互動的意義和方式，在全球化的處境中，聖約觀念不但屬於單一的信仰羣體，也屬於全世界。[31] 雖然在人類歷史發展中，有不同的政治體系、社會文化、經濟發展和市場功能等，但人類共同擁有一些如智慧、理性、良知、罪疚感等質素，也渴望擁有自由、公義、愛心和其他倫理特質。人類的一致性是從信念和道德倫理基礎而來的。正如巴文克（Herman Bavinck）所述，人類的忠誠、墮落、基督的救贖、上帝國度的普世性、教會的大公性、愛鄰舍等質素，都建立在人類的一致性上。[32] 在這一致性和多樣化裏，由於聖約觀念的基本根源是在創造、關係和社會秩序上，所以它亦是適切於普世應用的觀念。

聖約觀念既豐富又弔詭，既包容又排他。針對這種弔詭特性，克羅寧（Kieran Cronin）說：「假如我們視人類為上帝裏的一個大家庭，我們就是用了一個並非完全正確、也非完全錯誤的喻意或模式。在建制的隱密模式和它的公共延伸形象之間，有許多對倫理、尤其是宗教倫理極之重要的接觸點。」[33] 聖約的普世性是公共道德抉擇的基礎，特殊聖約或其中不同的聖約特質都是按這基礎達成的，即或是合約形式的條款，也必須建立在這根基之上。當我們建構一套關係和互動的系統，把人與人之間連結起來時，我們就不斷地進入和更新許多不同的聖約。有些重大的特殊聖約，例如婚姻誓盟，不單要求雙方尊重盟約裏的權利和義務，更涉及愛情和長久的親密關係。另一方面，一些日常生活裏的約定交易，例如超級市場的商品買賣，則只涉及在聖約倫理中公平和公義的經濟規劃。

普世包容是聖約裏關愛的特質。在這一點上，學者艾倫（Joseph Allen）說得好：「任何政府最嚴重的錯失，就是只管治一部分而非所有市民：不理會貧窮的、沒有權力的、持不同政見的、不得人心的、不相同的。」[34] 雖然法律合約是管治和保障社會的重要工具，但它同時需要聖約觀念裏人倫關係的輔助。我們對聖約觀念的理解和應用，並不限於它的聖經原則或人神關係的基礎，而是在於它涵蓋全人類，且能適切於普世的應用。人類社會和經濟秩序必須以聖約倫理為根基，才能發揮持續和寬宏的原則，並超越物質需求的考慮，真正地全面滿足人類身心靈的渴求。在聖約的關愛裏，即使人類被罪性扭曲，信徒仍可以和全人類連結。現代社會也明白這些聖約特質的重要性，並以法律合約的方式，保障了愛心、信任和分享等美善質素，使其不致被利用。

在今天的社會裏，我們都有多重角色和身分，每一種關係都可能涉及聖約的關係觀念。我們需要把個人身分整合，以致能聚焦在上帝的召命上，在日常生活中得著力量。[35] 不然的話，我們會很容易感到日常活動和工作變得繁重和無聊。我們生活的每個範疇，都是上帝創造和施恩的渠道：婚姻是神聖的時刻；政治誓詞是嚴肅的承諾；醫院和學校代表服事社羣的委身聖約；文化活動標誌著生命的慶典；企業是為經濟成果而努力的聖約羣體。當我們在商業交易中使用合約方式時，同時也需要聖約觀念裏的信任、委身、誠實等特質，作為互助互利的先決條件。基於人的罪性，聖約觀念裏的委身和關愛可能會經常被扭曲，而法律合約規條正正是為了保障立約雙方免受剝削及利用。因此，聖約和合約觀念對經濟生活來說都是普及和適切的，但假如失去了聖約的本質，經濟市場裏人與人之間的關係，便很容易淪為純合約方式的交易，並拆毀了人類社會最基本的羣體關係。

2.4 摩西的聖約：市場中的自由

聖經中不同的聖約敍述，使我們能洞察到聖約的不同形式和內容。除了挪亞之約和亞伯拉罕之約以外，摩西的聖約也揭示了人類社羣互動中的另一重要元素，那就是人類的自由。一般來說，經濟市場中的自由都是指個人選擇上的自由，是一種消費能力和個人自主的自由，藉以滿足個人的需求和慾望。按照這種對自由的理解，將會引致分配不均和濫用資源的問題。神學在這方面的任務，就是為人類的自由作出定義，以下我們將會通過摩西的聖約探討這個問題。

西奈山上的摩西聖約模式，與以往挪亞及族長時代的聖約模式不同，它不再是單向的應許之約，而是包含對以色列民族的約束力，即要求他們遵從上帝的誡命，並提出違背的罰則。那時候，上帝把以色列民從埃及的奴隸捆綁中釋放出來，而他們則正在前往應許之地的路上。在自由和釋放的慶典之間，上帝同時向祂的百姓頒布遵從誡命的要求。聖約的慶典和更新，繼續提醒以色列人摩西之約裏的應許和約束（申六 20～25，二十六 5～10；書二十四 1～28）。[36] 在那個歷史時代，以色列民族是一個聖約的羣體，他們沒有王，沒有軍隊，也沒有政府。上帝的子民完全依賴神聖的供應和保護，效忠於耶和華上帝和祂的誡命。聖約中的誡命和律法是聖約生活的重要元素，呼籲人類活出一種合乎真理和人性的生活秩序。這律法也是上帝所賜的禮物，顯明祂保護生命的能力，並把人類共同生活的基本共通期望，注入多元化的社會羣體處境裏。[37]

摩西之約同樣有弔詭之處，那就是「遵從」和「自由」之間的張力。這弔詭卻揭示了人類真正自由的本質——有能力自由地參與和委身於聖約之下。人類的自由是很重要的，不同學科都會認同這一點，但我們對自由的理解和定義往往有所不同。自由是甚麼？經濟和市場秩序裏的自由又是甚麼？為甚麼自由是聖約裏的重要元素？埃拉扎爾（Daniel Elazar）指出，人類的自由是摩西律法的基本關注，因為以色列當時正從七年的奴隸捆綁中得到釋放，他們重獲自由，而律法則在肯定了他們得著自由後才頒布。[38] 在出埃及的敘事裏，以色列民被召踏上一趟前往應許之地的旅程，在這過程中，他們在律法的規範下享受自由。摩西律法教導以色列民在順服中得自由，這揭示了人類自由的本質——真正的自由是在順服下的自由，而不是抉擇性的自由。人類的自由其實是在限制裏得自由，真正的自由，必須在遵守聖約和道德規範裏展現出來。在人類的自由抉擇裏，人自發地選擇活在順服和限制中，並適當地運用自己的能力，決定做那正確的事。這種對人類自由的神學理解，為經濟市場提供寶貴的洞見：市場裏一直所推動的人類自由，其實只著重滿足人類的需求和慾望，並非真正反映人類自由的真正本質。

全能的上帝可以推翻人類的自由，但祂並沒有這樣操控人，卻選擇向人類發出呼喚，賜予人類自由選擇的權利和責任。人類的自由是聖約觀念裏最重要的基礎，因為它推動了抉擇、委身、權責、公義、關愛、憐憫、照管等素質，每一項對於實踐聖約來説都非常重要。人類的自由也包括參與永恆聖約的自由，藉以回到永恆創造主的大愛裏。自由是上帝所賜的禮物，無論我們是否身為信仰羣體的一分子，也會認同自由對於經濟活動來説的確十分重要。

不同的學科，例如：哲學、政治學、社會學、經濟學等，都曾探討自由這一觀念，並嘗試為其作出定義。自由乃社會和經濟之本，現代道德倫理的討論，把自由看為一種基本美善，藉個人抉擇的自由，把人類的不同取向連結在一起。可是，這種抉擇上的自由卻引致了關係的破碎，以及資源分配不公等問題。基督教信仰則挑戰著這種把自由建構為個人選擇權利的約化行為，並提出自由乃是一種信實忠誠地生活的能力。上帝揀選以色列民作祂的百姓，這包含要求聖約羣體的忠誠參與。在這聖約羣體裏，自由是召命和禮物，也同時是賜予和目標，是從罪惡和自我決策中得釋放的自由，也是願意活在上帝管治下的自由。[39]

摩西之約是祭司傳統下的聖約。在新約聖約中，這祭司傳統延伸到所有相信耶穌基督的上帝子民。他們被召成為聖潔，服事永恆的上帝。因此，上帝的子民也同樣被召在自由中遵行祂的旨意。這些順服的行為，代表著祭司在地上的事奉，包括服事他人並因而服事上帝。

當我們把自由定義為個人選擇的自由時，「個人選擇」就成為了終極的美善。在一個純粹按照個人自由抉擇為基礎的自由市場，生產和資源分配乃按照消費者的意慾進行，而不會考慮到社會的共同利益或少數羣體的福祉。諷刺的是，當我們只顧迎合消費者的意慾，以及把生活方式和目標商品化時，反而會造成了一些對自由抉擇的限制——在創造財富和利潤的時候，一切人和事都按照金錢的數量價值而被商品化。按照個人選擇的自由所定義的自由，就這樣地淪為被貨幣功能取向所約化和量化的自由。[40] 在聖經有關以色列民族的敍述裏，聖約涵蓋了上帝恩典的揀選和人類自由地順服的參與。當人忠誠和順服地成為上帝的立約伙伴時，就會發現和肯定自己蒙恩和被揀選的身分，並在當中找到自由的真正意義。當人背棄聖約並離開上帝，則會落入自我拆毀之中，就正如背約的以色列民一樣，失去了自己在上帝裏的身分，並從自由轉向被捆綁。摩西之約展示了上帝釋放百姓的信實工作，把他們從奴隸的捆綁中拯救出來，並賜給他們誡命，更新祂與自己子民所立的永恆聖約。這種做法在在顯示，聖約的參與者正如布魯格曼所說，他們「在其他參與者的面前有一種危險的自由」。[41] 因為，他們是基於絕對的信任而給予對方最完全的自由，並肯定對方的身分和美善。

與聖約的自由觀相比，現代企業系統是按照合約的自由觀發展而成的。法律學者卡斯拉（Friedrich Kessler）指出，要合理地保障市場交易系統的運作，我們必須有一套極具彈性的法律體制。因此，研究普通法（common law）的律師需要擴闊合約的應用範圍，使它成為企業家手中不可或缺的、理性的工具。合約是一套對應其訂立、履行和賠償等的法律，保障參與者對合約內容的合理期望。[42] 在某程度上，這種運作方式容許參與者自由地交易，因而推動經濟自由。可是，合約的自由只是一種局部性的自由，而且法律也只能為其提供有限度的保障。因此，我們需要為市場交易尋找更基本的出路，而聖約中的自由觀念，正正可以補足這方面的缺漏。由於經濟交易的模式和內容非常多樣化，而市場活動也充滿變化和不同的可能性，所以沒有可能在合約法中預計所有合約交易的模式和內容，也不能絕對肯定所有參與者對特定合約的意願和期望；再加上合約主要是通過談判過程而達成，因此合約的自由也容讓其自身帶有剝削的可能性。所以，在履行合約時，必須具備一些如權責、公平、委身、信任、合作等基本考慮。例如：大企業在資源上往往較小企業優勝，經常擁有一些小企業所需要的材料或服務，因而其談判力也比較強。一般來說，他們自然地會考慮保障自己的利益，把一些保障條款附加在標準合約裏。因此，合約法也需要保護雙方在權力上的平衡。可是，由於不同的條款和處境多不勝數，在立法時實在無法完全估計。另一方面，過多的法規，也可能限制了合約的自由，所以聖約的內涵的確必須存在，藉以平衡合約上的自由。[43]

現代經濟市場擁抱著一套被扭曲的人類學前設和自由觀，我們必須把這些觀念扭轉過來。人類的自由不單是指個人的選擇，而是包含更廣更深的含義。普斯頓（Ronald Preston）指出，經濟學家從效率到自由跑得太快了，把自由的定義落在一種非常個人化的層面。在一個純粹以合約方式運作的市場裏，人類變得十分個人化，從羣體獨立出來，充斥著許多競爭和不信任，遠離社會關係，以及失落了人與人之間互相依存的特質。那狹隘的自由觀念，假設了人就是個體，忽視了社會建構和傳統中人類的互動性，以及因社會關係而形成的人類的自身價值。[44]

人類出生於羣體，並依賴互相合作和照顧的關係而存活。聖約觀念正好能夠推動和培養這些人類本性裏的互動價值。聖約必須和合約觀念配合，一同確保人性中的道德倫理和互動關係，不致失落於我們所追求的效率和增長當中。教會羣體需要確立人類自由是上帝所賜的禮物這一觀念，這自由是我們順從上帝的道這大前提下所行使的，是人自由地宣認上帝的誡命，並深化於內心後的特定行為。所以，行動上的自由不在於選擇或實踐，而在於在行動中體現自我。這自由是為了上帝的緣故，是順從上帝的自由。[45] 這自由同時也是和上帝建立關係的自由，以及和別人建立關係的自由。正如巴特所說，人的行為是一種主體故意行動的取向，上帝所賜予人類在地上的生活時限，並不止於生命的時日。在我們有分於上帝給人類的自由時，目標不是自己，也不能只聚焦在自己身上。我們必須和別人建立關係，並讓這些關係從下而上、從內而外延展至其他人。[46] 在神學觀念上，在我們確立了人類的自由是順從上帝的自由後，我們便需要進一步檢視經濟秩序的管轄權問題，尤其是當我們說這管轄權呼召我們在順從的原則下得自由時，那麼這管轄權是否也能容納非信徒呢？在現今多元的社會裏，管轄權又是怎樣一回事呢？以下我們嘗試以大衞之約的內容，剖析經濟活動裏的權力、倫理和個人抉擇等與掌權有關的問題。

2.5 大衛：聖約中的權力、倫理與個人抉擇

大衛之約進一步擴闊了我們對聖約觀念的視野，因為它標誌著對一個國度的應許（撒下七章）。經過二百年的部族聯盟制度後，以色列人被非利士人打敗了——他們的約櫃被搶走、祭司被殺害，他們的土地充斥了外邦廟宇和偶像。在這個關鍵時刻，一位年輕的英雄——大衛——在數年之間統一了以色列，粉碎了非利士人的勢力，建都於耶路撒冷。在大衛的統治下，以色列人重新佔領迦南地，把他們的疆界延伸到亞喀巴海灣、西奈沙漠及敍利亞。一個新朝代就這樣開始了——以王權取代士師，權力以王朝代代相傳。大衛之約乃依照族長時代聖約的框架，並在其中加上責任條款。王必須履行公義及遵守耶和華的聖約律法，即使有王違抗條款，上帝的神聖應許仍然是永遠的（撒下七 15；詩十八 21，八十九 30～37）。[47]

大衛之約代表著關係的互動和變化，在關係中加上了家庭和社羣間的連結，因此是與王權（kingship）和家族代傳（kinship）有關的聖約。但大衛之約同時也是一種階級制度，以君主立憲制的形式出現，包括雙邊和三邊的聖約關係。在大衛之約裏，上帝和大衛建立聖約關係，膏立大衛為以色列的王，而這種關係再延伸至大衛與以色列民的聖約。[48] 埃拉扎爾把這新制度視為君主和聯邦政制的結合體。歷代志的記載更進一步肯定了這王權，把大衛的子孫認定為上帝管治以色列民的間接渠道（代上十七 14，二十九 23；代下九 8，十三 8）。君王建立了政府來照顧貧窮人（詩七十二篇），並統治其他民族（代上二十九 11）。[49] 王權與家族兩種觀念，都要求人以真誠的關係作基礎，而這些關係的根基則始於人神之間，並延伸至人與人之間。上帝與祂子民的關係，也從此同時涉及王權和家族兩個層面，上帝既是

君王也是父親，而人與人之間在生活中不同範疇的關係，則同時涉及家族和階級兩種觀念。市場屬於社羣交易的範疇，建立在社會羣體和家族關係上，由一套社會法則和秩序所規範，以履行社會公義。與此同時，個人的身分也代表其自身在市場活動中所履行管理大地的職分，以及在過程中持守道德倫理準則。因此，在經濟活動中，市場的參與者乃按照個人的準則和取向，自由地參與和互動。

莫特曼指出，除了上帝的形象（*imago Dei*）外，人同時也擁有世界的形象（*imago mundi*），並以世界的形象站立在上帝面前。也就是說，人作為地上的生物，是祭司和聖禮的執行者，因而被理解為擁有世界的形象，在上帝面前為被造的社羣代求。[50] 因此，若要按公義合理地享有上帝的創造，人類就必須團結一致，因為享有權本身是帶有責任的，對活在上帝掌權下的信徒如是，對活在自我良知下的非信徒也是如此。[51] 在聖約裏，所有人都是大地和地上資源的管理者，信徒也因而面向世界，在歷史裏帶著使命全面地傳揚上帝的國度。莫特曼認為，經濟行為乃是政治和文化以外的主要活動之一，教會必須在當中實踐其自身的使命，把人類和大自然從壓迫和剝削中釋放出來。這是一種對生命的肯定，以及盡忠於大地的勇氣。在這觀點之上，信徒對上帝國度降臨的盼望顯得極為重要，因為現今世界的哀聲，在經濟、政治和文化上的種種，已經挑戰著人類內心存活的意願。基督徒能夠給予世界的，不單是道德倫理上的委身，而是基督教信仰中深層的釋放和拯救。[52]

聖約觀念裏的神權，在多元世界裏會面對一些困難。雖然聖經認定上帝是獨一的掌權者，聖約的特質也因上帝的行動而顯明，但以聖約觀念作為一種生活方式，則不一定要求社羣中信徒和非信徒認定同一位上帝。在社會中，不同的個體為自己的行為負責，而人類行為的共同基礎，就是人性美善裏的道德倫理、人類良知，以及對真理的追尋。在多層次和多元化的社會裏，多元聖約羣體的模式為不同社羣提供時間和空間，讓他們在彼此合作中繼續追尋真理。在這種情況下，不同羣體之間必定會產生張力，而他們之間持續的對話，就成為聖約制度裏的特色。然而，更困難的是，在於人類被罪扭曲了的本性。即使是信徒本身，也仍然有犯罪的可能性，因此地上的教會並未能完全反映上帝的國度。正如莫特曼所說，教會在它本身的發展中，帶著不少破碎和階級制度的歷史，以致當教會為世上的事發聲時，往往備受質疑，因此教會和世俗兩者應該是某種伙伴和互助的關係。

在職場的專業和工作責任裏，信徒的動力來自生存的意志、盼望的力量，以及面對苦難的信心。他們面向上帝永恆的國度，依靠聖靈的能力在世上活出信仰。因此，教會並非生硬地強行把世界變成教會，也不是無力地盲目遵守世俗的法則。[53] 在一個由法律規則和合約權責所推動的經濟市場裏，信徒當竭力履行聖約賜予他們的身分和關係特質，但他們不一定常常成功。與此同時，合約法也是必須的，藉以保護和管理市場參與者的自由和互動關係。上帝的掌權、人本身的決定權，以及道德倫理行為等三方面，在一個尋求共融的多元化社會裏都有其特定位置，這對於建立一個和諧社會和經濟規律同樣重要。由於人的罪性，我們不是活在完全美善的狀態裏，所以我們需要法律。在完美的經濟社會裏，上帝的經綸法則在聖約關係下體現出完全的聯繫和合作，但在地上已然未然的狀態裏，我們還是需要合約和合約法，以管治和保障人活在規範化的社會秩序中。

當世上的經濟活動和上帝的普世經綸不完全相同的時候，

我們必然活在某種張力之下，並會經常遇到一些扭曲的社會經濟現象。[54] 與此同時，信徒許多時不會察覺到一些非人性化的經濟關係，甚至習以為常，因而忽略了這些扭曲現象。舊約的先知們就是不斷地向社會發出警告，呼籲人從罪中回轉和履行公義；這是更新聖約的呼聲，也是委身於聖約之下的呼聲。上帝按照祂的本質和心意，持守聖約的忠誠；在以色列民膏立他們的君王後，這些王同樣活在上帝的律法下，並參與在上帝的聖約裏。因此，上帝在聖約裏彰顯的慈愛，便繼續通過這些地上建立的國度而顯明。

聖約和合約不同，因為上帝的恩典並不在於祂百姓的美善和忠誠。上帝對聖約的忠誠恆久不變，即使祂發怒，也是為了把以色列民挽回聖約裏，以合乎祂公義和信實的原則。[55] 法律和合約規則也沒有取締聖約中的權責，反而把當中的關係延伸至一種照管的狀態，並容納多元的思維和對真理的追求。每一個人都有自己的道德觀念和個人取向，這是在創造中已經存在的人類本質。上帝通過與以色列人所立的聖約，把他們從埃及領出來，並安放在律法的規管下。在此，律法就代表著以色列民對上帝忠誠的回應，他們的道德觀念和個人取向也是建基於上帝所頒布的誡命。[56] 最終的目標，就是一種完全地聯繫所有羣體、在創造主之下的聖約更新。

2.6 更新的聖約：由缺乏到滿足與感恩

在新約聖經裏，因耶穌基督的降臨和祂的工作，聖約被全面地更新了。這新約是和舊約聖經裏關於創造的宇宙觀連接在一起的，並延伸至基督的救贖和天國降臨的觀念。在這世上短暫的生活裏，由於人類的罪性仍然存在，一個完美的聖約社會只是一種理想。上帝的國度，即完美聖約的體現，只會在末世耶穌基督再來時才能完全實現。所以，以下有關新約的研究，目的並非為了確立世上生活的理想觀念，而是從探討完美聖約觀念的過程中，找出聖約本身的意義和特質，以幫助我們深入明白聖約裏的關係和生活方式。

大部分哲學家都抱持一種目的論的世界觀，以觀察世界的秩序和美麗。自然科學就是按照這種令人印象深刻的目的論觀點，以原因代替了目標，然後用物競天擇的自然理論，解釋事物的功能秩序。[57] 史密斯作為一位倫理哲學家，其「無形之手」的觀念，就是一種目的論觀點，即提出在自由市場背後，有一種和諧的秩序和可見的目標。這觀點假設事物背後有一位設計者而不是創造主，即自由市場背後存在著超越反省意識的智慧，並提供一種完滿的潛藏動力和規律。我們今天所面對的物質主義，卻與這種目的論觀點並不相同。物質主義並沒有為事物訂下任何目標。可是我們發現，史密斯式的自然經濟進化，卻把人類帶往物質主義的路上。原有的「無形之手」之和諧規律，很快就被無意識的功能機械架構所取締。在人類自我實現的尋索裏，孕育出自然定律和自然宗教等觀念，即視人類為自主獨立的，並不需要上帝。於是，人類成為個體，傾向把自己視為完美的焦點。[58] 在這種情況下，原來熟悉的聖約觀念和關係法則，很容易就會被扭曲，並約化成個人的利益計算和保障法則。可是，聖約的實質並非如此。聖約所給予我們的，乃是截然不同的羣體觀念，它反映上帝對社會關係的旨意，即尊重每一位參與者並把他們聚集起來，成為一個團結共融的羣體，一同分享工作和喜樂，以及公平地共享一切成果。地上的團結共融，在這種聖約觀念下是可行的，因為上帝的心意就是通過聖約結構推動合一，以建立聖約的社會羣體。[59]

要把世界看為被創造的，就必須接受那創造的世界觀，以致對人的存在有一套特定的看法，並把人看成羣體而非個體，在創造主之下形成一個龐大的團契。神學家巴特強調，我們必須把耶穌基督的工作放在神學系統的核心裏。他在批評聖約觀念時說，聖約觀念在本體和認知上都高舉創造，把耶穌基督救贖的恩典放在次等的位置。其實這並不盡然，因為整個聖約傳統都指向耶穌基督的救贖，以及祂在聖約裏那救贖主的身分。創造是上帝所賜的禮物，這禮物並沒有貶低恩典的重要性，因為創造本身是在救贖以先的歷史事實。它必須藉著蘊含上帝的律例、旨意和恩典的聖約，才能回復其原來的美善。[60] 正如莫特曼指出，被造之物的秩序，隱藏著上帝同在的禮儀，也是上帝和被造之物溝通的管道。當人類明白這些創造秩序時，就會懂得擁抱創造，在被造的世界中感恩，並把被造之物帶到上帝面前歌頌祂。這樣看來，所有屬於上帝的被造之物，都是聖約羣體的一員。[61]

上帝那創造的秩序，讓我們明白到愛的付出和無條件的賜予，並發出內心感恩的回應。從此，我們得知自己所擁有的，都是上帝給予的禮物和祝福，而且要學懂珍惜和分享這些東西。假如我們未能明白這一點，就會以為所擁有的財產和權利是理所當然的，而忽略了管理和感恩的觀念。人類並不能操控世界和濫用資源，他們必須洞悉世界乃上帝的創造。上帝把人類創造成理性和富道德感的生物，也按照這些本質來照管他們。因此，上帝所賜的自由不包含操控，且在聖約中以扶持、引領、提醒、邀請、警告等方式和祂的子民交往。這種賜予的方式不帶有強迫性，而是讓人感恩地領受。這種賜予也是給予普世所有被造之物，沒有排除任何人。[62] 在經濟秩序的個人選擇和決定裏，聖約的生活方式給人真正的自由。通過在合約界線裏實踐聖約特質，人類領受創造的賜予，並以感恩和責任作出回應。巴文克把聖約的實踐視為生活各個領域的自然法則。他指出：「在理性和道德生物中，所有高等動物都以聖約的方式生活……這種承諾的方式，無論是意會或詳細說明，都是人類一起生活和工作的一般方式。相愛、友誼、婚姻，以及其他在商務、工業、科學、藝術等範疇的社會合作，最終都基於聖約，也就是，建基於彼此忠誠和其他普遍被公認的道德責任。」[63]

救贖的聖約向全人類開放。這新約延續著亞伯拉罕和以色列民被上帝揀選的聖約。人類作為一個整體，聚集在十字架面前；雖然教會羣體乃是從人類整體中被選召出來的，卻仍然和人類整體保持著緊密的關係。[64] 上帝與人類的聖約，由普世的挪亞之約到永恆的恩典聖約，反映著三一上帝父、子、靈之間的約，名為救贖之約（*pactum salutis*）。[65] 救贖之約揭示了聖約的關係，也指向三一上帝的自主和自由。在這三一聖約裏，聖約觀念乃完全地展現，耶穌基督救贖的工作是救恩歷史裏的終極工作，在上帝所賜的、永恆的恩典聖約裏，以禮物的形式給予全人類。[66]

救贖之約的終極關注是全人類，宣告那在基督裏全面更新的恩典之約。可是，單單活出聖約的生活方式，卻不表示已踏進與上帝的立約之路，因為聖約的生活方式可以指向任何東西或終極目標，只有當信徒以信心回應耶穌基督恩典之約的時候，才能成為上帝的兒女。雖然如此，但因為聖約的生活方式是人類本質和真理的一部分，所以無論信徒或非信徒都適用，而且教會有責任在社會和經濟生活中，宣講和實踐這種生活方式。在基督教的崇拜裏，聖餐是實踐聖約的中心禮儀，是信徒作為一個終末羣體面向上帝國度的體現，更指向上帝經綸秩序在聖約關係中的完全體現。

在舊約聖經中，我們看見律法、順服的呼籲，以及為遵守聖約而訂立的社會秩序。在新約聖經中，我們則看見救贖，通過恩典，全人類在耶穌基督裏得蒙救贖。恩典之約告訴我們，單靠舊約聖經裏的律法並不足夠，因為人類在罪中墮落，以致需要耶穌基督為我們成就救恩。同樣地，合約形式通過合約法來保護和維持社會及經濟規律，它提供的法律條款和規則，內裏蘊含著聖約的特質。可是，這些特質因為人類的罪性——在自利、剝削、威脅、個人主義等扭曲下——而失落了。就是這樣，人類拋棄了合約其保障背後的聖約特質。雖然人類背棄聖約，活在不義和罪惡之中，但信實的上帝仍然遵守祂的永恆聖約，持守其恩典和照管。這救贖之約，至今仍然是人類與創造主復和的方式，我們通過它而進入上帝的經綸規律裏，以遵守聖約作為最完美的社會秩序基礎。

在新約聖經裏，上帝兒子的三一特質向讀者發出邀請，呼召人進入同樣的羣體關係裏。通過三一上帝的合一，彰顯了神聖關係的完美式互動，並為人類、全宇宙以至我們的將來，公開發出呼籲，這展示了永恆聖約中的契合。整個被創造的宇宙萬物，將會在上帝特定的時空裏，經歷父、子、靈完全和合一的愛和相交。[67] 救贖的大能在三一上帝的關係本質上，為經濟秩序提供了極為重要的啟示：經濟分配的過程，以羣體和羣體關係為主，而不是以個人的滿足和利益為中心。這就是說，人類的自由，並非一個憑己意自治的通行證，也不是個人獨立自主不受干預的保障。正面的自由，乃是在契合關係中、通過合宜的資源分配而發展及踐行出來的，以推動人類在社會羣體的關係網絡中，共享繁榮昌盛。[68]

新約的社會處境和舊約時代十分不同。上帝國度的福音是給貧窮人的，包括被壓迫的得公義、飢餓的得飽足。這些舊約先知的宣告，在新約耶穌基督的教導裏，則要落實在當代的社會中。新約的敍述蘊藏著豐富的資源，顯示出聖約羣體應有的倫理規律和道德體系。莫特曼告訴我們，福音讓那些貧窮的、失業的、無家可歸的、患病的和受苦的人得生命，而且這生命是今世實質的事實（太十一 2～5，十八 23～25；路十二 58，十四 21～23）。耶穌基督接觸奴隸和妓女，這些都是社會中沒有地位的人。基督來到世界，就是要釋放那些貧窮和受壓的人，使他們得到尊嚴、身分，以及能擁抱未來。這宣告上帝國度降臨的福音，是永恆聖約的一部分，它同時推動著社會經濟上的平等公義和公平分配。耶穌基督醫治患病的人，警告富有的人不可剝削他人，祂重視人真正的需要，並以實際的言行來幫助他們（路一 46～54，六 24，十九 1～10）。[69]

各地不同宗派和形式的教會在不同的文化中興起，這些聖約羣體正正顯示了在多樣化之中的合一。教會羣體盼望著現有社會秩序的終結，企望社會變得更能實踐聖約的特質。這種終末的宇宙觀，見證著眼前社會秩序將會過去，並孕育著對新天新地那份堅定的期盼。[70] 教會羣體理應實踐上帝國度的經綸秩序，而這經綸也必定包括信徒與社會及經濟的關係。現今，教會在聖靈的同在和能力中站立於世界，為世界的更新而活，在盼望中不斷實踐轉化社會的行動，且又盼望著真正體現上帝的經綸秩序。[71]

人按照上帝的形象被造這事實，把人置身於羣體之中，使人的本質帶有一種必然的羣體特質。這形象本身是一種禮物，在不同時空中以各種方式和特質擁抱著全人類。意即，人類都反映上帝的形象，而萬物都是上帝所造的，因此，我們在上帝裏也同歸於一。所以，宇宙是一個整體，人類在當中是一家人。這觀念把人類置身於歷史敍述裏，要向全宇宙揭示上帝無條件的賜予和旨意。教會因此是基督的新婦、聖靈的殿、上帝的居所，並彰顯新耶路撒冷的榮耀。教會終極的成就在於上帝的國度降臨，人在其中得享完美的羣體關係和完全的合一。[72] 人類怎樣回復上帝的形象呢？就是通過彌賽亞的救贖，人成為基督的跟從者，效法基督，得著基督的形象（*imago Christi*）。在新天新地，信徒就是這樣「……和他兒子的形象一模一樣……」（羅八29；《聖經新譯本》）。這救贖通過耶穌基督的工作完成了，所有願意回應呼召的基督跟從者，都得以稱義和成聖。上帝透過祂永恆的救贖計劃，揭示祂對聖約的忠誠，因此聖約同時是禮物和命令。在終末的視野上，聖約就是應許、盼望和榮耀。同時，它也在持續不斷的歷史中出現，讓人藉著與上帝及其他人建立關係而得以完全。[73]

在理想的聖約羣體中，所有人都和上帝及其他人構成完美的連結，當中沒有缺乏和爭競。絕對的信任、委身和尊重，取代懼怕和壓迫，人在共同效忠恩典和律法下，一同分享利益和成果；人對神聖掌權者的完全順服，使聖約社會得以完全體現。可是，這完美的聖約社會，在世上卻不能完全實現，只能在天地都在基督的救贖裏被創造主更新過後，在新天新地中體現出來。在這已然未然的時空裏，聖約生活乃是我們的目標。它補足世上合約規條的欠缺，為經濟市場中的關係注入人性化的美善元素。要達致這樣的形態模式，我們需要在個人責任和羣體責任中取得平衡，以至能在公共社會中與不同信念和取向的人一起生活。如斯塔克豪斯指出：

> 假如對私人利益和個人的經濟籌算——即使基於最具洞見的個人動機——的重視程度高於社會和諧，結果就是

> 經濟慘劇。假如重點完全放在集體行動和階級團結上，即使深切地為建立一個公正的社會而努力，結果必定是經濟的沙皇獨裁。[74]

由此可見，聖約作為創造原意裏的基本事實，必須同時實踐個人自由和保障公義的行動，才能建立和諧的社會和經濟秩序。要達致這種互動，就需要聖約和合約的平衡和互補。在第四章，我們就會為兩者的互補建構一個經濟典範，以建構一個和諧的經濟市場。在建構這典範前，我們最後要做的，就是對理想的經濟活動理念作出評估和批判，並檢視純粹從神學理想推斷出來的經濟秩序，繼而透過這異象和目標，為眼前的經濟活動建構一個可行的方案，這既能避免落入理想主義之中，卻又能持守對實踐絕對真理的盼望。

2.7 經濟規劃始於恩典、禮物或聖約？

從新約聖經的記載可見，早期基督徒持守著一種直接規範他們日常生活的終末觀念。他們的焦點是，耶穌基督將會在他們在世時再臨，所以新時代快將出現。他們以一種終末聖約羣體的方式生活。猶太和外邦信徒在一起，成為基督合一的子民。在這早期信徒羣體中，財富和家庭都是次要的。聖約羣體通過共同信念和終末盼望而團結起來，沒有種族和社會階級之分。[75] 對信徒來說，施予和凡物公用，乃是活在上帝國度裏的呼籲和責任。[76] 通過個人及羣體的委身，他們為羣體的共同利益而重新分配資源，這表示他們願意在大誡命，即愛上帝和愛人如己的誡命下被管治（太二十二 34～40）。產權的模式和界線被拆除了，讓參與者享有財產和分配上的安全和自由。[77] 可是，這並不是說，終末聖約羣體的理想就是我們在地上生活的藍圖。事實上，早期基督徒羣體在其獨特的聖約聯繫之外，繼續和非信徒交往。不論在宣教的使命上，抑或平日的生活交易上，他們都必定繼續參與經濟活動。我們知道，完全的聖約規律，只能在終末的新天新地中體現出來。在地上的時空中，信徒竭力在被罪扭曲的限制下實踐聖約。因此，我們必須在聖約和合約之間取得平衡，建構一個讓所有持守不同信念和理想的參與者能攜手合作的和諧社會。

早期的聖約羣體是按照耶穌基督的教導而建立的。奧格里瑞（Thomas Ogletree）從耶穌在馬太福音的教導中找到兩大特色：第一，順從上帝的律法不單指行為，而是自我生命的獻呈；第二，順服也包括願意積極地面對艱難逆境或仇敵的猛烈攻擊。所謂生命的獻呈，也就是說，人本身的動機、態度和感受都是重要的，即行事為人不能只按照合約法的約化關係。由於基督徒的宇宙觀和真理觀與世人不同，順服上帝必定會引起衝擊，耶穌和祂的門徒就是經常挑戰當時的社會秩序。在新約裏，他們仍然活在世上的法律制度下，但同時也拒絕與社會上的暴力行為妥協。[78] 這聖約羣體假設所有參與者的忠誠，以及他們對於神聖誡命的委身和順服。即使是這樣，由於人類本身的罪性，聖約羣體仍未能達到完全的狀態。新約裏有一些敘述，讓我們看見早期基督徒羣體中也曾經譴責不忠誠的行為，並執行聖約裏的罰則，其中包括亞拿尼亞和妻子撒非喇欺哄聖靈的事（徒五 1 ～ 11），以及在供給上忽略了說希利尼話的寡婦的事（六 1 ～ 7）。這些情況告訴我們，在聖約下的生活細節，還需要我們繼續闡明和整理。在此，合約方式和合約法便提供了輔助的功能，在澄清和執行約定條款上與聖約相輔相成。

聖約在經濟活動上的應用，尤其是它在終末新天新地的體現，與坦納（Kathryn Tanner）提出的「恩典經濟論」（economy of grace）有許多相似的地方。恩典經濟論提倡在經濟結構和運作上無條件的施予，它的整個架構都建立在這種施贈式的社會關係上。坦納企圖把無條件的施予定義為一種社會和經濟行為，內裏並不考慮個人感受或回報。因此，一個恩典的經濟市場，反映上帝在創造和救贖中無條件的施予，這種法則是屬於普世的，因為上帝賜予宇宙萬物，包括每一個人。這樣的經濟羣體沒有爭競，每個人都為他者而活，並照顧到所有人的益處。[79] 這種無附帶條件的相處方式，對應著聖約觀念裏的分享和分配原則。坦納更進一步說明，物質價值的差距只是一種約化，我們無法以同一貨幣數量單位為所有東西訂價，因此，我們不能比較物質的價值並作出等價的交易。可是，任何價格的釐定，都間接地為不同東西訂下了共同的價格標準和排序。例如，在一個簡單的交易裏，一方為另一方理髮，以換取對方為其準備一頓晚餐，這過程中的交易價值，就超出了約化的貨幣計算方式。貨幣為這些約化了的價值計算出外顯的數字，然後以外在的常態來作出管制，當中並沒有考慮個別殊同或人性化因素。[80]

坦納適切地批判貨幣作為價值單位的約化問題，以及提出了以市場價格釐定價值優次的弊端，但貨幣作為一種帶來方便的交易工具，仍然有它本身的重大作用。使用貨幣作為數量單位，幫助我們完成市場交易，以便發展出不同時空和產品類別的市場。當產品被標上幣值，合約交易便不再含糊，這將促進貿易和合作關係。這些行動本身不一定是負面的。坦納應該批判的是，當市場交易建基在貨幣計算時，那具有超越性的道德價值和人類本性，也同時漸漸被人丟棄。理想的經濟秩序乃基於施予和感恩，並不涉及貨幣的計算，但這只能在基督再臨後的聖約羣體裏實現。在這地上的經濟市場，解決辦法不是廢除貨幣單位，而是適當地平衡聖約中的關係觀念和合約中的交易方式。貨幣是市場的輔助工具，有其本身的功能和限制。與此同時，那不能量化的非市場價值，亦必須得到肯定和落實。那兩個分別願意為對方理髮和預備晚餐的朋友，理應繼續這樣做，而不需要比較這兩項服務的金錢價值。這種建立關係的行為，是在聖約觀念的共同分享理念下進行的。兩個在街上互不認識的人，一個需要理髮，另一個需要吃晚餐，他們的需要將會通過市場合約的方式完成。在這種情況下，聖約觀念仍然是背後的前設，因為他們必須相信在市場交易中為他們服務的人，將會誠實正直地完成任務。

事實上，在人類相處的過程中，他們自然會建立某種關係。例如：一個對服務感滿意的顧客，會願意向理髮師或服務員付合約要求以外的小費。為甚麼人們會外出用膳或購物？標準答案是為了滿足需要和慾望。可是，在實際處境中，市場交易和互動也是社會羣體生活的一部分，這些看似中立或共通的活動，也可以基於許多不同動機。有些人認為購物是一種消閑方式，有一些人則以購買名牌產品來顯示其社會地位，還有一些人只是在有需要時購物。此外，有些人為了表示感激而送禮，另一些人則視之為回饋責任。同一道理，金錢可以成為人類生命中的偶像瑪門，但人亦可以適當地使用金錢，以輔助及推動社羣生活和合作。

另一個類似恩典經濟論的神學經濟模式，是一羣激進東正教神學家——包括米爾班克（John Milbank）、斯蒂芬．龍（Stephen Long）和畢斯達（Catherine Pickstock）——提倡的「餽贈經濟論」（economy of gift）。餽贈經濟論以餽贈的方式建構其市場交易，參與者按政治和社會條款彼此餽贈和接受禮物。這些條款或餽贈要求是長久持續存在的。可惜的是，在這個範式裏，回餽的基制已背離禮物其無條件的餽贈特質。這些市場裏的「禮物」，因此並非是免費的，而是有附帶條件的，參與者需要同時贈送和收取，這約束著參與者的互動關係。因此，條款成為關係的本質，並推動著這些關係持續下去，這跟合約關係的獨立性質不同，合約關係在合約終止後便結束。

在一個餽贈交易市場裏，禮物本身不是無條件的，因為它帶有回餽的必然要求，並通過這要求把參與者連結在一起，也同時讓他們因而得到經濟自由，無需計算貨幣價值和數量。這餽贈範式有它本身的好處：當人彼此餽贈時，我們便更全面地融入別人的生命，滿足他人的需要，同時也滿足自己的需求。因此，餽贈經濟是一種培養品德的經濟範式。[81] 餽贈經濟論以神學觀念挑戰傳統的經濟觀，指出價值並不能創造出來，而只能藉著先追求上帝過於所有事物而重新尋著。因此，在經濟互動中，人類得首先培養施贈的品格。餽贈經濟論學者認為，公共產業被排除在經濟模範之外，不單是因為我們只計算個人利益，也是因為經濟學本身對價值的扭曲觀念。[82] 經濟市場的關注是產品和交易價值，所以它首先要把所有東西變成商品，以致可以為其一一訂定價格。這包括以市場價格規範某些不能完全量化的事物，例如：工作時間、風險程度、公共產權等。當這種方式伸延下去時，就會進到人類的基本關係，例如：關懷和婚約。當眼前的東西變成了商品，就可以為它訂一個交換價值，以致可以在合約市場作出交易。可是，這樣釐定的價格與真正使用上的價值並不能劃上等號。[83] 例如：基本必需品如空氣和食水的實用價值，理應比珠寶和古董更高。市場往往藉著廣告，塑造生活品味和行為標準，為其產品訂定最高的交易價格。由於市場結構深藏於日常生活裏，這些市場推算的價值，將反過來影響和限制著我們的日常生活，甚至主宰著人類的日常活動。

以上對貨幣市場的批判雖然不無道理，但餽贈交易也有許多缺點。在餽贈交易模式裏，我們以一種仿效三一關係的共享觀念來運作。這些餽贈交易是由餽贈者的回餽期望所驅使的。也就是說，貨幣產品交易市場支持獨立交易，而餽贈交易市場則依賴回餽。餽贈交易推動信任和互助，把焦點由個人需要轉移到彼此關係之上。但可以想像，在這些交易中，社會階層的分野乃按照餽贈的多寡而定。為了提高社會地位，人可能傾向利用餽贈量。同時，餽贈交易附帶回餽的條件，因此社會中仍然存在一定的回餽張力，影響到人與人之間的關係。以貨幣為單位的交易，在一次完整的流程後便結束，但餽贈關係則會維持下去，形成一種無形的債務壓力。餽贈的禮物更可以像貨幣那樣轉移，變成資本，這種以物易物的交易方式，同樣地反映合約的本質。結果就是，餽贈交易模式同樣潛藏著競爭、社會階層的考慮和回餽的壓力。[84] 於是，餽贈漸漸變成交換和約定，並帶著利益計算和債務壓力。換句話說，餽贈市場的內涵帶有合約性質，按照它所訂的回餽要求和條款運作。與此同時，由於沒有貨幣或其他清晰的計算基準，交易所隱藏著的合約條款並不清楚，以致容易引起誤解和不信任。當我們因此而把合約條款列明時，也就是回到根據合約法運作的市場模式了。

正如坦納所說，餽贈交易的獨特之處就是它的施予取向，其禮物直接針對接受者的需要。一份真正的禮物，必須不含回餽條件，而真正的餽贈，也不會轉移或帶有回餽的要求，而是在餽贈與接受中結束。這餽贈行為沒有關注自身的利益，只想到別人的好處。事實上，餽贈者很少會和接受者建立關係，因此，在基於恩典的餽贈中，目的並非增加利益或加強關係，而是在於施予的行動。只有當餽贈對接受者而言不附帶任何條件和壓力時，餽贈才不會有階級之分，施予者的動機亦遠離商業交易的傾向。這種完全以餽贈為基礎的經濟市場，和純粹建立在利益之上的交易市場，兩者形成強烈對比。[85] 可是，一個完全以餽贈為基礎的經濟市場，並不能解決所有問題。單靠那無條件的施予，並不能建立關係和推動合作生產，也不能形成經濟秩序的基本結構，因為這些禮物都是自發和單一的，並沒有長遠的互動連結。在這情況下，餽贈行為就取決於個人動機和取向，以致無法維持某種不存在個人利益的理想。

一個以聖約為基礎的市場，同時擁抱恩典經濟論裏的無條件餽贈觀念，以及為社會集體利益而重新分配資源的觀念。當我們以集體利益為優先，並不計較回饋時，我們就會把大眾的利益視為自己的利益，且表現出對羣體的委身。當每位參與者都以羣體利益為優先，並願意絕對委身時，就不怕失去自己所擁有的，因此可以自由和全然地付出。在上帝的掌權下，是有可能消除對物質匱乏的恐懼感的。可是，這種恩典經濟規律只會在上帝的百姓當中體現，而且必須在終末基督再臨、當萬物都全然得贖和成聖時，才得以全面地實踐。人類的限制和罪惡，有待耶穌基督再來時再次更新，這是信徒終末的事實。在現世中，當我們期盼著基督再來時，信徒仍需要在多元價值和信念的社會中生活，帶著被上帝差遣到人羣裏的召命，迎向世上經濟規律其弔詭的掙扎和平衡。這弔詭之處在於，信徒在終末聖約觀念的基礎上，同時必須在世上建立和有分於一個與非信徒共融互助的經濟秩序。教會的挑戰，就是在這個世代裏實踐其聖約使命，以及在破碎和軟弱中不斷更新它的聖約。

2.8 尋找神學對經濟市場的回應

聖約神學提出人類本質上的限制及其罪性，這解釋了合約方式和社會秩序之自然進化的不足之處，也顯明聖約是建基在真正的人性美善、創造、自由和神聖掌管下。我們已經看見，聖經的敍述如何提供了豐富的資源，幫助我們了解聖約觀念中的普世、關係特質和救贖觀，也為神學的經濟應用提供了豐富的洞見和提醒。改革宗神學家把聖約解說為上帝的永恆計劃，這計劃覆蓋著整個創造、拯救和主再來的人類歷史。聖約肯定了上帝的掌權、祂與創造的關係，以及人類的自由和責任。通過聖約的生活，人類明白到自己必須按創造主的原意，好好管理大地和履行經綸秩序。聖約觀念讓我們看見一個以豐富互動和彼此連結而成的社會，人在羣體中推動著人性化的美善生活。三一上帝的完全關係和豐足，把我們從物質的不安和憂慮中釋放出來。在上帝永恆的聖約經綸裏，每一個人的需要都按照信任、合作和分享，在上帝的管治下得著滿足。產權、權利和公義不應淪為權力的工具，而是實踐個人美善的特質，以及追求共同利益的渠道。信徒羣體在地上寄居的時日，應當竭力實踐聖約的生活方式，忠於聖約的社會律例和原則，以至教會羣體能通過聖約觀念，向世界展示和詮釋對經濟生活的回應。世界在罪惡的扭曲下，仍然是屬於上帝美善的創造，但完美的天國仍然未臨到人間。因此，教會羣體正處於世界這個廣大的宣教禾場裏，在當中尋求在地若天的平安和美善，並扎根於創造主的道上，不斷反思和推動聖約生活。

要在地上實踐聖約的生活方式並不容易。聖約觀念是不能被量化的，也無法在經濟計算的模式中整全地展現，任何企圖量度聖約特質的方法，都無可避免地會將其約化，並扭曲了它最珍貴的人性本質。聖約觀念尤其容易被約化成合約法律模式，最終混淆了聖約和合約兩種觀念。在一個多層次和多信念的多元化社會裏，不同羣體之間經常會產生利益衝突，聖約觀念並不能為這些張力或特定的經濟問題，提供某種簡便的答案，卻只能為這些羣體之間，建立開放互動的對話基礎。在新約聖經中，我們以為可以尋覓到理想的聖約羣體，可是，早期的基督徒羣體也並非是一個完美的羣體。信徒雖然認識了主耶穌，但他們仍然會犯罪，也會有扭曲聖約美善的可能。所以，完美的聖約社會，只能在新天新地臨到時才完全體現，但聖約方式卻是創造中的關係秩序，是人類本質的一部分。因此，我們必須重尋及實踐聖約方式，並顯明聖約特質對世界來說是適切和必須的。

我們看見，上帝以聖約方式向祂的百姓伸手，藉著聖約和人類建立關係，所以我們知道聖約是上帝旨意中的關係秩序，也是所有真誠社會羣體關係的基礎。地上的經濟活動，不但需要法律和公義的保障，它也需要建立在道德倫理和人性化的美善關係之上。聖約顯明了上帝與人類建立關係的行動是迫切和直接的，這是一種公開願意與所有人分享的關係。聖約更新了人類的共同生活狀態，消除了殘暴和不公義的毀壞性力量，讓其中的參與者看見全新的異象——一個合作共融的和諧社會，其內涵並不是追求最高利潤，而是彼此扶持。這種在聖約裏建立的關係和連結，促進人類發揮其美善本質，主動照顧羣體裏的弱小，使人類真正與上帝同工，有分於看守和管理大地的聖約職事。[86] 基督徒參與世上的經綸秩序時，同時也代表著基督參與在世上，因為我們都是被耶穌基督差遣到世上的。聖約羣體也是經濟活動的參與者，按照上帝的吩咐，為自己的經濟行為作出抉擇，並透過這些行為服事別人。就正如耶穌在新約裏所說：「……我實在告訴你們，這些事你們既做在我這弟兄中一個最小的身上，就是做在我身上了。」（太二十五 40）

註釋

1. John Atherton, Transfiguring Capitalism (London: SCM Press, 2008), 201 ～ 215.
2. 亞當．史密斯（Adam Smith）並沒有完成他有關天文學系統發展史的作品，但他的興趣和意向可以從他和休謨（David Hume）的書信往來中看見。參 John Rae, *Life of Adam Smith* (London: Macmillan, 1895), 262 ～ 263。史密斯的作品包括最著名的 *An Inquiry into the Nature and Causes of the Wealth of Nations*、倫理哲學作品 *The Theory of Moral Sentiments*、*Lectures on Jurisprudence*、*Essays on Philosophical Subjects*、*Lectures on Rhetoric and Belles Lettres*，以及其他書信。一九八四年，在《國富論》（*Wealth of Nations*）一書的二百週年紀念時，史密斯的作品被牛津出版社（Oxford University Press）和「自由基金會」（Liberty Fund）結集成兩部分共六冊的 *The Glasgow Edition of the Works and Correspondence of Adam Smith*。直到現時，這是史密斯作品最全面的收藏。
3. Jerry Evensky, "'Chicago Smith' versus 'Kirkaldy Smith'," *History of Political Economy* 37 (2005): 197 ～ 203.
4. H. Russel Botman, "Covenantal Anthropology: Integrating Three Contemporary Discourses of Human Dignity," in *God and Human Dignity*, ed. R. Kendall Soulen and Linda Woodhead (Grand Rapids, MI: Eerdmans, 2006), 82.
5. 學者對於希伯來文 תירבּ 一字是否應該翻譯成希臘文 διαθήκη 有些爭論，因為 διαθήκη 一般在現代及古典希臘文裏，都是解作最終的心意或約定。可是，許多新約學者都認為 διαθήκη 的真正意思就是聖約。在新約聖經中出現 διαθήκη 這字的時候，很明顯是突出上帝的救贖工作。這字也在聖餐禮中，被用作說明上帝與祂百姓通過耶穌基督的復和工作所立的新約。參 Hans Hübner, "Covenant," in *The Encyclopedia of Christianity*, ed. Erwin Fahlbusch, Jan Milic Lochman, John Mibiti, Jaroslav Pelikan and Lukas Vischer (Grand Rapids, MI: Eerdmans, 1999), 710 ～ 713。
6. 拉丁文 *foedus* 後來發展成英文的「聯邦」（federal）這字，及後再成為「聯邦政制」（federalism）這字的字根。
7. Eric Jr. Mount, *Covenant, Community and the Common Good: An Interpretation of Christian Ethics* (Cleveland, OH: The Pilgrim Press, 1999), 21.
8. James B. Torrance, "The Covenant Concept in Scottish Theology and Politics and

Its Legacy," *Scottish Journal of Theology* 34 (1981): 230.

9. Mount, *Covenant, Community and the Common Good*, 1.
10. 參 Max L. Stackhouse, *Globalization and Grace* (New York, NY: Continuum, 2007), 163。斯塔克豪斯（Max Stackhouse）一直倡導聖約觀念在社會、家庭和其他人倫關係中的應用，但並未為聖約的經濟或市場應用提供藍本。
11. Charles S. McCoy and J. Wayne Baker, *Fountainhead of Federalism* (Louisville, KY: Westminster John Knox Press, 1991), 59.
12. McCoy and Baker, *Fountainhead of Federalism*, 77.
13. 聖約觀念的內容豐富，並在聖經敘事中廣泛應用，但由於篇幅及題材所限，本書並不能全面探討所有聖約的內容及其特質。本書將會專注討論一些較具代表性的聖經敘述，包括舊約中挪亞、摩西和大衛的聖約，以及新約聖經中透過耶穌基督救贖工作所立的新約。
14. Max L. Stackhouse, *Covenant and Commitments: Faith, Family, and Economic Life* (Louisville, KY: Westminster John Knox Press, 1997), 142.
15. Max L. Stackhouse, "The Ten Commandments: Economic Implications," in Max L. Stackhouse, Dennis McCann and Shirley J. Roels, ed., *On Moral Business: Classical and Contemporary Resources for Ethics in Economic Life* (Grand Rapids, MI: Eerdmans, 1995), 62.
16. E. Clinton Gardner, *Justice and Christian Ethics* (Cambridge: Cambridge University Press, 1995), 120～123.
17. Stackhouse, *Covenant and Commitments*, 140～141.
18. Jonathan Chaplin, "Suspended Communities or Covenanted Communities? Reformed Reflections on the Social Thought of Radical Orthodoxy," in *Radical Orthodoxy and the Reformed Tradition*, ed. James K. A. Smith and James H. Olthuis (Grand Rapids, MI: Baker Academics, 2005), 179.
19. Karl Barth, *Church Dogmatics* (Edinburgh: T & T Clark, 1958), III/2: 207.
20. Duncan B. Forrester, *Theological Fragments: Explorations in Unsystematic Theology* (New York, NY: T & T Clark, 2005), 31～32.
21. Barth, *Church Dogmatics*, III/2: 227, 248.
22. Barth, *Church Dogmatics*, III/2: 263～267。由於主題和篇幅所限，本書未能深入探討巴特（Karl Barth）有關人觀和聖約觀的論述，請讀者參考其作品 *Church Dogmatics* III/2 中有關人類關係和互動的部分。經濟活動是人類生命所必需的，促使人與人之間互相合作以至能夠保存生命。

23. Max L. Stackhouse, *Public Theology and Political Economy: Christian Stewardship in Modern Society* (Grand Rapids, MI: Eerdmans, 1987), 32.
24. Jürgen Moltmann, *God in Creation: An Ecological Doctrine of Creation* (London: SCM Press, 1985), 2 ~ 4.
25. Rolf Rendtorff, " 'Covenant' as a Structuring Concept in Genesis and Exodus," *Journal of Biblical Literature* 108 (1989): 386 ~ 387.
26. John Goldingay, *Old Testament Theology Vol. I: Israel's Gospel* (Illinois, IL: InterVasity Press, 2003), 173 ~ 174.
27. John Bright, *Covenant and Promise* (London: SCM Press, 1977), 25 ~ 26.
28. Jacob B. Agus, "The Covenant Concept-Particularistic, Pluralistic, or Futuristic," *Journal of Ecumenical Studies* 18 (1981): 230.
29. Walter Brueggemann, "Covenant as a Subversive Paradigm," *Christian Century* 97 (1980): 1097.
30. Mount, *Covenant, Community and the Common Good*, 18.
31. Stackhouse, *Globalization and Grace*, 166.
32. Herman Bavinck, *Reformed Dogmatics, vol. 2: God and Creation* (Grand Rapids, MI: Baker Academic, 2004), 526.
33. Kieran Cronin, *Rights and Christian Ethics* (Cambridge: Cambridge University Press, 1992), 218.
34. Joseph L. Allen, *Love and Conflict: A Covenantal Model of Christian Ethics* (Nashville, TN: Abingdon Press, 1984), 264.
35. Stackhouse, *Covenant and Commitments*, 156 ~ 157.
36. 聖經中有關摩西之約的敍述細則，參 Bright, *Covenant and Promise*, 28 ~ 31。
37. M. Douglas Meeks, *God the Economist: The Doctrine of God and Political Economy* (Minneapolis, MN: Fortress Press, 1989), 83.
38. Daniel J. Elazar, *Covenant & Polity in Biblical Israel: Biblical Foundations & Jewish Expressions* (New Brunswick, NJ: Transaction, 1998), 175 ~ 176.
39. Scott Bader-Saye, "The Freedom of Faithfulness," *Pro Ecclesia* 8 (1999): 437.
40. 天主教、信義宗、加爾文派和衛斯理宗派都同樣批判個人主義，指出個人主義是因為自由觀念被約化為個人選擇。現代自由主義裏的自由，反過來捆綁著自我，把人轄制於眼前的慾望下。要了解不同宗派傳統的觀點和異同，參 Bader-Saye, "The Freedom of Faithfulness," 438 ~ 445。

41. Walter Brueggemann, "Covenanting as Human Vocation: A Discussion of the Relation of Bible and Pastoral Care," *Interpretation* 33 (1979): 127.

42. 卡斯拉（Friedrich Kessler）認為，一個自由企業系統必然對應有合約上的自由，並因而推動個人主義和發展不干預的自由市場經濟（*laissez faire*）。參 Friedrich Kessler, "Contracts of Adhesion–Some Thoughts about Freedom of Contract," *Columbia Law Review* 43 (1943): 629 ~ 642。

43. 康登（Tim Congdon）列舉了兩個例子，說明市場自由怎樣被保障弱勢的條款限制了。第一個例子是有關只能上調的商務租金管制。在上世紀六十至八十年代間，這些只能上調的商務租金管制條款是市場慣例，用來幫助物業投資者估計其租金收入。第二個例子是推動準時支付帳單的利息條款，用來幫助小企業早日收回欠款。事實上這些都是間接的價格控制，兩個例子的目的都是保障權力較弱的一方，但同時也干預了合約的自由和市場的效率，不必要地在市場中造成了一定限制，而且在經濟環境逆轉時更可能對權力較弱的一方帶來不良結果。參 Tim Congdon, "The Law: Freedom or Merit?" *Economic Affairs* 14, no. 2 (1994): 41。

44. Ronald H. Preston, *Religion and the Ambiguities of Capitalism* (London: SCM Press, 1991), 25.

45. Barth, *Church Dogmatics*, III/4: 13.

46. Barth, *Church Dogmatics*, III/4: 477 ~ 478.

47. 有關大衛之約更詳細的內容，參 Bright, *Covenant and Promise*, 50 ~ 70。

48. Elazar, *Covenant & Polity in Biblical Israel*, 313 ~ 314.

49. Goldingay, *Old Testament Theology Vol. I*, 559 ~ 560.

50. Moltmann, *God in Creation*, 190.

51. Jürgen Moltmann, *Creating a Just Future: The Politics of Peace and the Ethics of Creation in a Threatened World* (London: SCM Press, 1989), 70.

52. Jürgen Moltmann, *The Church in the Power of the Spirit* (London: SCM Press, 1977), 164 ~ 165.

53. Moltmann, *The Church in the Power of the Spirit*, 167 ~ 168.

54. Meeks, *God the Economist*, 19.

55. Duncan B. Forrester, *Christian Justice and Public Policy* (Cambridge: Cambridge University Press, 1997), 208.

56. 亞倫．托倫斯（Alan Torrance）指出，上帝與人類的關係是一種聖約方式而非合約方法，因為在頒布誡命之前，上帝的恩典已經臨到，而且這恩典更是誡命的基礎。參Alan J. Torrance, "On Deriving" Ought" from" Is": Christology, Covenant and *Koinonia*," in *The Doctrine of God and Theological Ethics*, ed. Alan J. Torrance and Michael Banner (London: T & T Clark, 2006), 172。
57. Bavinck, *Reformed Dogmatics, vol. 2*, 82 ~ 84.
58. Bavinck, *Reformed Dogmatics, vol. 2*, 432.
59. Brueggemann, "Covenant as a Subversive Paradigm," 1096 ~ 1097.
60. Max L. Stackhouse, "The Moral Meanings of Covenant," *Annual of the Society of Christian Ethics* (1996): 263.
61. Moltmann, *God in Creation*, 71.
62. Bavinck, *Reformed Dogmatics, vol. 2*, 570 ~ 571.
63. Bavinck, *Reformed Dogmatics, vol. 2*, 568 ~ 569.
64. Herman Bavinck, *Reformed Dogmatics, vol. 3: Sin and Salvation in Christ* (Grand Rapids, MI: Baker Academic, 2006), 216.
65. 救贖之約（*pactum salutis*）這個觀念源自俄利維亞努（Olevianus）、朱尼厄斯（Junius）、戈馬魯斯（Gomarus）和其他學者。巴文克（Herman Bavinck）在基督作為人類中保、兒子和僕人這些觀念裏，為救贖之約這教義找到了聖經根源。耶穌基督向父上帝完全地順服，以至成就救贖的工作並得著獎賞。參 Bavinck, *Reformed Dogmatics, vol. 3*, 212 ~ 216。
66. 同樣的恩典聖約在新舊約聖經中同時以一體和多元化的形式出現，同時是應許和實現（徒十三32；羅一2）、影像和實質（西二17）、僕役和自由（羅八15；加四1、22；西二20；來十二18）、特殊的和普世的（約四21；徒十35，十四16；加四4～5；弗二14，三6）。在新約中，耶穌基督通過祂先知、祭司和君王的身分成就一切。祂的教會就是亞伯拉罕、以色列民和上帝的百姓。參 Bavinck, *Reformed Dogmatics, vol. 3*, 223 ~ 224。
67. Elisabeth Moltmann-Wendel and Jürgen Moltmann, *Humanity in God* (London: SCM Press, 1983), 84 ~ 89.
68. Duncan B. Forrester and Danus Skene, *Just Sharing: A Christian Approach to the Distribution of Wealth, Income and Benefits* (London: Epworth Press, 1988), 107 ~ 108.

69. Jürgen Moltmann, *The Way of Jesus Christ: Christology in Messianic Dimensions* (London: SCM Press, 1990), 99～102.
70. Duncan B. Forrester, *On Human Worth: A Christian Vindication of Equality* (London: SCM Press, 2001), 91～93.
71. Meeks, *God the Economist*, 23～24.
72. Bavinck, *Reformed Dogmatics, vol. 2*, 576～577.
73. Moltmann, *God in Creation*, 226～227.
74. Stackhouse, *Public Theology and Political Economy*, 65.
75. Thomas W. Ogletree, *Hospitality to the Stranger: Dimensions of Moral Understanding* (Louisville, KY: Westminster John Knox Press, 2003), 130～133.
76. 有關早期基督徒羣體的施予和凡物公用的行為和敍述，參徒二 43～47，四 32～37，五 1～11，六 1～6。
77. Ogletree, *Hospitality to the Stranger*, 143.
78. Ogletree, *Hospitality to the Stranger*, 134.
79. Kathryn Tanner, *Economy of Grace* (Minneapolis, MN: Fortress Press, 2005), 62～85.
80. Tanner, *Economy of Grace*, 16.
81. D. Stephen Long and Nancy R. Fox, *Calculated Futures: Theology, Ethics, and Economics* (Texas, TX: Baylor University Press, 2007), 194～198.
82. 事實上，他們的說法只針對最基本的模範而言。公共產業是很多經濟模範和分析的一部分。
83. Long and Fox, *Calculated Futures*, 47～51.
84. Tanner, *Economy of Grace*, 49～54.
85. Tanner, *Economy of Grace*, 55～85.
86. Botman, "Covenantal Anthropology," 85.

第3章 聖約於歷史裏的社會及經濟應用

3.1 聯邦政制的發展

3.2 阿爾圖秀斯的聯邦政制

3.3 聯邦社羣對人觀的前設

3.4 聯邦社羣中的經濟秩序

3.5 聖約與社會契約及其他觀點

3.6 重尋社會的聖約根基

我們已經知道，經濟活動能夠促進人與人之間的相互合作和互動，目的是為了更有效地滿足社會上各人的物質需要。在現代社會裏，經濟活動所涉及的範圍和程序愈來愈複雜，市場地域也發展到全球一體化的局面，各國經濟互相影響著，連環緊扣，牽一髮而動全身。以往是政治和制度掌控著經濟活動，但現今已經發展到某個地步，經濟活動反過來主導政治和權力的局面。雖然如此，社會政制和經濟政策始終是管理經濟活動的基礎，因此，社會的組織和建制是經濟活動的前置處境，政治制度的框架則可為內裏的經濟活動提供基本的條件和模式。

本章的目的，就是重新追溯聖約觀念在歷史裏的社會及經濟應用，尤其是在基督教新教徒努力實踐信仰的時期，聖約觀念究竟如何影響著社會政制，以及在某種政制之下發展而成的經濟體系。對於早期歐洲的神學家來說，神學不單是學術或認知上的事情，而是理應實踐於個人生命中每一個範疇的真理，包括社會體制和經濟活動的範疇。十七世紀的神學家阿爾圖秀斯（Johannes Althusius），就是那位把聖約和聯邦神學應用在政治體制上的先鋒，被譽為「聯邦政制之父」（Father of Federalism）。[1] 他把聖約中的關係特質，引用到社會及政制結構中，其中包含著對經濟秩序的論述，其後發展成聯邦政制，形成後期歐美各國的政制體系。在阿爾圖秀斯的著作裏，我們發現，聖約觀念實在適用於社會關係的結構，並且是人類歷史進程中社會建構的基本理念，而聖約下的政制建構，也就自然成為當中人類經濟活動的處境。

3.1 聯邦政制的發展

聯邦政制（federalism）一詞源自拉丁文「聯邦」（*foedus*），拉丁文的意思就是「聖約」（covenant）。這些字詞在十六至十七世紀的用法是互通的。在宗教改革時期，許多地區均以聖約觀念下的政制體系為人民生活的基本規範，但神學的聖約觀與政治理論中的聖約理念並不容易區分。[2] 雖然如此，聖約神學與聯邦政制發展的關係依然無可置疑。

早期聯邦社會的觀念在十六世紀開始出現，這觀念來自一羣加爾文派（Calvinist）的反暴君論信徒（Monarchomachists）。他們為了對抗法國的專制政體（absolutism），引用了舊約聖約神學中的雙重聖約觀念（double covenant）。在西奈山的第一聖約中，十誡就是上帝為以色列人訂立的法規，當時除了耶和華上帝外，並沒有其他的君王。在第二聖約裏，以色列人將主權由上帝轉移到上帝所立的王身上。因此，反暴君論信徒認為，當王背棄了聖約，主權理應歸回人民身上。當一位暴君或君王背棄那由上帝親自和祂的百姓所立的聖約時，百姓理當按照那由上帝的心意對抗這位君王。這就是說，在一個以聖約為基礎的國家，人民有權反對那些背棄聖約的掌權者。在這方面，以聖約立國假設了一種正面的人觀，即相信人民擁有批判的權益和能力，也就是一種民主的力量，足以捍衛社會的平等和人權，於是將最後的權力交在一羣活在聖約下的民眾手上。這羣自由的民眾，活在上帝國度的盼望中，並竭力在地上實踐天國的美善。[3]

雖然聖經中的聖約形式和意義，到了現代聖經批判研究時才得以被深入鑽研，但早期的神學家已發現聖約觀念乃遍佈聖經多處地方。改革時期和後期的一些神學家，甚至將他們的神學系統建立在聖約觀念上。其中最具影響力的兩位神學家，就是十五世紀的俄利維亞努（Caspar Olevianus）和烏爾西努（Zacharius Ursinus）。大約在同一時期，英國的芬納（Dudley Fenner）、柏金斯（William Perkins）和蘇格蘭的羅洛克（Robert Rollock），都發表了聖約神學的著作。後來，聖約神學在柯西裘士（John Coccejus）、域司胡司（Herman Witsius）和其他神學家的筆下發展成立約神學。[4]

在十六至十八世紀，聖約在政治思想方面的應用，則漸漸被稱為聯邦政制。事實上，聯邦政制源自瑞士神學家布靈爾（Heinrich Bullinger）於一五三四年其著作《上帝的惟一及永恆聖約》（*De Testamento seu Feodere unico et aeterno*）中的立約神學。立約神學成為聯邦政制的樣板，而立約神學家則繼續同時處理政制及教會問題。這種以聖經為基礎的政制體系，由清教徒帶到新英倫及美國。[5] 麥科伊（Charles McCoy）和貝克（J. Wayne Baker）指出，聯邦政制把上帝與世界的關係，以及人與人之間的關係，理解成以聖約連繫著的關係。其中有些關係是按內在已有的默契而成的，另一些則是從過去繼承的，還有一些是外在的，按照現況而建立或更新。[6] 學者發現，在聖經裏，聖約不但出現在經濟、政治和家庭關係中，更出現在上帝、全人類並所有被造之物之間。立約神學家肯定了上帝與天地萬有在創造中建立了聖約，而往後的聖約則繼續在創造之約之上作出更新及回應。因此，社羣中的關係和本質，也按照創造的本質，與聖約關係等同。持續不斷地更新的聖約，讓人類朝向上帝旨意的揭示，並指向聖約最終的完成。這更新的進程，同時也邁向終極的公義和愛。立約神學家對未來有很深遠的盼望，雖然他們確認人類罪性的本質，但是人類面向永恆聖約的進程，卻肯定了將來的終極美善，讓生命因著對聖約的委身而充滿盼望。[7] 在聯邦政制下，聖約是人民政治的根基，構成了不同的私人及公共組織、鄉鎮城市，以及共同體系。倘若沒有聖約的連結，這些組織就只是一羣又一羣的個體。[8] 立約神學後來漸漸在神學思想中失去領導地位，但它帶出了聖約觀念在歷史敍述中的重要性和實際應用性，更提供了一個把理念和啟示融合整理的基礎。[9]

在聖約觀念的發展過程中，聖經中的聖約觀念和聖約神學系統之間出現了一些混淆。威爾（David Weir）指出，立約神學把聖約觀念看作整個神學系統的核心，其特色就是把聖約環繞在第一和第二亞當身上，是一種特殊的聖約神學。他認為，亞當的聖約是來自十六世紀後期的神學思辨模式的，人類墮落前的聖約概念，在一五六〇至一六〇〇年間在神學界成為討論的熱點。當這個新概念在當時的神學系統冒起時，很快就在改革宗的教義裏佔一席位，這是因為它是自然神論的根基之一，也同時是恩典神論的基礎。聖約觀念不但把聖經真理和社會羣體的應用整合起來，更通過創造論把理性和啟示結合起來，並與社羣中的倫理和律法一致，以互信和合一為基礎，來建立社會政治體系。[10]

當神學界企圖把聖約觀念安放於系統神學的重心時，一些問題卻開始浮現。聖約神學家找到了兩種聖約：「行為的聖約」和「恩典的聖約」。這雙重聖約的方案被指缺乏有力的聖經基礎，而最明顯的問題，在於上帝以行為和恩典兩種不同方式與人類交往這一觀念，使這雙重聖約觀引申出雙重救贖的問題。雖然出現了這些問題，但聖約神學也有許多正面的貢獻。它是建基於聖經啟示的神學，這擴闊了我們對救贖的理解。更重要的是，在詮釋和應用聖約的研究中，聖約神學為早期的聯邦社會規劃作出了很大的貢獻。它把上帝的掌權和人的責任連接起來，陳明上帝的宣告和人的自由之間的關係。[11] 因此，聖約是神學系統中的重要觀念，但它不一定是教義或神學系統的重心，卻讓人聚焦於神學關係和結構的整合。[12] 通過聖約觀念，尤其讓我們看見上帝對社會秩序和生活各個範疇，包括政治、經濟、家庭等各層面結構的啟示。

聖約觀念被廣泛應用於神學和詮釋學上，但最重要的且最易被忽略的，卻是它的社會應用。由於聖約揭示了在創造秩序裏被設立的關係，它不但闡明了人與人之間的互動和合作關係，也為建構政治和社會經濟規則提供了一幅藍圖。十七世紀哲學及改革宗神學家阿爾圖秀斯，率先把聖約觀念應用在社會政制裏，並建構了聖約的政治體制或聯邦政制，因而被譽為「聯邦政制之父」。阿爾圖秀斯的政治哲學，建基於改革宗加爾文派的人觀和聖約觀念上，其學說整合了改革宗信仰裏的聖約傳統，以及其他如聖經、歷史、政治哲學和羅馬律法等內容。對於聯邦主義者來說，上帝的聖約是創造規律的根基。在聖約中，神聖掌權者按照祂的權柄，以神聖的律令進入被造的世界，宣告人類所必須遵從的道德法規。這進路和理性或自然方法有所不同。由於被造之物都在上帝的聖約裏，因而社會也在聖約的安排中，聖約也按照這規律滲透到政治、經濟、家庭、教會，以及生活的所有範疇裏。在某些時候，個別人物會在聖經中的聖約裏作羣體的代表，例如：亞伯拉罕代表以色列民，耶穌基督在受苦和得贖中則代表了全人類。按照改革宗對人類落在罪中這一觀念，聯邦主義就是為人類的政治權力訂立限制，藉以平衡和檢察人類的罪惡傾向，並引導人類走向美善和公義。在上帝與被造之物的聖約裏，上帝的創造和照管行動，繼續在人類歷史的進程中展現，直至萬有都在祂裏面完全得贖。[13]

雖然阿爾圖秀斯的神學深受加爾文神學思想的影響，但他在著作中並沒有使用神學言語，而是使用普及的世俗語言，並專注地刻劃出一套政治體系。這體系中並不包含宗教規條，而是把政治結構從神學和法規中分別出來。[14] 事實上，由於阿爾圖秀斯的著作沒有神學言語，因此它能普遍地得到接受，而它背後的神學前設，也因而被政治和哲學科目所採納。在阿爾圖秀斯的作品《政制論》（*Politica*）中，雖然內裏沒有神學名詞，卻可以找到很濃厚的改革宗加爾文派思想。許格林（Thomas Hueglin）認為，阿爾圖秀斯的進路主要是從他對社會的觀察為出發點的，因此他的作品同時關注到理論和應用兩部分。與此同時，阿爾圖秀斯整合了加爾文（John Calvin）、亞里士多德（Aristotle）和德國統合主義（Germanic Corporatism）等思想。與保甸（Jean Bodin）的政制結構相比，阿爾圖秀斯從社會生活推論出社會權力之所在，而保甸則由社會權力推敲出社會生活的本質。因此，對阿爾圖秀斯來說，社會權力是受到社會生活本質所影響的。[15] 這進路由人類的本質出發，而並非把人類社會套入特定的原則或標準中。

3.2 阿爾圖秀斯的聯邦政制

阿爾圖秀斯的基本關注，就是羣體如何在社會中實踐其目標。他形容政治是「人與人之間的聯繫（*consociandi*），藉以建立、培育和保護他們之間的社會生活」。[16] 這種聯繫被稱為「共棲羣」(symbiotics)，而「共棲體」(symbiotes)則「彼此向對方委身，以明示或默許的承諾，在一切有利於促進社會和諧的事上互相溝通」。[17] 在這些共棲羣中，共棲體愉快舒適地過著聖潔和公義的生活。由於沒有任何個體可以完全自給自足，所有人都必須依賴其他人才能過舒適聖潔的生活。這就是說，人類必須和諧地一同生活，尤其在物質的供應上，人與人之間必須互相合作。在此，阿爾圖秀斯在開始建構其政治體制時，就已經肯定了經濟規律在其中的地位和價值。

阿爾圖秀斯從個人和家庭核心開始，一直延伸至社會羣體和整個政治建構。他認為羣體是由法律聯繫而成的，當中包含許多生活在相同地方的家庭和團體(collegia)。[18] 這是「從下而上」而非「從上而下」的一種政治進程。聯盟(consociations)是最普遍的政治架構，社會需要照顧到每個聯盟的利益，並在聯邦(commonwealth)中肯定他們的位置。這樣，人民就可以參與社會，成為當中的一分子；阿爾圖秀斯心目中的「人民」並不是個體，而是一些集體組織。由於阿爾圖秀斯時期的社會仍處於君主制和封建制度的陰影之下，他的政治觀傾向多樣化而非齊一化，這反映聖約觀念可承載社會中多元化的不同取向，並適切於當代的多元化社會。

共棲羣和團體是聖約社會的基本單位，這些羣體由成員之間有著的特別盟約而被一一建立，無論是私人抑或公共組織，他們所擁有的共同利益把所有成員連繫在一起，這是所有羣體的基礎。立約對共棲體來說十分重要，它標誌著個人和團體聯繫在一起，高舉著某種特殊的共同利益(*quid peculiare*)，就好像社會裏政治和經濟之間互惠互利的關係。這簡單和私人化的聯盟及共棲羣，由個別人士彼此立約，從而按照個人生活和組織上的需要，有效地互相溝通和結連。這種關係是極為密切的，甚至可以「一個人」來作比喻，私人聯盟就好像身體的每部分，各自履行其特定的功能、互相溝通、有其結構和共識。這些私人聯盟包括自然共棲的家庭、朋友，亦包括由個人為了社羣利益或特定目標而組成的不同民間團體。[19]

在阿爾圖秀斯的定義和陳述中，共棲體無論在外顯或內在的層面上，即無論清晰地說明與否，都能互相委身和溝通。因此，共棲羣裏的聖約本質非常鮮明。共棲體是一起同工的，他們彼此交流和合作，目的是共同尋找身體及心靈上更美善的生活。所以，互相溝通和一起付出，乃是共棲體社羣生活的本質，而參與其中的共棲體在享受共同利益的同時，也承擔著團體中特定的責任和要求。[20] 對阿爾圖秀斯來說，一個聯盟團體，就是因共棲體之間建立的聖約而組成的，在立約時，他們一同訂定羣體裏的目標和協議，以及達成這些目標的方法。即使到最後，他們可能仍沒有書面上列明清晰的契約，但參與者之間也假設存在著一種預設或隱藏的協議。[21]

對於共棲羣和團體來說，彼此溝通代表著合作的過程，在過程裏個別的參與者彼此幫助，一同在社羣生活中持守聖約的協定，各參與者之間的權力都是相等的。這些聖約和法規在不同團體的約章中可以清楚地列明，使更有效地保障聯盟中個別參與者的權責。這些約定，可以包括產業、服務、權力和互助責任等細則。對於共棲體來說，產業上的交流，對個別人士及整個羣體都有好處，因為這可以提升生活質素和共同價值。服務上的交流，則代表共棲體在社羣生活裏，通過勞動力或職責而作出的貢獻。共棲體在權責上的溝通，就是通過公平公義的法規，建立共同生活的程序。權力方面的溝通，乃是共棲體生活的過程，藉著公平的法規所施行的統治，讓參與者可以和諧地一同生活。設立普通法和其他適當的法規，就是為了有效地促進共棲體之間的溝通。這些普通法，例如：管治的規條，對任何類別的共棲羣都是自然和適用的，而共棲羣的每個團體，也有其本身獨特的章程和規則。[22] 共同權利和相關的法規，為這些產業和服務的溝通和運作，提供了穩定的平台和基礎。對於有關團體來說，那些如金錢、用品，印章或記錄等產業，代表了共棲體的共同貢獻，且是參與者共同擁有的，並按照團體的章則運用在其共同目標之上。至於技能、專長和事業方面的服務，也按照參與者的共識一同建立；而團體內各人的權力，則包括自由地和公平地在一致的法規管治下生活。通過關愛，他們在團體中互相表達仁慈之心。由於這些團體是從和諧自主的共識中被建立的，所以他們可以透過公共宴會、消閑和愛筵等團體活動，促進共棲體之間的仁慈和關愛。[23] 這些詳細的元素，都一一在阿爾圖秀斯的政制系統裏展現，且處處對應著聖經裏以色列民聖約的羣體，尤其透過愛筵所表達的彼此關愛和聖禮安排，更是以色列民聖約羣體的獨特質素。

3.3 聯邦社羣對人觀的前設

阿爾圖秀斯所描述的共棲體特質，展現著強烈的加爾文人觀意味。他指出，當一個人出生時，他是「無助和赤裸的，無法保護自己，就正如因船舶失事而失去所有一樣」。[24] 落在罪中的人類的悲劇，在他的著作《政制論》開首就出現，這表明人類因為自身的無助，所以需要彼此依賴，一同生活。沒有人能在所有需要上自給自足，所以彼此合作和分享乃是過舒適生活的先決條件。阿爾圖秀斯特別指出，社會制度的重點之一，就是滿足人類生活的需求，這顯示出經濟的秩序和運作，在他的政制考慮中佔有非常重要的位置。這個重點，在其他政治哲學理論裏經常被忽略。

共棲體的人性本質是以聖約為基礎的，也必定有社交的特性。通過不同範疇的社羣團體，人與人互相交往、建立關係和尋求滿足。史開倫（James Skillen）指出，阿爾圖秀斯並非單單從個體之間的合約模式來建構社會，而是考慮到社會結構中的多元社羣、團體和關係，以及不同團體按照其本質，對約章和法規的特殊需要。史開倫亦反對另一學者基爾克（Otto von Gierke）的觀點。基爾克認為，阿爾圖秀斯提出的是一種世俗化功利主義。史開倫卻指出，阿爾圖秀斯是一位加爾文派的信徒，在生活的所有範疇上都認定上帝是掌權的，而且回到聖經裏去尋求亮光，細心察看上帝如何通過啟示，光照祂創造的人類世界。[25] 事實上，阿爾圖秀斯的作品顯示出，基本的神學反省對實際生活是很適切的，它的應用不限於眼前的政策問題，而且也能提供更宏觀和具普遍性的、關乎社羣和人類生活的看法。雖然阿爾圖秀斯有顯著的傳統教會背景，但他並不認為教會應該提供所有神聖法律，又或盲目地單單依賴恩典。在他的系統裏，「道」乃是生命的源頭，並提供社會生活的法規。史開倫認為，阿爾圖秀斯對公平公義有下述的看法：公共生活需要建基在上帝與創造之物的聖約上。這是由上帝所訂立的聖約，要讓被造的人類生物，按照太初被創造時的旨意，在政制社羣裏彼此相交，並遵照上帝為共棲體訂定的神聖法規一起生活。[26] 這就是說，社羣的聖約基礎，反映上帝在創造中原本所設計的秩序，而祂的心意就是要讓人與人之間、人與上帝之間，互相建立關係。由於這社會結構是基於人類基本的、被創造的本質，所以這關係的規律也必定是普遍性的，且對全人類都適切合用。

中世紀時期的思想家，普遍把社羣結構視為一個有層次等級的小社區。阿爾圖秀斯把這觀念進一步擴展，由家庭單位發展到城市、省份和國家，讓他們通過聯邦的方式結連起來。[27] 政制聖約的其中一個重要前設，就是當中的自由和合一。[28] 聖約把這些多層次的關係連結起來，組成一幅阿爾圖秀斯精心建構的圖畫，讓聖約結構可以從最細小的、兩個共棲體之間的關係開始，延續到共棲羣內的關係，以及共棲羣之間的關係，並他們與管治者之間的關係。

卡尼（Frederick Carney）指出，早期的加爾文主義者，把團體的聯繫視為忠誠的生活模式，藉以滿足人類生命裏的不同需要，例如：榮耀上帝及關心鄰舍。因此，這些團體是帶有目標的，他們在上帝的創造裏自然而然地產生，在人類的罪性和限制裏運作。卡尼認為，阿爾圖秀斯就是這類加爾文主義者，對阿爾圖秀斯來說，聖約裏的律法就是社會法律的根基。對加爾文主義者來說，法律是一種客觀的正確觀念，人類需要在團體裏發現、肯定和經歷這些法規。而且，人類和他們組成的團體，很自然地傾向以法規來表達他們的關係。按照一些既定的、原始的本質來生活，畢竟比較容易。所以，遵守律法就成為他們對上帝法令的回應，也代表他們對神聖權威的認知。卡尼把聖約裏的社會聖約、政治聖約和宗教聖約分開，把它們看為對應社羣生活、管治模式和與上帝的連結等三種不同的關係。他又指出一些早期學者錯誤的看法，他們誤將羅馬法律和早期加爾文著作的觀點連在一起。事實上，在加爾文的思想裏，社羣和團體的特質是建基在社羣的關係之上的。每一個人都必須參與這些社會團體，才能真正地發展其人性本質。

卡尼肯定了加爾文聖約理念乃從聖經而來，在其中，新的和舊的聖約都被視為人類從上帝領受的恩典。在這些敍事裏，聖約是人與人之間主動建立的關係，這構成了一個團體內的協議，或團體領袖之間的協議，讓這些團體能按照整體的取向而生活，並在各團體的特定時空和範疇內，讓它們各自表達其團體的特色。[29] 聖約觀念的確有別於羅馬法律裏的合約觀念。社會和政制的聖約，是對法規和條款的承諾，為要表達和成就整個羣體的共同法規。在此，宗教聖約也具有和社會及政制聖約相似的社羣基礎，因為它是人類真誠地共享社羣生活的承諾，這也是合乎上帝心意的承諾。

聖約的社會倫理元素，是聖約與私人合約的基本分別之一。這方面在阿爾圖秀斯的政治哲學裏已很清晰地展示出來。在其中，擁有不同角色和身分地位的人都彼此關愛，其共感和仁慈之心等特質，都清晰地表達出來。阿爾圖秀斯認為，管治者同時需要有愛心和能力，官員們也需要以極大的愛心和關顧之情，作公共福利的監管人。[30] 在阿爾圖秀斯的政制體系裏，溝通具有主導性的社羣作用。雖然他認同人的天賦恩賜和社會地位各有不同，而且分配也是不公平的，但他指出這些不平等的分配，可引導人類在社羣內溝通和合作。也就是說，在整個系統裏，我們自然地需要推動更公平的分配和共享資源。許格林在阿爾圖秀斯的制度系統中發現，政治作為溝通的進程，並非為了權力及政府權威，而是為了互助、合作和信任。儘管政治的確需要政府的存在，藉以處理社會矛盾，但它所強調的卻是協調的從屬關係。[31]

為了保障社羣內每個人的私人活動空間，城市因而要建立法規，這些法規包括互相施予或融洽共處等內涵：

> 熱切地追求和睦共處，乃是保護友誼、公平、公義、和平、尊重民眾，以及克服衝突的途徑⋯⋯要積極培養任何能夠彼此建立愛的關係，以及保障共同利益的機會，同時也要防範引致民眾和鄰舍之間不和的成因。[32]

為了說明這點，阿爾圖秀斯引用了舊約阿伯拉罕和以撒作為例子，指出他們在團結融洽的相處當中，彼此克服分歧。藉著描繪聖約的生活方式，他清晰地展示了舊約以色列人遵守神聖誡命的模範。

在舊約的敍事裏，以色列人要求有君王來管治他們。在選取和膏立的過程中，整個民族都得以參與認可和任命這位君王。阿爾圖秀斯建構的政治體制，就是以這樣的等級聖約概念為基礎，領導人和管治者均以聯邦體制中人人平等這一理念組成。最高法院的法官由人民委任，其職能並非行使其個人權力，而是管轄其受託的領域。阿爾圖秀斯主張，在設立最高法院的過程中，人民和法院能夠宣誓彼此效忠，以進入一個有特定法律條文的聖約之中，並提出司法權力和管轄的形式及方法。雙方都受到這聖約或合約任命所管束，兩者均不能撤銷或拒絕兌現這聖約。[33] 阿爾圖秀斯以聖約觀念作為政治建構的基礎，以解決極權統治的問題。他進一步指出，極權統治會破壞公義、漠視效益和福利，以及導致人放縱私慾。從經濟角度來看，極權統治也會引致權力失衡，使權力演變成猶如搶劫的行動。阿爾圖秀斯所構想的政治體制，乃是尊重人民在能力上的差異、各自的取向，以及不同的身分地位，並且在一個平等和自由的環境下，容納不同的羣體；[34] 正是因著這樣的發展土壤，經濟秩序才得以植根和蓬勃發展。

3.4 聯邦社羣中的經濟秩序

經濟秩序存在於社會政治架構之內，成為社羣生活的重要部分。阿爾圖秀斯提出了聯邦政制的概念，並與中世紀的社區生活理論接軌。對阿爾圖秀斯來說，社會內較小的單位團體（如家庭）不獨十分重要，其功能意義亦與經濟有關。[35] 因此，物品和服務的交易是必要的，並已植根於關係當中，而不單是為了純功能性目的。阿爾圖秀斯更主張，地上的禮物分配不均，乃是上帝的旨意，以致人類需要互相溝通和分享。因著為別人服務和接納別人的幫助，每個人都會發現他人和自己的價值，並以友誼聚首一起。這樣，人不會獨自生活，其各自的需要把他們聯繫起來，並且形成機構、工作羣體和社團。這些羣體互相關聯，漸漸形成社會及聯邦。阿爾圖秀斯指出，聯盟可出自生活上的需要（need），但渴求（want）則保障生活，因為這些渴求的東西要透過互相合作來溝通並獲得。根據這互相依存的道理，人自然會爭取聯盟，而聯邦則是為了共同利益及整體福祉而成立。

在阿爾圖秀斯建議的互相依存之公共政治系統中，經濟秩序對人類生存具根本的重要性。沒有商業活動，我們的生活會非常不便。購物為人的生活所需，因此為經濟合作而設的平台有著特別的權責，應該是公平、良好，以及為人帶來益處的，並在地點、時間和持分者的參與上，受民事法律管轄。這樣的經濟平台，涉及商業法規、金融制度、共同語言、公職、權限和貴族名銜。這個聯盟的任務為「照顧產物」（care of goods），其概念類似聖約語言中的「照管」，當中包括勤奮及忠誠地為聯邦安排傳遞物品和提供服務，並按需要和效益加以擴張及延伸發展。在聯盟內奠定經濟秩序時，阿爾圖秀斯刻意把商業和市場交易活動，訂定在聖約及聖約實踐的範圍內，因為他認為商品和服務的交易活動，乃是人生活的基本需要，而這個聯盟亦當有適當的政府稅收、公共福利和捐贈安排。因此，政體的委員會有責任為有關的分配基準作出審查、商討及決策，[36] 使聖約羣體得到管治，從而朝向共同利益邁進。

阿爾圖秀斯認為，所有團體的本質都帶有政治性，因此政治聯盟是私人經濟團體的根本。他把經濟看為保護和照顧家庭及家裏的產業的技巧，而政治活動則屬於公共領域，這就是經濟和政治的分別。可是，私人親屬關係之間的經濟活動，卻構成社會裏的最基本核心單元，因此必須小心地分開處理：

> 我承認那些照顧產物的技巧，如供應、增加和保護家庭裏的產業，是全然帶著經濟本質的，因此把它從政治之中去除乃是正確的。可是，配偶和親屬的團體卻與此截然不同。他們完全是政治化和普遍性的，而且是為了在產業、服務和權力上的交流，以及為了能活出敬虔、公義和有益的家居和經濟生活而作出的援助。[37]

在此，他為政治和經濟劃出界線。經濟學處理和維持家用物品方面的供應，而政治則教育每一個人，為敬虔和公義的生活作出交流和貢獻。追求經濟利益的私人或特殊團體，與追求目標和理想的政治聯盟是不同的，但這些私人團體——例如：家庭和親屬團體——卻組成了公共和普遍性的連結，最終也離不開其政治本質。

阿爾圖秀斯把經濟上的不公平，看為經濟秩序裏的自然現象，而且它更是上帝的旨意，目的是為了促進社會的合一和諧。各人在財富、技能和恩賜上的分別，使社會裏出現不同的聲音和樂章，在恰當調教下便能譜出美妙的旋律。他引用了佩特魯斯（Petrus Gregorius）的話，說：「假如我們都是平等的，而每個人都希望以自己的意思統治別人，那麼就很容易出現不和……平等本身就會成為最大的不平等。」[38] 因此，即使在專業身分、服務角色或領導上難以完全平等，但在政治和經濟秩序裏卻是必需的，而這些規律也是神聖照管的一部分。聖約觀念為這種層次有序的政治和經濟提供了有效的平台，讓參與者可以按能力和需要來分配資源。在一個完全基於聖約的社羣裏，基於那完全的、神聖掌權下的聖約之愛和公義，這裏並不會因為權力和資源的濫用而帶來不公平和壓榨。

對於聖經裏的聖約觀念在法律、社會、公義和經濟分配等各方面的應用，猶太裔政治科學家埃拉扎爾（Daniel Elazar）有很廣泛的研究。他認為阿爾圖秀斯的聯邦系統是一項偉大的設計，不但適用於聯邦政制，也可以普遍地應用在所有政治制度上。聖經裏對人類的描述和設計，本身就是有著聯邦意味的，即強調人類乃生活在多重關係、互相結連的網絡裏，彼此間透過聖約關係來聯繫，並形成聖經裏經典的聯邦部落聯盟。更重要的是，埃拉扎爾指向聖經所展示的遠象，即末後彌賽亞的來臨，這將會重建以色列的部落聯盟系統，以及一個關乎全世界的聯邦制度，那時，世界各國都會走在一起，在一個共同的神聖聖約之下連結起來，卻同時保持各自獨特的身分和誠信。[39] 埃拉扎爾又指出了古代以色列民組織裏的權責關係，尤其在經濟權責方面，他們的資源分配和社羣權利，都在聖經的系統裏中佔有重要和基本的位置。

以色列民的道德倫理根基，來自上帝和祂百姓訂立的聖約，這聖約是在羣體裏展現的，這與現代西方社會裏的個人主義截然不同。在聖約裏，對於公共福利和經濟公義的呼聲，原是羣體的責任和聖約本身列出的條款。這就是說，現代社會道德問題的根本，就是對這些聖約條款的誤解，以致失去了羣體的共同視野及道德標準。重新研讀和了解聖約觀念，對於理解以羣體為基礎的經濟權責尤為重要。[40]

3.5 聖約與社會契約及其他觀點

聖約觀念在政治思想的發展過程中，也曾經面對一些挑戰，其中包括著名學者沃爾澤（Michael Walzer）提出的挑戰。沃爾澤認為，清教徒主義（Puritanism）是最早期的政治激進主義。他把中古社會的人民，形容為一羣被動的人，他們並不參與政治活動。在他筆下，加爾文主義者卻把政治思想的焦點，從「王子」（princes）轉變成「聖徒」（saints），因而讓信仰羣體可以參與政治活動。沃爾澤認為，帝國主權的解體，使哲學家的政治觀都拆毀了，讓人民自己去尋找答案。這個時候，封建制度透過律法形式、功能化和非人性化的關係，取代了家庭和親屬的關係；於是，「一般人都活在一個狹窄的世界裏，與家庭、村落和封建領主連在一起，卻忘記了公民身分和共同利益等觀念」。[41]

對於沃爾澤來說，自由自主的人是「無主的」（masterless）。他認為天主教徒竭力地把道德倫理和救恩融合在一起，而基督教新教徒則把道德倫理和救恩分隔得愈來愈遠。沃爾澤發現，當信義宗信徒經歷了個人認信和因信稱義後，無形的教會（invisible church）對他們來說則成為了愈見鮮明的事實。這現象引致許多敬虔派的出現，他們的重點就是培養個人的靈命成長。另一方面，加爾文主義者卻把信徒的焦點投射往公共空間裏的門徒身分上，著重有形的教會（visible church），並且企圖去轉化社會。所以，沃爾澤認為，基督教新教乃是一種社會宗教，又或是一種由私人培育出來、與上帝的契合方式。[42] 沃爾澤的分類方法，似乎過於簡單，因為敬虔派信徒中也存在加爾文主義者，而信義宗的信徒也不乏積極參與社會事務的人。但值得特別注意的是沃爾澤對加爾文政治思想的看法，他認為它是一種顛覆性的觀念。

沃爾澤認為，加爾文的政治思想要求政治為宗教的目標而屈膝，而且它所倡導的是非常實際的一種政治手法。[43] 這是因為加爾文主義者提出，真正的權威是需要被神聖的「道」所肯定的。因此，我們便無需討論權威的形式和法律內容，最後人只能被動和抽離地認同世界的運行方式。他更認為，加爾文主義是自我中心和抑制性的，因為在順服上帝的大前提下，每個人都需要面對其個人掙扎。[44] 從沃爾澤的著作裏，我們可以很清楚地看到他反對聖約觀念的見解：

> 聖約再一次重申，應該取消那建立在創造的愛、孝順謙卑，以及聖徒和天使憐憫的代禱之上的連繫。作為上帝與人之間的一項協議，它的條款據稱已經在聖經裏寫下，並完全地象徵著所有關係的本質。通過聖約，人成為上帝的立約者（bondsmen）——不是兒女——而且這形象亦暗示，人已經自願地認可當下存在著的一種債務、法律或商業責任。[45]

沃爾澤似乎忽略了「關係連結」和「仁慈之心」乃是聖約的基本特質，他反而更像是在批評功能性和規條化的合約安排。這種誤解是令人感到婉惜的，因為正如梅蘭德（Gilbert Meilaender）指出，沃爾澤的作品裏顯示出一種對多元特殊羣體的，以及形成這些社羣的個體性委身。梅蘭德認為，沃爾澤無需要企圖否定普遍的道德觀念，因為他自己也提出了一些具普遍性和分享特性的原則，而在他所肯定的羣體裏，通過敘事的形式，這些原則的內容也顯得更為豐富。例如：沃爾澤認為，當去除文化差異後，雅典人（Athenians）的道德詞彙，與米蒂利尼(Mytilene)和米洛斯(Melos)的人，甚至和我們自己，都是共通的。[46]

假如沃爾澤能更適切地了解聖約觀念的關係性特質，他的作品和加爾文學派之間，定必找到更具建設性的共同對話點。沃爾澤對聖約觀念的批評，也是基於他否定了加爾文學派的人觀，他並不認同人本身帶有罪性。事實上，我們從阿爾圖秀斯的作品中已經發現，現代社會政制的源頭來自聖約，只是這建基於聖約的聯邦體制，經過多年以來的發展，已經演變成不同的類別甚至合約的方式，再加上現代社會結構和問題愈來愈複雜，聖約觀念本身蘊含的內容就更加容易被忽略了。

基爾克指出，盧梭(Jean-Jacques Rousseau)的社會契約與阿爾圖秀斯的政制思想，在一些基本觀念上非常相似，而且一直未被學者發現。只是，盧梭的思想是根據人民主權(popular sovereignty)和自然法(natural law)的推論而成的。相對地，阿爾圖秀斯的作品則蘊含著鮮明的加爾文思想。[47] 所以，基爾克認為，社會契約的真正發明者乃阿爾圖秀斯，當我們把他的公共法規思想約化成私人法規時，就會出現社會契約模式。可是，許格林反對這個觀點，認為在阿爾圖秀斯的時代，現代模式的國家體制仍未出現，公共法律不可能被約化成私人法規。因此，在阿爾圖秀斯的思想裏，公共和私人領域並不是分開的。許格林還引述腓特烈(Joachim Fredrich)的有關詮釋，指阿爾圖秀斯的系統裏包括了所有私人運作的功能，而這些功能在整體不同層次的組織裏，同時也具有公共的特質。具關係性質的協議，本身可以是明示或默許的，與私人或在法律下訂立的社會契約有所不同。盧梭把品德、自由和理性這些觀念，都包括在個人層面裏。相對地，阿爾圖秀斯其政制裏的個體，同時是私人和社會性的，並通過聯邦制度而有分於一般團體。也就是說，聯邦體系是整個社羣與個人之間的中介渠道。[48]

我們已經看過，合約在脫離聖約後的發展過程中，自然法佔有相當重要的位置。在阿爾圖秀斯的時代，最新科學研究的焦點，就是要尋找自然法。這種對普遍運作功能規律的尋索精神，從當時發展出來的其他政制系統中都可以得見。[49] 卡爾伯格（Mark Karlberg）發現，在政治哲學裏所談論的聖約觀念，和基督教新教羣體所抱持的聖約觀念是不同的，至少直至十七世紀後期都是這樣。他認為，連接這兩種觀念的，就是中古時代自然法的看法。自然法揭示了人類對背棄上帝所引致的道德責任，這也是創造聖約的根基，後來更成為摩西聖約的基礎。[50]

在聖約觀念發展成各種形式的過程裏，聖約和合約就愈來愈難以區別開來。賴利（Patrick Riley）指出，由於聖約特質很容易被扭曲，在不同類型的聯邦政制的演變過程裏，聯邦系統因而很快就被約化成可違背的合約。「假如聯邦系統只是契約（treaty），而契約又僅僅是合約（contract），那麼毀約當然就是違背契約，而違背契約則解除了其餘各方所要承擔的條款。」[51] 由於這些約化和扭曲，聯邦系統的公共秩序本質，漸漸演變成私人法律裏的那種合約承諾模式。

相對於阿爾圖秀斯所描述的，在人民與管治者之間的政治聖約——霍布斯（Thomas Hobbes）的合約——則使管治一方成為權力的擁有者。一般人民並不會與管治者簽署合約或聖約，但人民卻被公認為一個受管治者所統治的羣體。霍布斯把合約限制在個別人士之間的承諾，因此只有當個人願意把自己降服在共同主權之下時，那合約才能被強制執行。霍布斯持有這種觀點，是因為他把人性看為自私的，所以只有當人為了保護自己時，才會順服管治的權威。盧梭對人性的觀點和霍布斯相似，認為人在自我保護的推動下才會順服。[52] 這些自保和自利的觀念，後來在亞當．史密斯（Adam Smith）的觀念裏繼續被鋪陳和發展。雖然史密斯並沒有直接提及社會或法律合約，但在他對有關分工和人類互助而共同創造財富的描述裏，卻蘊含著合約的觀念，即支持各人為了相互利益和保障而分配及交換財物。這些合約模式的安排，和阿爾圖秀斯的聯邦系統有很大分別。正如莫特曼（Jürgen Moltmann）所指出，霍布斯在《利維坦》（*Leviathan*）裏的國家觀念，是一種負面的人類學，即在人類的罪性本質之上，肯定了權力、權威和主權的重要性，並且為國家權力提供了理據和認可。相對地，聖約卻正面地推動公平公義的原則，通過民主和大同觀念來限制極權統治，讓人民自由地參與和建立聯邦政府，為天國的來臨和盼望共同努力，並作好準備。[53]

當然，並非所有學者都認為阿爾圖秀斯所倡導的就是聯邦政制。雖然賴利認同在阿爾圖秀斯的共棲羣系統裏，共棲羣是由溝通契約將其聯合在一起的，但他認為這是一項中古時代的立憲系統，和現代的聯邦系統不同。這種看法，是因為阿爾圖秀斯展示著不同層次等級的政治單元，而並非現代的聯邦國家觀念。在阿爾圖秀斯的系統裏，他並沒有談及國際化的聯邦、世界性的國家聯盟或聯邦主權。[54] 事實上，阿爾圖秀斯的確沒有建構現代的聯邦系統，也沒有企圖這樣做。他要建構的，並不是現代社會所理解的聯邦、聯合體、民權團體、機構或多元羣體之類的系統。阿爾圖秀斯的首要考慮，是建立一個和諧及建基於聖約生活的共棲羣。他為共棲羣的國家系統，訂立了以聖約為根基的準則，是真正的聯邦化體系。正如埃拉扎爾所說，後現代的聯邦體系，必須能同時尊重個人和羣體的權利，阿爾圖秀斯就是倡導這觀念的第一位政治哲學家。[55] 雖然他的一些後中古時期思想，並不適用於現代社會，但阿爾圖秀斯的構想，卻為我們提供了跨時空的寶貴洞見，值得我們細心鑽研。

羅伯特．凱雷（Robert W. Carlyle）和亞歷山大．凱雷（Alexander J. Carlyle）指出，統治者與人民的合約觀念，在十六世紀時期是十分重要和普遍的。就在這時候，阿爾圖秀斯為真正的「合約」觀念提出了他自己的詮釋，在法蘭西、英格蘭、瑞典、西班牙和德意志等地的體制中，檢視這個觀念的演繹和不同形態，並且查考各國王子接任君王位分時的誓詞。[56] 就是這樣，阿爾圖秀斯的這些研究，為合約和聖約的社會應用作出重大的貢獻，也讓我們更能明白和分辨兩者之間的關係和異同。索門（J. H. M. Salmon）認為，阿爾圖秀斯的合約觀念，是他對法蘭西社會理論最重要的詮釋。「在阿爾圖秀斯的思想中，加爾文主義結合了人民爭論的傳統議題，引發出合約理論中的激進含義，並讓其顯示了出來」。[57]

可惜的是，聖約觀念在合約理論的發展過程中，漸漸地產生改變甚至被約化。加爾文思想裏的聖約觀念被詮釋成合約觀念，主要是從反暴君論者的著作開始。這些反暴君論者是加爾文—胡格諾派（Calvinist-Huguenot）的倡導者，他們主要目的是為了對抗當時法蘭西的天主教君主政治。在他們筆下，聖約觀念延伸至一種「雙重聖約」（double covenant）——上帝與人之間，以及君王與人民之間的聖約。這雙重聖約的理念，成為聯邦神學的核心基礎，目的是為了通過共同條款，建立管治多元羣體的法規。[58] 在阿爾圖秀斯的政制系統裏，聖約延伸到人與人之間，以及團體與團體之間，其中的原意明顯地超越合約的詮釋範圍和層次。

艾倫（Joseph Allen）指出，合約是由人類發明出來的，與聖約觀念不同。政治團體是一種特殊的聖約羣體，參與者必須主動和自發，並在團體中有著特殊的歸屬感和擁有權。聖約是以歷史事件及參與者之間的交往為根基的，參與者之間蘊含著信任和承諾。所以，政治條款從來並非一般性的，而是反映著承諾、權力的運用、信託，以及羣體裏的互動。在合約之下，政治責任的基礎是公平公正。當其中一位參與者破壞系統裏的公平規律時，相對的權責平衡也被破壞了。因此，單單把焦點放在公平公正上是不足夠的。在這方面，聖約擴闊了對這些政治條款的詮釋。公平不但重要，而且參與者也需要為其政治權力負上責任。通過共同參與，人民彼此得到權力和相關責任，即使有人違反約定，羣體仍能按照聖約的基礎保持公正和美善。由此可見，聖約羣體的焦點是人的本身，而並非法律條文。[59]

社會契約和聖約在許多方面都很相似，但前者充其量只能是聖約的某部分。在人類的政制和羣體結構裏，合約模式是必需的，以便訂立合宜的制度和程序。法律和文明規定的條款，即使是在聖經的以色列民族歷史裏，也是基本和必需的，並以律法和妥拉（Torah）的方式呈現。可是，正如蒙特（Eric Jr. Mount）指出，「以色列的憲法乃表達出一種基本的關係，而不是絕對的規條，並在一定程度上包含著身分、參與、責任，以及對多樣化的尊重」。[60] 社會聖約的真正本質，是無法通過任何明文法規全面地書寫出來的。因此，所有憲法都只能是局部性的。聖約羣體——包括其法律內容——必須反映其參與者的互動和經驗，只有當我們認定羣體的聖約特質時，才能真正體現出自由、公平和尊重。

3.6 重尋社會的聖約根基

阿爾圖秀斯是建構整套政治體制的先鋒，他所建立的體制深深地蘊含著聖約觀念。雖然他並非採用神學的語言，卻展示了聖約概念應用於社會層面時的高度通用性和普遍性特質。阿爾圖秀斯最大的貢獻，就是他能達到這個目標，使他的著作可以長久流傳，並為社會關係秩序的創造基礎，提供適當的詮釋。正如埃拉扎爾所說，阿爾圖秀斯這獨特的信念社羣，難以在後現代時期重現。可是，我們已經開始重新發現，所有人民社會都需要一些基本規範，以作為社羣的基礎。市民就是根據這些基本規範和條款，彼此信任和互相溝通。[61] 人類的本質是以關係為本的，那些內在的本質，例如：關愛、信任和溝通等，都具有普世性，人類真誠地活出生命中的美善，乃是社羣的基本要素，而後現代的政治和經濟社會，也必須重新確立那社羣的基礎。

阿爾圖秀斯的聯邦政治思想，具有濃厚的基督教新教聖約神學色彩，並建基於加爾文的人觀之上。他的作品使人明白聖約不單是一個理想化的信念，也是具有高度的實踐性，對人類的生活規劃帶來深遠影響。可惜的是，隨著政制系統的發展，經歷數個世紀以後，一些聖約的元素和特質，已經被那些以功能為主的演繹所遮蓋，人們傾向從個人需求的角度看待產業、服務和權利等事物，而不是從互相合作和羣體利益的角度出發。如此，仁慈之心和互惠精神漸漸失去其優先性，而羣體的本質和關係，也漸漸從聖約演變成合約模式。今天，這些變化帶來的負面影響業已一一浮現，並且深入日常生活的每個範疇，從政治到社會福利、從社羣到家庭關係，無論在任何層面，現代人的思維都被市場及合約的思維和規律所主導。倘若我們的腦海裏充斥著經濟效益和效率的計算，便會很容易忘記人性化和不能量化的人性之美善基礎。因此，我們極需要重新尋找和建立那聖約的結構、焦點和特質。

我們已經看見，在阿爾圖秀斯的聯邦系統裏，各團體可以擁有其本身的目標和使命，並且形成不同層次的結構。聖約從家庭單元開始組成，並伸展至合作機構、社羣和整個社會等。這個結構讓社羣容納差異和分歧，合乎多元社會的需要，卻同時讓團體能夠在宏觀層面上彼此連繫，以至成為一個整體。在這個結構裏，個別人士可以自由地選擇和參與，按照其取向成為羣體的一員，並讓其身分得到肯定。與此同時，社羣成員在彼此接納和合作之中，一同指向共同的未來，即使他們的信念和意見不同，也能彼此尊重和對話，並讓不同層面的聖約團體，發揮其自身的功能，最終共同建立以大眾利益為先的社會。在聖約社會裏，聖約特質也深入各個生活範疇，包括經濟活動，這讓市場可以在誠信和人性化的根基上運作。這種建基於聖約的經濟交易市場，促進真誠的經綸關係，也推動個人自由、社羣互助及經濟公義，使社會朝向終極的美善。

註釋

1. 聯邦政制（federalism）一詞源自拉丁文「聯邦」（*foedus*），在拉丁文的意思是就是「聖約」（covenant）。
2. Mark W. Karlberg, *Covenant Theology in Reformed Perspective* (Oregon, OR: Wipf and Stock Publishers, 2000), 60.
3. Jürgen Moltmann, *God for a Secular Society: The Public Relevance of Theology* (London: SCM Press, 1999), 26 ～ 39.
4. 參 William Klempa, “The Concept of the Covenant in 16th and 17th Century Continental and British Reformed Theology,” in *A Covenant Challenge to Our Broken World*, ed. Allen O. Miller (Atlanta, GA: Darby Printing, 1982), 130 ～ 147。這篇文章指出，聖約觀念的根源來自教父及中世紀神學，因為這觀念早在愛任紐（Irenaeus）和奧古斯丁（Augustine）的著作裏簡要地提及過。許多十五和十六世紀的神學家都參與了聖約神學的發展，在此未能盡錄。

5. Moltmann, *God for a Secular Society*, 30.
6. Charles S. McCoy and J. Wayne Baker, *Fountainhead of Federalism* (Louisville, KY: Westminster John Knox Press, 1991), 12.
7. McCoy and Baker, *Fountainhead of Federalism*, 13 ~ 14.
8. McCoy and Baker, *Fountainhead of Federalism*, 57.
9. E. Clinton Gardner, *Justice and Christian Ethics* (Cambridge: Cambridge University Press, 1995), 117 ~ 119.
10. David A. Weir, *The Origins of the Federal Theology in Sixteenth-Century Reformation Thought* (Oxford: Clarendon Press, 1990), 63.
11. Klempa, " The Concept of the Covenant in 16th and 17th Century Continental and British Reformed Theology, " 137 ~ 143.
12. Michael S. Horton, *Covenant and Eschatology: The Divine Drama* (Louisville, KY: Westminster John Knox Press, 2002), 17.
13. McCoy and Baker, *Fountainhead of Federalism*, 52 ~ 54.
14. 斯金納（Quentin Skinner）把阿爾圖秀斯（Johannes Althusius）和蘇格蘭人文學者巴波亞（George Buchanan, 1506 ~ 1582）比較。巴波亞在他一五七九年的作品 *The Right of the Kingdom in Scotland* 中，肯定了人民推翻王權的政治權利。他認為巴波亞和阿爾圖秀斯都用了同一方法，把政治從神學中分別出來，成為獨立的學科，卻仍然在建構政治體制時保存濃厚的神學立場。參 Quentin Skinner, *The Foundations of Modern Political Thought* (Cambridge: Cambridge University Press, 1978), II: 338 ~ 345.
15. Thomas O. Hueglin, *Early Modern Concepts for a Late Modern World: Althusius on Community and Federalism* (Waterloo: Wilfrid Laurier University Press, 1999), 71 ~ 76.
16. Johannes Althusius, *Politica* (Indianapolis, IN: Liberty Fund, 1995), 17.
17. Althusius, *Politica*, 17.
18. Althusius, *Politica*, 40.
19. Althusius, *Politica*, 27 ~ 28.
20. Althusius, *Politica*, 19.
21. Althusius, *Politica*, xvi.
22. Althusius, *Politica*, 19.
23. Althusius, *Politica*, 34 ~ 37.

24. Althusius, *Politica*, 17.
25. James W. Skillen, "From Covenant of Grace to Equitable Public Pluralism: The Dutch Calvinist Contribution," *Calvin Theological Journal* 31 (2006): 73 ~ 75.
26. Skillen, "From Covenant of Grace to Equitable Public Pluralism: The Dutch Calvinist Contribution," 76.
27. 菲吉斯（John Figgis）認為，阿爾圖秀斯的觀念背後是有一位絕對掌權者的，在這掌權者和他的人民之間乃一種「合約」關係。與此同時，在管治者和人民之間，卻存在著另一種「合約」。參 John Neville Figgis, "Political Thought in the Sixteenth Century," in *The Cambridge Modern History*, ed. A.W. Ward, G.W. Prothero and S. Leathes (Cambridge: Cambridge University Press, 1905), 767。事實上，菲吉斯指出的這些「合約」，按照阿爾圖秀斯所述的聖約本質，應該被稱為「聖約」。
28. 斯金納指出：「在政制前的一眾個體或家庭，假如有能力和統治者訂立聖約，就只能因為他們有能力推動一個單一意向，並以單一聲音來作出決定。」參 Quentin Skinner, *Visions of Politics* (Cambridge: Cambridge University Press, 2002), II: 389 ~ 390。
29. Frederick S. Carney, "Association Thought in Early Calvinism," in *Voluntary Associations: A Study of Groups in Free Societies*, ed. D. B. Robertson (Richmond: Westminster John Knox Press, 1966), 43 ~ 52.
30. Althusius, *Politica*, 99 ~ 102.
31. Thomas O. Hueglin, "Johannes Althusius: Medieval Constitutionalist or Modern Federalist?" *Publius* 9, no. 4 (1979): 25.
32. Althusius, *Politica*, 49.
33. Althusius, *Politica*, 95 ~ 121.
34. 許格林（Thomas Hueglin）認為，阿爾圖秀斯系統內的革命性元素，就是能夠鞏固一個多層次多元化的秩序，以承托不同本質的多元羣體能共享主權。這些羣體包括來自從專業機構以至不同地域或等級的羣體的指示。史開倫（James Skillen）發現，阿爾圖秀斯系統的獨特之處，在於他對社會的分化過程有先見之明，意識到政治需要包含教會和世俗的領域。這樣，促使阿爾圖秀斯的政治體系能夠成為包容所有人的政治社會。參 Hueglin, *Early Modern Concepts for a Late Modern World*, 65 及 Skillen, "From Covenant of Grace to Equitable Public Pluralism," 73。

35. John N. Figgis, *From Gerson to Grotius* (Cambridge: Cambridge University Press, 1916), 234.
36. Figgis, *From Gerson to Grotius*, 84～91.
37. Figgis, *From Gerson to Grotius*, 31.
38. Figgis, *From Gerson to Grotius*, 26.
39. Daniel J. Elazar, " Althusius and Federalism as Grand Design, " available from http://www.jcpa.org/dje/articles2/althus-fed.htm (cited 15 Feb 2008).
40. Darryl M. Trimiew, " The Renewal of Covenant and the Problem of Economic Rights: The Contributions of Daniel Elazar, " *Annual of the Society of Christian Ethics* 20 (2000): 105～109.
41. Michael Walzer, *The Revolution of the Saints: A Study in the Origins of Radical Politics* (London: Weidenfeld and Nicolson, 1966), 4～6.
42. Walzer, *The Revolution of the Saints*, 17～25.
43. 哥爾斯基（Philip Gorski）為十六世紀於日內瓦發生的加爾文派起義事件，提供了很詳盡的歷史論述。他反對沃爾澤（Michael Walzer）的言論，因為加爾文主義者只是在大多數羣眾的支持下、在反對君主制度的原則上，以及有強大的傳統代議政制的支持時，才發展出起義的方向。所以他認為，加爾文派起義事件與其他聖約羣體的起義行動並無必然的關係。參 Philip S. Gorski, " Calvinsim and Revolution: The Walzer Thesis Reconsidered, " in *Meaning and Modernity*, ed. Richard Madsen (Berkeley, CA: University of California Press, 2002), 78～104。
44. Walzer, *The Revolution of the Saints*, 26～55.
45. Walzer, *The Revolution of the Saints*, 168.
46. Gilbert Meilaender, " A View from Somewhere: The Political Thought of Michael Walzer, " *Religious Studies Review* (1990): 197～201.
47. Otto von Gierke, *The Development of Political Theory* (New York, NY: Howard Fertig, 1966), 18～19.
48. Hueglin, " Johannes Althusius, " 18～22.
49. Carl J. Friedrich, *The Age of the Baroque* (New York, NY: Harper & Row, 1952), 22.
50. Karlberg, *Covenant Theology in Reformed Perspective*, 60～61.
51. Patrick Riley, " Three 17th Century German Theorists of Federalism: Althusius,

Hugo and Leibniz," *Publius* 6, no. 3 (1976): 8 ~ 9.

52. 相對地，洛克（John Locke）把政治關係形容為託管關係，在當中人民依賴立法機關作他們的託管者。這樣的政府承擔管治的責任，而人民則擁有權利。盧梭（Jean-Jacques Rousseau）卻進一步認為，政府僅僅代表共同意願。參 J. W. Gough, *The Social Contract: A Critical Study of Its Development* (Oxford: Clarendon Press, 1957), 108 ~ 111, 143 ~ 144。
53. Moltmann, *God for a Secular Society*, 38 ~ 39.
54. Riley, "Three 17th Century German Theorists of Federalism," 7 ~ 41.
55. Althusius, *Politica*, xl.
56. R. W. Carlyle and A. J. Carlyle, *A History of Mediaeval Political Theory in the West* (London: William Blackwood & Sons, 1936), VI: 395.
57. J. H. M. Salmon, *The French Religious Wars in English Political Thought* (Oxford: Clarendon Press, 1959), 44.
58. Hueglin, *Early Modern Concepts for a Late Modern World*, 57 ~ 58.
59. Joseph L. Allen, *Love and Conflict: A Covenantal Model of Christian Ethics* (Nashville, TN: Abingdon Press, 1984), 257 ~ 261.
60. Eric Jr. Mount, *Covenant, Community and the Common Good: An Interpretation of Christian Ethics* (Cleveland, OH: The Pilgrim Press, 1999), 47 ~ 48.
61. Althusius, *Politica*, xliii.

第4章 兩基柱：重建穩固的經濟市場

在前兩章，我們已認識到聖約觀念對經濟市場的重要性，以及這個觀念在歷史裏對社會建制帶來的深刻影響，而社會建制則與經濟結構和活動互相緊扣。在這一章，我們將會嘗試整合這些觀點，並以聖約觀念回應市場的處境，為經濟市場建構一套「兩基柱典範」（Two Pillars Paradigm）。首先，我們需要剖析現今的經濟市場，檢視它如何發展成一個以合約為根基的交易模式，以及剖析經濟合作裏原有的人性之美善，何以漸漸從市場交易中失落了。在兩基柱典範中，聖約和合約相輔相成地承托著經濟市場的活動，猶如市場運作的兩根基礎柱子。在這兩個相關但不盡相同之觀念的互動下，經濟市場得以和諧及有效地運作，參與者亦能秉持合作共融的人性化原則。以下，我們將會分析聖約和合約兩種觀念的異同，找出它們各自所引申的結果及其互動關係。

可以說，兩基柱典範為神學和經濟學的對話提供了跨學科對話的平台，在這典範所建立的模式上，我們更可進深探討一些經濟問題：當我們只顧追求經濟效率和提升產量時，聖約觀念提醒我們要注視那人性化的原則，即必須注意分享和合作，從而使經濟市場平衡地發展；當我們面對私人產業和公共財產的張力時，在合約法的原則底下，聖約觀念也提醒我們，要在個人權利和社會共同利益之間取得平衡。我們最終的目標是一致的，就是為社會建構一個平衡與和諧的經濟市場，在當中推動人類的美善關係、自由和合作，並關注和照顧社會中每一位參與者的基本需要。

4.1 合約化經濟市場的發展

在中古時代的社會裏，人與人之間的關係非常密切，謀生的手藝和工作都在家族裏一代一代地流傳下來，經濟和道德觀念之間也有很緊密的關係。當時的人乃是持有土地，而不是擁有土地，他們所理解的自由，也斷不是一種不受限制的自由，而是要向上帝和其他人負責。這些中古時代的傳統，把公義放在自由選擇之先。隨著社會契約的觀念和合約法在十八世紀的勃興，教會也逐漸在社會秩序的討論中退場。雖然教會仍然持守基督教的道德倫理，但卻轉向純粹關注「屬靈」上的事，並把經濟市場的倫理和秩序留給政府負責。當研究資本主義的發展時，陶尼（Ronald H. Tawney）曾慨歎地說：「教會作為一個獨立的道德權威，其標準有可能和社會習俗互相對立——這個觀念已經被丟棄了。」[1] 一種對個人品格和行為的道德要求，逐漸地取代了對基督國度的委身。「宗教裏的個人主義，不自覺地或不其然地指向一種個人主義道德觀，甚至變成一種蔑視社會結構的重要性、高舉個人品格的個人主義道德論。」[2] 例如：關懷貧窮人不再屬於社會責任，而是一種個人選擇，取決於個人美善的良知。在政府管治和合約法的發展之下，經濟貿易快速增長。與此同時，經濟市場也變得愈來愈以合約為基礎。

合約（contract）這個字詞，是從協議（pact；或拉丁文

pacta）而來的。合約觀念最重要的發展或其最主要的引申，就是成為一種私人法（private law）的商業交易工具。合約是與一個或多個交易對手交換貨物或服務的協議。[3] 這種合約交易的商貿模式，乃是根據保障個人利益的羣體法律而進行的。[4] 合約法建基於拉丁文 *pacta sunt servanda* 的原則，意思就是「必須遵守協議」。[5] 從正面來看，合約的發展乃為市場提供了一種相互協議的方法，讓人可以自由地與他人建立經濟關係，保障了現代人的人權和個人自由的觀念，並培養現代文化中的個人價值、尊嚴、創業精神、個人自由和參與權。[6] 可是，合約式的管理卻有其負面的一面。合約使人變得單元化，讓人追求自己的利益而無需顧及他人。合約制度也把土地和勞動力變成市場的產品，然後注入其本身的前設和價值觀念，最終影響到個人思考和羣體關係。當合約交易只著眼於個人利益，合約的參與者就只是單一個體，完全抽離了傳統、歷史和敘事的需要。結果是，合約市場鼓勵一種雙方保持距離的交易方式（arms-length transactions），把商業利益和個人關係完全分割開來。在這種安排下，政治和經濟社會不再是由許多人所組成的羣體，而是由許多的個體所組成。[7] 因此，我們必須把一些資源投放在社會的共同利益之上。要這樣做，就必然牽涉政府對經濟市場的干預。稅制和社會福利服務，就是為這些羣體的需要而設立的。

在十七世紀末至十八世紀期間，按照當時對自由市場和政治經濟的理念，合約法的基本原則漸漸成形。當時的合約法關係，由每項合約特殊的約定關係，轉移到一些基本共通的合約法原則，並由已經履行的合約形式，轉變成尚待履行的合約形式。[8] 直至十九世紀，傳統的合約理論便發展成現今的格式。古典合約法（classical contract law）讓參與者自由地訂立條文和責任，過程包括一些客觀的特質，這亦成為合約市場的特色。所謂客觀的安排，就是合約本身並不會關心誰是參與者的問題，或合約的內容究竟是甚麼。當我們把所有人性特質和主觀元素挪開後，合約雙方所達成協議的情況，成為古典合約法裏所稱的「約化關係」(abstract relationships)。[9] 十九世紀的自由經濟學家乃延續這種發展，並推出以獨立經濟單元為計算基礎的模式，全面促進個人決策上的自由和靈活程度。雖然合約法在英國法律的根源可追溯到中世紀時期，但法律界的學者如弗里德曼(Lawrence Friedman)、阿蒂亞(P. S. Atiyah)、法恩斯沃思(E. Allen Fransworth)和吉爾摩(Grant Gilmore)等都普遍認為，古典合約理論主要在十八至十九世紀之間發展起來，這發展大概與不干預的自由市場經濟理念(liberal *laissez-faire*)的發展同步。

在現代生活中，合約的位置愈來愈重要，甚至深入到其他社會生活的層面，例如：公共事務、勞工法例、保險法、企業秩序和社會福利等。埃弗里特(William Everett)以土地的合約化為例，分析人類價值如何在市場計算中被量化並變成次要：當土地按個人利益而以市場合約價值來計算時，社羣結構和集體回憶等社會基本價值都退居次位。[10] 隨著合約被廣泛使用，商業、金融和經濟市場都漸漸完全依賴合約的方式運作，形成約化了的人類互動關係。阿蒂亞則綜合了霍布斯(Thomas Hobbes)和洛克(John Locke)兩位社會契約學者其經濟市場理念的前設。在合約之下，人類可以自由地選擇和決定，無需受他人操控。他們彼此之間的關係，也是自由參與的，各人按照自己的利益而行動。個人的勞動力也處於合約之下，是他個人所擁有的，就正如擁有土地或產業一樣。這樣，社會就按照一連串的市場關係建構而成。[11] 市場不但愈來愈以合約為主，合約觀念裏的客觀關係、抉擇的自由和對個人利益的追求，也逐漸深入經濟和社會羣體互動中的所有領域。

古典合約法經過了許多改變，也出現若干分支，形成不同的形態，後來當法庭在合約中加入公共利益的條款後，便成為後期的新古典合約法（neoclassical contract law）。例如：倘若雇員合約有明顯地壓榨員工的條款，這就是違反公眾利益，將會被法庭判為無效。新古典合約擴展了基本的合約方式，把參與者的個人利益與共同利益連結起來，即以他們共同的指標來計算成果。這就是說，合約中還考慮到一些社羣裏的權責準則，即如自由、效率、信任、平等和合作等價值，將會成為法庭的考慮因素，並視為合約責任的一部分。這種發展，讓合約可以建構一般準則，而不是停留在機械化的規條上。[12] 雖然這些一般準則能夠推動市場中的公平交易，但合約市場中的人類互動關係，仍然是被約化和客觀化，而人性化的價值則仍然被數字計算所量化，即在個人經濟自由的大前提下被排拒掉了。[13]

4.2 聖約與合約觀念的異同

4.2.1 兩種觀念

聖約（covenant）、協議（pact）和合約（contract）在早期學術研究中是共通的用語。[14] 在一些學科，例如：神學、法律學、經濟學和社會學等，這三個詞卻有不同的分析和應用。在宗教上，上帝在合約的方式中要求人類作出某些回饋或履行某些責任；在婚姻中，合約則代表一種對共同利益和目標的計算及保障，而不是無條件的委身；在社會政治方面，合約下的參與者只委身於有限度並可推翻的某些共同目標。根據詹姆斯·托倫斯（James Torrance）所說，聖約和合約在蘇格蘭的法律中是同義的，但在神學上，這兩種觀念卻截然不同。「在神學上，聖約是雙方無條件地彼此相愛的承諾⋯⋯合約，一般來說，是雙方在彼此同意的條件上所訂立的法律關係。」[15]這兩種觀念的混淆，使社會關係中原有的聖約特質漸漸被侵蝕，而且這種情況也不為人所察覺。結果，社會愈來愈傾向採用以法律為底線的合約交易方式，與此同時，人們也逐漸淡忘聖約觀念對建立人際間真誠互動關係的重要性。尼布爾（H. Richard Niebuhr）指出，在這兩種容易混淆的觀念之間，其分別乃在於「合約必定是有限度的承諾，聖約則必然是無條件的委身；合約是為了相互之間的好處而訂立的，聖約則假設有某種值得為之犧牲所有利益的緣由。聖約觀念被約化為有限的立約觀念這種傾向，在所有早期宗教和社會歷史中都顯然易見。」[16]

簡而言之，合約是與一位或多位他者在產品或服務上的交易協議，聖約則是與一位或多位他者在長期合作、追求共同價值目標，以及以社會羣體福祉為大前提下的承諾。下圖為合約與聖約觀念的對比，下文將會檢視這兩種觀念的異同及其互動關係。

合約與聖約觀念的對比

	合　約	聖　約
形式和限期	特定條款或情況 限期相對短或固定 可按補償終止	保留協商空間 長期或持續 在關係破裂下終止
結構及動機	個人為主、客觀 交易、強制	羣體為主、人性化 分享、樂意
關係	個人利益、不安感 有威脅或恐嚇的可能	共同利益、安全感 信任、愛心、聯繫
權威基礎	政府、公共機構 法律及規條	神聖秩序 個人抉擇
過程和結果	議價、競爭 按價錢量度 結果是雙方同意	承諾、合作 共同目標 結果是彼此委身
道德倫理	個人倫理 個人決定	個人及羣體倫理 文化規範

4.2.2 形式和期限

猶太拉比薩克斯（Jonathan Sacks）一直倡導聖約觀念的重要性及其社會應用，他把聖約和合約的區別分成三個基本範圍：形式、期限和關係本質：

> 聖約並不是合約，它有三方面的不同。它並不限於一些特定的條件和狀況，是具開放性及持久性的，而且不是由兩個沒有聯繫的人、為個人利益而出的主意。它是關於那給「我」一個身分的「我們」。合約有它的位置，但聖約是更優先和基本的，為合約關係提供互動的模範。[17]

薩克斯視社會聖約為創建道德社會的基礎，而社會契約則創建國家及其憲法架構。因此，合約可以組織一個全球政治架構，但只有聖約才能為人類的未來真正建立一個共同異象的框架。[18] 聖約關係是開放式的，以互動和忠誠的關係來建立。雖然合約關係也可以是長久和持續的，但根據專門研究合約和聖約之基本分別的學者所說，相對於聖約，合約的限期一般比較短暫，因為聖約中的關係、信任和承諾等特質，承載著一種比合約更長久的聖約安排。例如，蒙特(Eric Jr. Mount)指出：「合約傾向是微不足道的，為期短暫，只假設有少許、甚至沒有任何羣體關係。聖約則以羣體關係為前提，矢志為另一方謀求全人的福祉，並且假定了雙方均須向對方負責，彼此分享能改變生命的共同價值觀。」[19]

部分社會學家對合約與聖約的形式及其背後的邏輯理念也有所研究，例如：布羅姆利（David Bromley）和布申（Bruce Busching）把合約和聖約看為兩種不同的方法，兩者通過不同的形式和邏輯，刻意地組織某類社會行為：

> 合約式的社會關係，是指一些個體通過協調行為，承諾投入某些具體的互惠活動。所以，合約可以一種計算參與度和個人利益的邏輯來闡明；聖約則以道德上的參與和羣體團結的邏輯來闡明。[20]

很多社會關係同時包含合約和聖約的元素，是故兩種模式形成了複雜的關係和互動性。例如：在雇傭關係上，雙方的關係在開始時可能只是合約形式，但在履行合約的過程中，雙方可能發展出友誼和委身。這些特殊的行為，並不是蘊藏在合約或聖約裏的，但卻是在特定處境中、有意或無意地作出的選擇。在聖約關係裏，參與者彼此溝通聯繫、建立身分和委身投入；在合約關係裏，參與者則審慎地保障個人利益，顯示出一種與委身投入相對的距離感。聖約關係呼籲我們以感動來回應和委身，合約關係則指向理性客觀和保持警覺性。合約是可靠的，有法律效力和公平性；聖約則是忠誠的，對人充滿敏銳度和關愛。無論是合約或聖約的特質，都並非自然蘊藏的，而是通過社會互動發展而成。人被自己的動機所塑造，繼而影響身邊的人的特質，也同時被環境和其他人所塑造。以合約為出發點的經濟交易，和以聖約質素為基礎的交易，無論其基本關注、交易過程和結果都是截然不同的。[21]

合約關係裏的邏輯，讓我們可以把內容細分，再按時序排列，直至完成整個交易過程。由於合約關係著眼於效益，所以也自然以效益來推動和衡量成果。另一邊箱，聖約則傾向建立持續的關係，包括互相委身和承諾，以達致互惠互利的預期結果，所以其推動力乃來自一種整全的團結邏輯。當糾紛出現時，合約的舉證責任，有賴各方必須展示有否完成其權責，而聖約的舉證責任，則是各方必須展示有否作出了與聖約不相符的行為。布羅姆利和布申進一步指出，合約中的關係是頭腦上或思想上的，而聖約中的關係卻是以心靈溝通的。因為，合約的伙伴乃是按市場法則、機械化的條文而互動的；聖約的伙伴之間卻牽涉一種引人入勝的心靈互動。在合約中，違規與處罰掛勾，而在聖約中，違規則代表團結力量受破損。[22]

聖約的典範假設了持續、長久的委身，因為它的根基就是關係的建立。因此，聖約呼籲我們要以愛和寬恕的態度來不斷更新聖約。在新約聖經中，我們認識到「世人都犯了罪，虧缺了上帝的榮耀」（羅三 23），這句話在在提醒我們，在我們竭力履行聖約的過程中，必定會看見自己及他人的軟弱。正因我們明白到自己是罪人，需要上帝的恩典，所以聖約在上帝的恩典下仍然可以不斷地更新，讓我們在羣體中經歷上帝的恩典，學習彼此尊重並擁抱自己的軟弱。斯塔克豪斯（Max Stackhouse）指出，罪是人的一種基本狀況，而不是故意地違背一些原則或規範。當我們理性地拒絕承認自己的罪或嘗試把罪合理化時，就將會導致更大的扭曲。因此，我們必須對人的限制保持敏感度，並時刻警惕和提醒自己，以持守和履行聖約的特質。[23]

4.2.3 市場人性化？非人化？

布羅姆利和布申從社會學角度出發，把合約關係視為商業和非人化的社會關係，而聖約關係則涉及人與人之間的聯繫。他們認為這兩種關係都有極為重要的社會功能。他們把宗教和家庭歸入聖約的範疇，而勞工和貿易則屬合約關係。[24] 在這問題上，經濟學家彼得．希爾（Peter Hill）和倫恩（John Lunn）指出，市場已經由歷史中人性化的狀況，演變成現代的非人化系統。他們認為，市場由人性化發展到非人化是必需的，因這樣的發展能推動分工和提升生產效益，以致已發展的區域可達到更高的生活水平。因是之故，他們的結論是，神學家應用在現代市場上的倫理系統是過時和不適當的，這些倫理系統對於非人化的社會而言並無意義。[25] 究竟經濟市場是否必須經歷非人化的過程，才能達到擴展、高效率和增長的目標？我們又可以怎樣在市場中建立人性的美善，並且在人類的經濟活動中，保護那些對於生命極為珍貴的真摯關係呢？

合約關係在本質上支持客觀的談判，而參與者乃是自願進入這種關係的。在合約機制中，惟一的要求就是參與者必須明白合約的規則和條件，至於其動機和目標則無關宏旨。希爾和倫恩指出，經濟市場讓人可以自由地參與其中，而無需理會他們的個別動機或個人品格。[26] 因此，一個純粹建立在合約機制上的市場，不會理會參與者的人性美善和益處。這種客觀的機械式市場活動，可以擴展到不同的範圍和地域，構成比直接交易更為複雜的龐大經濟體系。在這合約法的基礎架構上，市場隨著機構及法律系統而不斷演變和進化。當市場只談規則而不理會動機時，參與者的道德責任就得依賴其自身的推動和實踐，而市場則按照其客觀條件繼續發展，並橫跨地域和不同的生活範疇。如此，工人可以為一些他們不認識的人生產產品或提供服務。對於希爾和倫恩來說，純合約化市場的生產效率相對地高，正正就是因為其客觀的本質。所以，他們認為市場的客觀特質是必需的，也是必然的。按照這個推論，他們支持兩種並存的倫理系統：一種是為客觀交易而設的，目的是規管市場行為；另一種是為人性化關係的世界而設的，當中假設了一個高標準的道德框架，以及對參與者的行為有特定的要求。[27]

事實上，合約的確推動了市場交易的發展，因為它為經濟活動提供了規範和機制。這些合約準則和規範，對於帶動市場活動是非常重要的。在人類眾多複雜的需要、慾望和動機之間，合約發揮著很大的作用。可是，人類的需要並不單停留在物質層面上。市場還有另一些與羣體及人際關係相關的功能，這對於人類生活是極為重要的：人必須真誠地面對和整合自己內心的動機和外在行為，以至表裏如一，人才能得以整全。也就是說，相對於客觀性的合約市場的前設，個人動機與經濟行為並非完全無關，也斷不可能分割，兩者必須得以整合。假如眾人的動機是以自我為中心，側重於個人利益，那麼，市場就會形成爭競，並充塞著壓迫和不安的感覺。另一方面，假如眾人的動機是為了共同利益和與他人分享，這就可以建立互助和關懷的社羣文化。奧尼爾（Onora O'Neill）告訴我們，信任這一元素對羣體關係來說極之重要。我們可以在法律或專業操守中訂立很高的準則，但這一切都包含執行和審核方面的成本。我們不能以法律或合約取代信任，但也不是要求盲目信任。反之，我們應該在良好的判斷和互相負責的基礎上，致力建立彼此信任的文化。[28]

希爾和倫恩認為，雖然動機不一定與結果有關，因自私的動機也可帶來合作的結果，但經濟動機的確影響著人類如何進行市場活動，從聖約文化中互利和道德觀念的日益衰落便略知一二。當這些人類的基本特質漸漸褪色，我們相對地便要增加更多規則和法例來監管合約模式。通過再三討論和訂立規則，我們力圖操控市場的活動和動機，但無論這些規則是否有效，都傾向以之來取代人類本身自主地關愛他人的本性，因為我們的思考模式和行為，已經受商業考慮和法律條款所限制了。合約條款很多時都不能完全反映個人動機，以致合約化的市場未能支持道德規律和真誠的合作關係。我們必須重尋和持續地更新聖約，才能推動真誠的市場關係。這樣，我們才能將焦點重新調校，指向人類整體的共同福祉，並不把滿足人類需要這個重大責任，由法律條款完全取締。

雖然市場程序甚為複雜且不斷改變，但人類的本性及建立人性化關係的需要，卻從未變改。事實上，倡議人以兩套不同的倫理準則行事，這本身已極為荒謬，即猶如鼓勵人在不同處境中掛上不同面具，至終使人變得虛偽。簡言之，這是一種非人性化的行為，也是合約市場不利於建立真誠之社會關係的原因之一。要維持一個具道德標準的羣體，就必須在羣體中建立倫理操守，並把這些操守傳給下一代的人。假如我們單靠合約中對個人操守和行為的要求，以延續羣體裏的道德標準，在扭曲了的人性本質上，實在無法確保市場交易能長期維持和諧狀態。尤其在現今瞬息萬變的市場裏，我們已經遇過前所未見的金融危機，並察覺到倘若單憑規則做事，有可能會引發嚴重後果；再加上人類受罪性影響，市場往往按人一己的利益和權力而運作，整個經濟體系最終只會面臨一次又一次的衝擊。這樣看來，我們並不能因為市場愈來愈大、涉及的利益層次和版圖愈來愈廣，便忘記了人性美善在當中的重要性。聖約羣體中的彼此信任和對顧客的關愛特質，必須成為經濟交易和市場行為的基礎，這樣才能推動互信的文化。市場中互信和合作的基礎，斷不能只靠法律和規則來維持，而必須在社會中建立共融的人性化價值觀，那就是深藏於聖約敍述裏的人性美善本質。[29]

合約的法律規條並不能全面地反映聖約觀念，無論我們以任何方式企圖量化聖約的內容或將其規範化，都會把聖約約化成為合約模式，因為聖約所蘊含的身分和關係，並非一套機械式的模式，它超越了一切量化交易的計算方法。在人與人之間的相遇和交往中，必然地彰顯出某種道德美善，而這些美善就成為了信任和委身的起點或根基。所以，經濟市場不可能完全非人化，一個真誠的人是表裏一致的。假如我們放棄這種表裏一致的要求，縱然我們仍然可以如常地交易和消費，但卻不能達致真正的滿足。

合約讓產品和服務交易得以完成，而聖約則在供應和享用產品和服務之上，加添了超越性的人性元素，以致人在羣體的互動中發揮真正的美善，最終得著真正的滿足。例如：在生產的過程中，生產者可能不認識最終的顧客，但當他們在一個以聖約為基礎的人性化市場工作時，便可經歷顧客對他們的服務和工作的感激之情。以聖約特質所建構的市場文化，參與者可以經歷安全和被照顧的感覺，參與者也不必擔心產品和服務的質素出現問題，更無須懷疑交易對手的動機是否純正。合約下的市場交易是受到法律規管的，但同一時間它也並非完全非人化，而是與個人利益、道德取向和社會規範有著很重要的關係。雖然現代市場中的交易關係，並不能伸展到最終用家的層面，但我們仍然需要重視自己與日常所接觸的市場交易參與者的關係。當市場擴張它的領域時，這種關注尤其重要，因為聖約的網絡，乃是依賴每一個層面的市場參與者共同建立和實踐的。

4.2.4 關係特質

薩克斯指出，合約是與利益掛勾的，而聖約則與身分息息相關。聖約把眾多的「我」變成集體的「我們」，婚姻和友誼就是經常以這種形式出現的。約拿單與大衛訂立聖約，因為約拿單愛大衛如同愛自己的性命（撒上十八3）。合約的目標是維護相互利益，而聖約則是指向互相施予。由於參與者彼此同意滿足對方要求的條款，所以基於個人利益的考慮，雙方便訂立合約。聖約參與者卻開放地保留協商空間，彼此以忠誠和信實的基礎進入聖約，在當中一起生活，接受對方和自己的不同之處，並根據共同價值和大眾利益行事。[30] 薩克斯與布羅姆利和布申一樣，道出合約和聖約的分別，但卻有不同的解釋。他認為社會契約是個人和政府之間的關係，而社會聖約則是人與人之間的關係。這樣，共同利益的所在就是聖約而不是合約，是屬於社會和眾人的。合約化的聯盟是為了個人利益，而聖約卻是一種基於共同身分的聯盟。[31] 聖約擁抱一種深藏於人類本質裏的關係特質，因此比合約優勝。當人一旦以合約條款看待彼此的關係，就會失去真正的關係特質，變得非人化，以及使人不能享受關係中的滿足。

若要全面地了解人類的經濟行為，我們必須有一種超越個人利益觀念的視野。人類之所以是羣居動物，不但在於他們需要合作和分享經濟成果，也在於他們需要建立關係和與別人連結。正如波蘭尼（Karl Polanyi）指出，人並非為保護自己的個人財產而活，而是為了保護其社會地位、宣言和理想而活；生產和分配的過程，也並非直接涉及特定的產權利益，而是這些過程的每一個步驟，都指向廣泛的社會利益，以致這些羣體利益將反過來影響到過程中應有的下一步。[32] 純粹合約模式所引起的問題，在於它不能全面反映和推動深藏於人類本性中的美善。霍布斯指出，人類互相訂立合約的緣由，並不是為了合作或相愛，而是基於恐懼。這說法的前設，就是一種不安和自利的人觀——人在其中有一種失去生命或被人搶奪生命的恐懼。所以他們結盟，就如原始部落一樣，為要保護自己免被侵略。這種計算式的推論認為，經濟參與者是因為恐懼和不信任，而加入政府和經濟秩序之中，這反映一種負面和非人化的觀念，並與聖約觀念所凝聚的安全感和信任截然不同。[33] 要恰如其分地發揮合約的功用，就必須先要加強對聖約特質的敏銳度，以聖約為市場的基礎，藉以承載一個人性化的經濟秩序。

這並不是說，我們應該取締市場交易的方式。反之，我們從歷史中看見，市場是人類交易的自然模式，這有助經濟增長和促進生產。市場交易和商業競爭有其良性的一面，例如可以創造財富、減低價格、增加選擇和推動發展等。經濟增長本身確是可以舒緩貧窮和缺乏，但問題卻出自市場超出了其自身的位置和範圍，轉過來操控了人與人之間的關係，甚至貶抑人的身分和人性的美善。正如薩克斯所說：「人的快樂可以全靠我們從可購買、交易和替換的東西來計算——這種觀念，是其中一種最具腐蝕性的液體，蠶食著社會藉以建立的基礎；而當我們後來發現這事的時候，為時已晚。」[34] 可是，人類不一定要和市場一起走上這條毀滅之路。薩克斯接著說，「市場交易是一種雙贏的典範及非零總和（non-zero-sum）的人際關係」；[35] 它是一種人類互動的平台，而並不一定以悲劇收場。假如人類能了解聖約的觀念，敏銳於聖約特質的重要性，並竭力實踐聖約中的關係，人類便有望保障經濟市場的平衡，在合約平台上達到共同合作的目標。

一般來說，社會羣體的生活包括參與、權責和尊重個別差異，參與者在互相溝通、分享和款待中，肯定其自身及在羣體中的身分。薩克斯指出，「立約是一種高度特殊的政治形態，預設著主動的、人際間的責任。其他政治形態則並不假設所有人都會分擔責任」。[36] 追求共同利益並不是信仰羣體的專利，而是屬於全社會的，因為全人類都共同擁有基本的美善。蒙特把個體同時置於擁有共同利益和聖約特質的羣體裏，因為這兩個傳統都肯定羣體的重要性，並反對西方那極端的個人主義及對社羣的忽視。由於西方個人主義容許每個人對道德美善都有不同的想法和準則，所以它對任何推動共同利益的行為都抱懷疑的態度，傾向把所有人與人之間的聯繫看得隨意和合約化。[37] 從這種思考模式探索下去，就會發現合約觀念——例如：有關談判的社會契約——並不足以支撐整全的道德生活。我們須要把共同利益理解為羣體共同努力追求的目標，而並非一種必然產生的現象。共同利益的觀念深藏在聖約中，是聖約關係的特質之一。

當市場按照自利觀念和法律合約而運作時，也有因墨守成規而引致的問題。特里比爾科克（Michael Trebilcock）指出，從法律學觀點來看，在公共福利和自由市場的抉擇之間，存在著一種微妙的關係。當市場按照合約法裏的自治理論（Will or Autonomy Theory of Contract Law）來運作時，合約是以自由自主的方式被訂立的，這反映參與者各方自訂的權責，並假設合約各方均表示同意和予以認可。[38] 這樣的羣體，無需擁有共同的經濟目標或價值。然而，這種訂立合約的方式，卻誘發許多能破壞其誠信的元素，例如：合約規條的約化、第三者的影響、不可預期的事情、立約各方權力不均、歧視及恐嚇等。[39] 這諸種限制和危機，只有在羣體中所建立的聖約質素才能得以緩解。誠如艾倫（Joseph Allen）所說，壓力、歧視和恐嚇都是社會生活的必然部分，而且在訂立合約的過程裏，這些元素亦會與協商、贊同及許可等元素混合交錯地出現。[40] 同樣，還有許多其他社會因素影響著以文字為根據的合約，並限制其交易功能；這一切都表示，人必須在使用合約時同時考慮到人性化的特質，從而使合約成為一種幫助市場的工具，而不是主導著人與人之間建立關係的方式。

4.2.5 權威基礎

為了使個人和社會盡量免受人類負面的罪性影響，我們必須確立一種權威基礎，以幫助調解人類互動關係中的問題。在多元化的社會裏，當許多不同甚至對立的理念，同時宣稱其擁有真理時，這種權威基礎就顯得尤其重要。聖約的權威基礎，就是神聖秩序和羣體規範，而合約則依賴法律監管下的個人道德操守。塔克（Gene Tucker）嘗試從聖經及古代近東文本來分析聖約和合約模式，他發現聖約是以宣誓的形式為中心，而合約則不一定如此。他說：「合約是一種經濟和法律協議，一種在見證人或法庭面前，以文字或誓詞訂立的莊嚴交易。聖約是宣誓協議，無需法庭確保它的莊嚴地位。」[41] 合約需要包含一些履行交易時的描述，為它訂下一些焦點和準則來判斷交易是否如期進行。可是，誓言的本質卻不同，它是一種對未來的承諾。因此，聖約和合約是由兩種不同的權威來管治的。由於一個完全由聖約而立的社會，只能在普世都委身於同一信仰時才能體現出來，所以在已然未然的世上，我們仍然需要倚仗法律和規條的權威，在基本的聖約秩序上協助管治經濟市場的運作。

從法律的角度來看，合約的核心性質在於它是一個有法律效力的承諾，內容包括經雙方同意的細則，以及一些針對承諾而釐定的權責。紐曼（Louis Newman）指聖約並不是合約，因為它不涉及談判。聖約並沒有要求和接受立約這些元素，因為聖約是一種賜予，而不是一種談判後的交易。在上帝和以色列民的聖約裏，上帝的律法規管著其範圍，主權在於上帝。聖約是上帝賜福和帶領其子民的渠道，為的是建立委身的承諾。相對來說，合約乃是在法律的權威下把參與者聯繫在一起，並建立一種經談判而作的交易關係。當人活在上帝的掌權之下，便會與活在合約法之下截然不同，他們有著不同的基本關係之運作方式。上帝也以「妥拉」（Torah）作為古代以色列民的律法，但這只是上帝的部分要求。那些只遵守律法的人，不一定擁有真正的敬虔和愛心。聖約不能被約化成一個法律程式，因為法律程式雖然是不可或缺的，但卻並非徹底和完全的。[42]

在合約市場裏，法律的要求和條款讓我們知道，當人付款換取產品或服務時，供應者就有責任自發地提供相應的產品或服務。在聖約的關係中，其類似的道德責任前設，則來自對羣體合作和互動的真誠和自由的回應。紐曼指出，以色列民對聖約的回應是完全自由的，這源於他們對上帝的拯救和保護的感激之情。這聖約是基於已存在的道德責任，而這些責任並不是獨立存在的，而是從感恩而生發的。[43] 因此，基於持續和自發的相互委身，個人的選擇和合作將受羣體的尊重和推崇。正如薩克斯所指，在屬於聖約的行為裏，雙方皆同意尊重對方為自主的個體，即使立約的其中一方是上帝，也是如此。聖約的關鍵元素不在乎權勢或過往的歷史，而是一種口頭聲明，以及對雙方都具有約束力的承諾。[44]

4.2.6 建立信任和持守承諾

在合約法的發展過程中，原本從道德理念而來的合約觀念，演變成一種議價觀念。我們的考慮點，由承諾的目的轉移到承諾的價格，而這價格是由金錢而不是價值來衡量的。合約裏的責任觀念，由原本只在缺失的情況下應用的罰則條款，演變成只按照合約內容量度的絕對條款。假如經計算後發現接受罰則比繼續履行承諾有利，在一般情況下，我們會把這些罰則視為絕對條款，也就是把罰則的後果包括在權衡利益的計算中，最終為了最大利益而選擇違反合約。[45] 這些對合約其基本前設的改變，對人際和道德方面潛藏著某種影響。在合約法的發展過程裏，因失落了合約觀念中某些原有內涵，以致合約的本質與聖約的特質之間的差距，愈來愈大。

一向以來，我們都認為合約乃代表一種承諾，就好像聖約的承諾一樣。在法律學的觀點上，合約和聖約的定義是相同的。可是，法律學者阿蒂亞卻挑戰我們這種看法。傳統觀念認為，合約可以是基於利益（benefit-based），即包括一些付款或價格的要求；也可以是基於信賴（reliance-based），即包括一些保證或期望；還可以是基於承諾（promise-based），即包括一些未來的行動要求。基於承諾的合約，在執行時就會轉變成基於利益或基於信賴的合約。阿蒂亞指出，我們對基於承諾的合約有三種誤解：第一，保障期望和直接信賴是兩種不同的觀念，合約中失望的一方相對地處於弱勢，因為另一方並不一定可能完全履行承諾或按原定責任糾正錯失。第二，基於承諾的合約包括一種風險轉移或分配的方法，例如：保險合約是可以因應環境改變而取消的，有時候——尤其是有其他選擇時——甚至這樣做可能比較理想。因此，我們可以基於持續地評估將來的風險而繼續對合約作出更改。第三，一般來說，基於承諾的合約條款被視為另外兩種合約的附屬條件，但由於以上兩個誤解，這第三論點本身也是相對地薄弱的。[46] 阿蒂亞的分析，對合約的道德和法律條款的結構有很深遠的影響，因為他推論出合約的承諾特質會相對地被輕視，尤其是當它乃針對一種未來的期望時，更是如此。

不少其他法律學者也認為，以合約等同承諾，實在有一定的不足之處。克洛斯威爾（Richard Craswell）認為，「承諾本身具有約束性」之類的哲學理論，並不適用於釐定合約法，因為合約背後的規律，並非人類的自由、經濟效率或倫理，而是履行上的權責和隱含於合約之中的保障等，這些才是規範著合約法的原則。[47] 費恩曼（Jay Feinman）則指出，合約是為了商業活動上的便利（commercial convenience）而設的，所以合約本身潛藏的矛盾，乃被運作上的現況蓋過了。由於規則和言語總不能絕對準確，而條文也不可能完全反映人類的社會行為，所以合約必定是含糊的，其內容及其使用上，必定有可能帶有剝削性和矛盾性。[48] 基於相同原因，最有效的合約，就是著眼於當前處境、可以馬上履行的合約。也就是說，合約那相對地短的時間性，乃是合約本身的特質之一。與此同時，由於合約機制鼓勵參與者不斷評估風險和利益，因此人會持續地計算和處於不安的狀態。

在聖約和合約兩者的觀念中，其訂立責任條款的原因也有所不同。[49] 合約觀念是基於公平公正的權責，從而促使立約者履行合約中的責任和規定。可是，公平公正本身並不能涵蓋所有的人性權責。聖約中對責任條款的詮釋則比較廣泛，因為它假設我們需要接受其他人對自身的信任。通過互相信任，聖約的參與者為對方承擔著一定的風險。合約是根據立約時的前設和既定系統而訂立的，一旦系統有改變時就會破滅。聖約則連結著參與者，即使在不可預期的情況下都會維持這種連繫。因為，信任和委身是聖約的關鍵特質，促使參與者在聖約中彼此尊重，並賦予立約者一種真摯的身分和自由。正如尼布爾所指出，在聖約觀念中有關自由的本質，並不在於選擇產品的自由，而是人能否為未來的理想而選擇自我委身，以及當活在有能力破壞承諾和出賣理想的可怕自由中時，有可能成為背叛者。[50] 當人在經濟活動中與另一位他者相遇時，必會挑動人類本性的憐恤、信任和連結等情操，以促成人性化的經濟規律。所以，聖約是人性化市場關係的先決基礎。這種互動的連結，就這樣地從個人自利主觀中突破出來，並進入一種自由的互動和對話之中，使我們可以向其他人敞開心扉，真誠地彼此合作。[51]

4.2.7 保障市場道德價值

對於倡導自由市場的人來說，自利主義就是他們提供的答案。史密斯的自利主義和一般的自私觀念不同，他認為自利主義有助規管合約雙方，確保他們將會履行承諾。「當一個人可能每天訂立多至二十份合約時，他不能因向鄰舍施壓而獲利，因為即使是疑似欺騙的行為也會使他蒙受損失。」[52] 這種觀點假設，道德倫理是根據人類本質中的誠信而自然進化的。可惜，人類的本質和自然進化並不一定邁向理想的結果，市場中的價值觀是按參與者之間的互動而形成的。阿馬蒂亞・森（Amartya Sen）指出：「市場的保護機制有助達成美好的結果，它『有效率』地工作；為我們的『利益』服務；是『互惠互利』的；它供應『產品』；提供『裨益』；成為『無形之手』，帶領人推動一種他們不自知的結果。」[53] 因此，市場自由背後對人類的個人道德標準有很高的要求。神學人類學所指出的弔詭性真理，就是被扭曲的人性在一個純合約化的自由市場內，反而阻礙了真正的自由。市場需要聖約的特質，才能活出人類的關係本質，以及踐行當中已有的道德倫理準則。

聖約羣體是一個道德羣體，每個人都有自由選擇參與其中。在聖約羣體裏，人不單對社會羣體有貢獻，而且更是道德羣體的一員。他們將自己託付在其他人手中，也接受其他人的託付，也不斷地堅持彼此負責。[54] 聖約並不一定需要確定其他人是可信任的，而是以一種賜予的觀念，首先願意相信對方和為他人付出。克羅寧（Kieran Cronin）指出，在每天的日常活動裏，例如：看醫生、找修車師傅、乘公共汽車等，我們都把自己託付在其他人手中。這就是說，聖約並非只是一項條款，而是對其他人的尊重。以商業合約來說，合約只是從其自身的判斷而簽訂的，其焦點是實務上的考慮，而聖約則代表一種更細膩的道德實體。[55] 聖約羣體中的成員一同作工，為著公義和憐憫，其出發點不是接受，而是捨棄和施予，這些道德行為和對共同利益的追求，確保了社會的合一共融。聖約羣體就是這樣得以被建立和不斷更新，並通過生命的感恩和慶典聚合結連。[56] 例如：父母不會計算兒女將來給自己帶來的金錢回報。他們養育兒女，供應其一切日用所需，並不是出於投資回報上的考量，而是出於聖約的愛和人類之本性；這種連結性並不能單以法規來監管，而必須從文化、教育和社會凝聚力培養出來。我們能否把一個合約化的市場轉化成一個聖約羣體？以下我們將繼續探討典範轉移的可行性。

4.3 典範的轉移

我們已經看見，經濟參與者在合約為本和充滿競爭的市場裏，他們是被假定為自私自利的。多年前，史密斯曾形容，屠夫、釀酒師或麵包師都不是為別人的好處、而是為了一己的利益而預備晚餐。這種自利觀念，經多年來的發展和演變，尤其隨著市場日益依賴合約的方式運作後，便由原本在「史密斯系統」裏的自利觀念、同情心和道德情操，日漸被約化成狹隘的自私和自我觀念。自利的前設被理解為以自我為中心，即追求最大的個人效益，並驅使市場參與者變得更為個人主義。後來，經濟學家發展了許多不同的經濟理論和模式，藉以探討、分析和強化這一前設，他們為市場競爭狀況尋找「帕累托最優」（Pareto optimal）結果，也就是在考慮了個人利益和利益平衡後最優化的果效。[57] 可是，究竟自私的個人主義，是否為人類本性或人類市場行為的最佳寫照？

一直以來，一九九八年諾貝爾經濟學獎得主森對傳統經濟學和福利經濟學的前設，都提出了不少建設性的批判。他的研究顯示，經濟模式的典範轉移不但是可行的，而且更是必須的。森提出一個簡單的理由，說明為何經濟學模式會假設人類本性是自私的：無論一個人在其獨立的行為裏作出甚麼決定，他的決定都可以被定義為自私的。這種以定義為基礎的自私觀念，假如是貫徹一致的話，就會被視為理性的抉擇（rational choice）。[58] 按照這觀察，自私的人性觀念最少有部分自我實現的成分。假如是這樣的話，市場的參與者就像不自覺地走進了一個無奈的操控機制裏，與市場所預期的自由和合作並不相符。筆者認為，這種困局並不是必然的，因為人類本身具備為自己刻意作出決定的能力。為了實踐和促成這些負責任的抉擇，以幫助人類重新聚焦在羣體的福祉上，我們必須不斷反思經濟和市場的前設，分析不同市場結構的利弊，明白市場秩序的限制，並願意推動人性化的市場秩序。我們在市場中所作的抉擇，不單和買賣的商品有關，更組成我們的市場交易模式，影響到人怎樣在當中自處及與別人交往。

森還進一步發現，傳統上有一個誤解，認為道德行為有損經濟效益，就如一般人以為聖約特質對營利必定有負面影響一樣。事實上，自私地為了滿足個人慾望而活的個人利益取向，也不一定為個人帶來最大裨益。除了有許多不能預期的事情會發生外，人也不一定最了解甚麼是對自己的最大裨益，又或不一定能夠量度自己的個人裨益。例如：按個人喜好而言，吸煙或賭博似乎提供很高的短期回報，但長遠來說卻引致負面的結果。同樣道理，只把焦點放在量化的效益計算上，並不能確保達到最大利益。聖約特質的貢獻，正正在於其內藏而不能量化的考量，而且它實在與經濟活動的基本人性化本質緊扣相連。例如：堅守道德倫理觀的雇員，往往會得到別人更大的信任，長遠則有助加強團隊合作和團隊效率，減少員工流失。推動聖約文化的企業，員工士氣較佳，有助促進生產效益。森更提醒我們，市場中不僅僅存在個人利益的考慮，也與信任和關係等元素緊密相連。可以說，單靠法律和合約來防止個人私利被侵犯是不足夠的，這樣只會增加市場活動的成本，因那些為了保障交易雙方利益而設立的監察條款，將會使經濟互動和合作更為間接和費時。例如：為加強監督工人的生產效率，我們或會聘用更多督導人員，甚或為企業加添中層管理人員，最終可能會增加整體成本。

此外，森亦嘗試以「公共產業」來說明自利市場的限制：當產品屬於非競爭性質，也就是當產品不是為了供應給最有購買力的買家而生產時，市場的機制就會崩潰。這時候，我們必須計算公眾的共同利益，並將它和生產成本作比較，才能考慮是否有生產的需要，從而作出最後決策。除了資源分配的問題外，在市場運作上也需要考慮社會因素，這些考慮並不一定有損經濟效益，卻是保障社會經濟秩序所必需的，一些行為準則，例如：反貪污、建立商譽和企業良心等，都有助加強互信關係，是市場和諧運作的先決條件。[59]

森的研究顯示，經濟模式和量度方法，不能只按照自利觀念來建構，因為這樣並不能促進和發揮真正的人生價值。也就是說，最重要的是那不能量化的人生價值，例如：公義和自由等，這等價值並未能在現時的經濟模式中全面反映出來。更重要的是，森質疑效益化市場的基本前設。在追求機會和自由的過程中，福利經濟學家認為自利的前設是不適用的：當人被賦予選擇權，在自由地選擇不同價值優次的時候，追求最高的私利，並不是必然的首選。森還指出，以自由為焦點的進路，把經濟學的分析帶向更具道德倫理和政治智慧的層面。當經濟科學家願意作出典範轉移，即從自利轉向更高的人類共同價值時，其視野將會更為遠大和廣闊。

驟眼看來，從市場效益計算出來的市場平衡點，似乎能為我們提供不錯的結果。當一個特定經濟模式並不受外來因素影響時，競爭平衡點（competitive equilibrium）就是帕累托最優。可是，當條件受到嚴格限制，尤其缺乏大型經濟規模（economies of large scale）這項條件時，「逆定理」（converse theorem）則顯示，每一個帕累托最優點，都是一個對應某些基本資源分配的競爭平衡點。[60] 假如這是真確的，也就表示，當我們面對一套特定的條件時，市場機制將會達到一種最佳社會狀態。問題是，逆定理只能在嚴格條件的限制下，以及在一套預設的「正確」的資源分配方法、價格、推動和決策下，才能體現出來。這種情況，在一個既複雜又不完全的世界中，基本上是不可能的。所以，我們只能回到第一種定理來推算出帕累托最優狀態，然後面對帕累托最優狀態所帶來的資源分配和不平等問題。當我們在這模式上，加上不同的個人利益之間的矛盾時，帕累托最優點便不能幫助我們減少互相利用或剝削的可能性。當我們在這個模式上，再加入公共產業和共同利益的考慮時，情況就顯得更為複雜了。正如森所指出，市場機制在特殊的固定狀態下是有效的，但並不能解決矛盾或使公共利益能達成一致。[61]

針對功利主義帶來的缺欠，森提供了另一種以個人能力和公正平等為基礎的進路。這種模式乃按照每個人的能力來詮釋其需求，即把焦點從產品本身轉移至產品對個人的影響。一件產品的價值是因人而異的，視乎不同的人對這產品的理解、應用、喜好，以及預先設定的條件等。要為產品作出分類並計算其所能發揮的影響力並不容易，但這種焦點上的轉移，卻可為市場分析注入人性化及道德的元素。[62] 森的個人能力進路（capabilities approach）可以追溯到數學家拉格朗日（Joseph-

Louis Lagrange）有關活動量（functionings）的研究。拉格朗日是史密斯時代的一位數學家，他首創以一個人的體能活動量來計算其活動能力，包括以勞動力和食物吸收量對應活動的功能、地點和其他因素。可以說，拉格朗日創造了活動量這一觀念，而史密斯則把社會活動量和富裕觀念架接起來。可是，這些活動量和活動能力的觀念，在後來的經濟學討論中再沒有延續下去。隨著經濟學模式傾向功利化，社會生活裏的人性化需要，也一直備受忽略。

以個人能力為基礎的進路，與聖經中的召命及管理觀念有點相近。首先，每個人都是獨特的，有不同的能力、取向和需要；每個人都需要貢獻社會，然後從中支取所需並彼此照顧。這些都是聖約羣體的基礎部分。其次，聖約羣體中那共同擁有和分享貢獻的觀念，乃來自「我們是上帝的管家」這一觀念。以個人能力為基礎的進路，鼓勵人正視各人的能力和限制，擴闊人的自我宇宙觀，讓我們不單注視自己的需要，也看見別人的需要。它也包含了聖約羣體其分享和賜予等重要元素。可是，以個人能力為基礎的進路，在經濟學的應用上卻面對不少困難。有一些人的能力是屬於先天的，但大部分或至少有部分是後天培養出來的，與我們投放在教育的時間長短和資源多寡息息相關，這些都成為個人能力強弱的決定性因素。同樣道理，我們無法完全客觀地量度一個人的能力，而這些能力本身也受到不同處境及外來因素影響。[63] 雖然如此，以個人能力為基礎的進路，的確有助喚起經濟學者對人類本質的關注，並標誌著經濟學典範轉移的需要和可能，這亦催促我們要努力尋找另一種關心人性化美善的經濟活動方式。

多年來，市場一直自然地發展，商貿交易促進了經濟增長和生產效益，這些活動都是人類生活的一部分，並有助社會羣體的合作共融。雖然這些活動基本上都是物質交易，是根據具體客觀條文而完成的，但卻不能抹掉那些與關係有關的因素。正如森所指，我們並不需要一些行為上的絕對規則，而需要在面對選擇時，發現我們共同擁有的人性化原則之重要性。[64] 在這方面，聖約觀念則提醒我們一些重要的人類美善特質，例如：責任、委身、公義和憐憫等，這些特質都是我們共同擁有的人性化原則，它們有助維繫及推動那真正的自由。自由對道德及人性化生活來說乃是必需的，卻並不足夠。生活標準的價值在乎生活本身，而不在乎人所擁有的東西，因為物質的真正價值是由人類的推動衍生出來的，其價值高低則視乎其適切性和合用性。[65] 森讓我們看到，自利主義不一定是惟一的進路，也無需是惟一的進路，更有可能並非是「最佳」的進路。

4.4 兩基柱市場

在合約化的市場裏重新注入聖約觀念，本非以顛覆為本的，因我們並不是要拆毀現有的經濟結構或市場交易方式。可是，這樣做卻會觸及市場的根基及基本的經濟活動，所以看來又帶有一定的顛覆性。現實主義者很快就會指出，在現今的經濟生活中，合約化市場已經不可或缺。另一方面，對於共享的恩典經綸，認信的基督徒羣體則保持著一種終末式的盼望，他們相信教會必須為到深藏於人類創造美善的規律而努力。因此，問題的重點並不是我們應該怎樣拆毀現時的經濟市場，從而建構一個全新的體制，而是我們怎樣在市場交易中，實踐彼此分享和恩典美善，讓參與者彼此合作並尋求共同利益。在這原則底下，基督徒羣體的關鍵任務，就是要謙卑地擁抱創造，敏銳於人類在罪性扭曲下的表達，讓聖約的特質和恩典，不致被扭曲成純法律上的合約觀念。

法律和合約在社會中扮演很重要的角色，我們不能也不用在已然未然的地上，倡導一種只能在新天新地實踐出來的終末理想。聖約最崇高的要求和其中的關係特質，必須受到法律的保成，才能在世上普及地推行。與此同時，單單依賴合約方式也是不足夠的。合約本身必須有一些特定的前設，包括對持守約定的道德責任、參與者之間的互相信任、權威的標準，以及公平公義等前設。[66] 這些前設在在顯示，合約必須與聖約相輔相成，才能建立人類互動關係的共同基礎。聖約是促使人類合作互助最基本和真誠的方式，經濟市場理應為人類彼此間的交易，提供一個促進互惠互利的平台，無論借貸、服務或銷售，參與者都期望通過交易來建立更高的共同利益。兩基柱市場所要倡導的，並非是一種完全依賴恩典或施予的方式，而是保障市場合作和交易裏的公平性和人性化的美善特質，以致人類可以在權責、個人能力和互相尊重之中，在經濟市場裏找到真正的自由。

人類傾向合約方式而不是聖約方式，這是有其緣由的。科爾蒂納（Adela Cortina）指出，當人類生活在一起時，必須同時具備訂立合約和聖約的兩種能力。然而，合約方式已經超出它本身應有的範圍，甚至把聖約方式邊緣化，並將之推向放逐之路。[67] 事實上，理性、法律、邏輯和計算方法都比較容易掌握，這些安排為我們提供一種自然的規律，尤其在履行公義方面，這對於確保社會的運作來說非常重要。任何社會都需要通過法律和規條來保障人民的權利和自由，在這些方面，合約機制發揮關鍵的作用。對經濟秩序來說，市場不但需要提供一個交易平台，而且這平台必須依照法律和有秩序地運作，讓人可以在當中有效地自由互動。合約法能幫助那些完全不認識的人進行交易和合作，從而擴展不同羣體和領域之間的互動。通過一套具體的規則，我們可以確保市場中有合理價格、公平條款、良好信譽和服務品質。正面和合理的合約條款，可以幫助參與者處理在執行時未能預期的爭議，且有效地建立排難解紛的渠道；與此同時，具有持續性質的合約，也能建立一種互信的長遠關係，並發展成聖約的聯繫。[68] 雖然如此，為了兼顧羣體關係及個人自由，市場的參與者必須提升對於聖約的敏銳度，否則市場將會失去其凝聚力，甚至淪為一個機械式、各人彼此籌算，以及互相壓迫的地方。

我們斷不能為了保障約定而設的法律合約，而漠視人與人之間的關係和彼此間的憐恤。極端的律法主義，將會引致極權主義甚至毀壞經濟。克勞斯（Hans J. Kraus）認為，在聖約的生活方式中，主要的元素是和平、公義和主權。和平是維持美善關係的元素；公義則確保行為的忠誠；上帝的主權就是誡命和律法的基礎。在上帝和以色列的聖約關係中，百姓以順服和敬拜作為嚴守誡命的重心。這聖約是屬於上帝的經綸秩序，在聖約關係裏，三一上帝就是絕對、惟一及無可推諉的權威。所以，在申命記的神學觀中，聖約和主權是緊密相連的。[69] 在申命記的歷史敍述裏，上帝所揀選的以色列民，就是回應這位創造主的主權和誡命，這些誡命是通過律法賜下的。

聖經並沒有提供一種全面的合約概念，因為上帝的原意是一種聖約的關係觀。可是，聖約和合約觀念都曾在舊約聖經裏出現，兩者在以色列立國的過程中都發揮重要作用。從撒母耳記上八章的記載可見，雖然上帝並不喜悅以色列民立王的要求，但祂仍然容許以色列民通過社會契約的方式，選擇並膏立自己的君王。薩克斯指出，以色列按照社會契約的立國方式，與西奈山上通過社會聖約而立的以色列民族並不相同，因為後者是以色列民接受和委身於上帝的主權及誡命的行動。同一道理，美國乃根據一七七六年的聖約〈獨立宣言〉而立國的，其社會契約〈美國憲法〉則訂立於一七八七年。[70] 社會契約以憲法的形式設立政府，而聖約則以共同權責及歸屬觀念建立社會。經濟合約是人類建構的其中一種方式，使人可以有效地合作和交易，但它必須與聖約裏的分享和關愛觀念並存。合約本身是一很重要和實質的工具，有助維持社會及經濟秩序，尤其當社會充斥不同的信念和標準時，合約的確發揮著很大的作用。當聖約生活的方式在新天新地全然體現出來的時候，我們就不再需要合約規條的保障，取而代之的是上帝的主權。那時，人類其自利和彼此威脅的相處方式，將完全被分享和關愛所取代。在現代的多元社會，當不同信念和宗教人士共同生活時，聖約和合約兩種模式就必須並存，以維繫一個平衡的社會及經濟秩序。正如尼布爾指出，政治社會從來不是完全自然地產生的，也不僅僅是一種合約，而是基於共同利益。聖約就是一羣人連結成為一體，在上帝之下，向對方及共同法規作出徹底的承諾。[71]

聖約和合約以不同的類別和形式彼此互動。舊約聖經中出現了兩種不同類別的聖約：無條件承諾的聖約和包含條款的宗藩（suzerain-vassal）聖約。[72] 這兩種聖約的形式相似，但功能卻不同，而在這兩大類別之下，又衍生出許多不同形式和意義的聖約。在舊約聖經中，訂立聖約的行動是從禮儀獻祭開始的，要呼求上帝的臨在，以至在權責的基礎上建立一套公義的系統。當聖約觀念實際應用於關係秩序時，它便可在主僕之間訂立，也可在平輩之間訂立。[73] 在以色列的歷史中，聖約展現的形式包括：律法（出三十四 28）、和平（創三十一 43～54）、友誼（撒上十八 1～4）及婚姻（瑪二 14）等，它展現於上帝與其百姓之間，也展現於人與人之間。上帝和以色列之間的聖約，在歷史中不斷更新，由外在的律法變成寫在心上的內在法則（耶三十一 31 ～ 33），並繼續在耶穌基督的時代以新約出現，涵蓋所有相信耶穌基督的人。[74] 在訂立聖約的過程中，參與者互相討論、付出、分享權責，以至能彼此建立。

聖約和合約的良性互動，不獨有助於使地上的經濟秩序達到平衡，亦能照顧和管理我們生命的不同範疇。聖約和合約猶如兩根承托市場的柱子，這「兩基柱典範」足以在諸種不同關係上發揮作用。有些關係需要較強的聖約基準（例如：家庭經綸），有些關係需要兩種觀念並行（例如：雇傭關係），有些關係則以合約為主、聖約為輔（例如：單一次的買賣交易）。就是這樣，我們看見兩基柱在平衡市場關係時發揮的一種連續性質（continuum）。這兩基柱之間的平衡點，乃按照交易的本質和複雜程度而調整，從而發揮出某種相輔相成的果效。

在合約基柱的一端，是日常生活每天所需的交易買賣，這種買賣雖然未必有書面合約，只是很簡單地按貨品的訂價完成交易，但它背後卻假設了合約條款。買賣雙方在這些交易中較少機會建立個人關係，但這也是不一定的。我們可能會認識附近小商店的老闆，也可能偏好某所超級市場或它的商品，更可能開始和我們經常光顧的商店員工建立初步友誼。無論如何，在社會羣體裏建立關係是十分基本的事，雖然市場中的關係和親密關係距離很遠，但在簡單的商業互動裏，聖約的背景也提醒我們關係的重要性，也指出在人類互助和合作時所必須的信任、公義和關愛等聖約元素。在這類交易關係裏，我們假設提供商品的農夫或生產商乃持守基本的道德責任，他們有責任確保商品是安全的，在進行商業交易時，他們亦持守一定的道德水平。我們知道，這一切在現今社會中並非必然，原因就是我們輕視了聖約的重要性，把一切交易視為合約條款，以致當問題出現時，只能按合約法或透過立法程序來處理，卻忘記那失落了的聖約元素，才是社會羣體和諧生活的關鍵。事實上，無論參與者的信念若何，他們在商業行為的互動裏都是聖約的參與者，因此，我們必須重建社會裏的聖約觀念，並努力地踐行出來。

在兩基柱的另一端，參與者自由地彼此相愛，並以對方的益處為先，正如家庭中的親密關係一樣。聖約就是家庭關係的主要基礎。在這種關係裏，愛是無私的付出，誓盟包含著自我犧牲的愛。這種羣體裏的分享方式是無需計算代價的，是不問收穫的賜予。在家庭中，家庭成員之間真誠的關係，乃是以關係和彼此相愛而建立的，所以合約方式在家庭裏相對地佔次要位置。可是，在已然未然的世上，家庭裏的關係依然需要合約方式的保障，以免關係中的弱者受到不公平的對待。例如：我們需要為兒童、長者及配偶訂立一些最基本的保護權益，防止家庭暴力和相關的不當行為。從家庭中的親密關係開始，聖約關係以不同的形式延伸至親屬、朋友、同袍、從屬、社區，以至其他陌生人，每種關係都包含不同程度的聖約和合約元素，並需要取得平衡。

薩克斯認為，一個由聖約組成的民族，必然是一個敘事的民族，因為它的歷史就是一種敘事，並在歷史進程中世代相承流傳。聖約羣體就是這樣指向一個共同的未來，朝著其目標和異象邁進。「故事創造回憶，而回憶則創造身分。因此，在刻意地組成的多樣化民族裏，聖約和敘事乃是其核心。」[75] 薩克斯又指出，聖約把人視為彼此互助、為共同利益而努力的個體，幫助政府和經濟市場認識真正的人性美善。[76] 當政府和經濟市場的參與者為權力和財富周旋角力時，以聖約為本的機構卻不以為然，只默默地發揮互相合作的精神，服務社羣。正如合約和聖約其相輔相成的關係，競爭和合作也是社會裏的一體兩面。一方面，只顧競爭會帶來自私和不平等；另一方面，只顧合作則會帶來小圈子和極權主義，這種烏托邦的夢想，更曾經在歷史中帶來極可怕的流血衝突。[77] 經濟市場不單止是一個交易平台，它更按照其自身的機制和自利的前設，蘊含著某些具說服力的優次價值。在現代市場中，經濟參與者被鼓吹追上潮流，購買時尚的貨品，接受以消費為主導的生活方式，最終抹殺了個人的獨特性和身分取向，並使人為到得著外在的回響和肯定而活。在大量生產的年代，就連人本身也被約化成勞動力——一種生產的原材料。薩克斯認為，這是經濟市場反傳統的一面。[78] 我們出生時的歷史時空，賦予我們某種個人身分，但市場卻把另一套行為標準加諸我們身上，以推動和增加其交易量。可以說，這些價值標準拆毀了人類自身的身分，使人盲目地追求虛空。

兩基柱典範中有關聖約的關係層面，為我們確保一種持久及具延續性的人性化生活，叫人在市場交易中持守對人性化生活的委身。聖約關係帶給我們盼望，讓人看見關係有可能得以持續、復和及更新，更把人從破碎及扭曲中拯救出來，並帶來終末的盼望，使人期待著嶄新的恩典市場之出現，這市場將體現出完全無私的分享和關愛。經濟市場人性化這一呼聲，挑戰著傳統的經濟典範，並道出傳統經濟模式未能涵蓋的因素，這是對經濟學家其清晰和科學化的分析和結論之質疑。正如米克斯（M. Douglas Meeks）指出，假如羣體成員彼此間是有共識的，他們就可以將產品或服務變成禮物，而不是商品。這樣的羣體生活，是需要面對面的溝通及持續性的連結關係。可惜的是，這些社羣關係的要素，已經漸漸被商品化的生活排除在外。因此，要建立人性化的經濟活動，就必須先承認經濟活動在社羣關係裏的重要性，肯定它影響著對人與人之間的關係。建構一個真誠而共融的人類社會羣體，比起推動自由貿易和增加財富更加重要。[79]

布羅姆利和布申指出，把個人感受包含在合約裏，似乎是有問題的。例如：在財務圈子裏，市場的穩定性十分重要，這穩定性被認定是由於市場乃根據理性和科學化的邏輯而運作的。假如買賣的模式不按非感情化的理性計算來展開，市場既定的規律就會遭受破壞。[80] 這些算式和量化的進路，與聖約關係中所強調的個人感情交流形成強烈的對比。我們的出路並非是排除那些人性化的外來因素，而是要建立一個能全面反映真實人性美善的方法和模式，並闡述量化科學模式的限制，即避免以約化的世界觀行事為人。只有這樣，我們才能不斷洞察合約和聖約間的平衡點，同時體會永恆真理與現世實踐之間的張力。要在經濟市場中踐行聖約的特質，我們就必須從個人及社會羣體開始。當人與人之間在社羣裏真正相遇，道德倫理和人性化元素才能被建立。正如埃弗里特所說，重尋聖約進路的第一步，就是建立聖約文化。我們可從生活的不同範疇裏，增強對聖約文化的理解，包括家庭、宗族、學校、政府、機構及企業等。當失落了聖約文化，這便意味著我們需要外來的權威和管治，也就是合約方式的保障，但這些管治方式都無法盡善盡美，更不能使人發揮其美善的人性本質。[81] 通過對聖約的認識和關係的建立，我們可以在市場中重建聖約文化，重尋那真正彰顯真誠、權責和關愛的道德價值。

對信徒羣體來說，經濟生活是基督徒一起歡慶地上生命的其中一種方式；在舊約時代，這種羣體慶典和感恩活動的位置尤其鮮明。聖約的慶典同時著重誠信和道德倫理，對重申律法誡命及更新聖約方面都極為重要。早期猶太拉比的教導指出，經濟行為上的誠信是履行信仰生活的重要一環。按照猶太文獻《塔木德》(*Talmud*)所述，在商業和財務運作上學習及實踐倫理律例，乃是信徒成聖之路的一部分。[82] 人很容易傾向把這些教導看成律法規條，因而把聖約關係約化成商業合約。基督徒的使命，就是向現今世代展示聖約的更新，為愈來愈依賴合約方式的經濟活動，帶來轉化的契機。聖約和合約的觀念，對於經濟秩序的正常運作同等重要，所以我們必須把市場這兩根重要基柱安放在適當的位置，讓它們在不同類別和形式的市場裏，發揮相輔相成的作用。

4.5 在分享和合作中追求生產效益

從上文的分析可見，倘若要校正市場的焦點，我們所要做的就是釐定和嚴守市場的規律和界線，並嘗試體現上帝創造原意中的經濟秩序。事實上，服事經濟羣體的責任，本是深藏於人類的創造召命裏的，在人與人之間的交往中，創造主讓人類彼此服事，讓個體為他人而活。因此，人只有活在上帝與人的真誠關係裏，才能經歷真正的生命。這種人性的美善，在基督捨己的救贖工作裏，已經完全地顯明了。直至主耶穌再來的那天，人類在已然未然的現世裏，將會繼續渴求真誠的聖約美善，在社羣裏竭力追尋聖約的關係。無論人知道與否，聖約的關係才是人類本性中真正的需要，通過耶穌基督的救贖大能，其本質可以讓人勝過一切的罪惡。

經濟活動是由人類其本質上的需求開始，通過提升效率和引入競爭，從而推高生產力，並盡量滿足人類的需求。現代經濟學中那獨大的關注點，就是滿足人類在物質上的需要和慾望。但事實上，人類的需求包括許多不同範疇和類別的東西，例如：物質、社會和靈性等。這些人類其本質上的需要，都是他們在社羣內分享和合作的重要部分，單靠物質上的供應，顯然不能使人得到真正的滿足，更不能促進全人和社會福祉。提升效率和引入競爭是重要的，但當我們作出經濟決策時，也必須同時考慮分享和合作這些觀念，因為經濟並不單是為了物質交易，更是為了提供一個平台，讓羣體中的所有人都可以得到照顧。這是一個由參與者組成的「大家庭」，他們以分享和合作的原則，彼此交換產品和服務。

「經濟」的英文 economy 是從希臘文 *oikonomia* 而來的，意思是「家庭法」(law of the household)。按照這個意思，米克斯認為，人類社會生活中人與人之間的關係，就是「家庭」(*oikos*; the household)，人類必須按此規律才能生存。在上帝的家裏，人與人之間透過互相施予而彼此服事，從而形成「家庭」裏的基本經綸關係。經濟，就是上帝工作的渠道，讓所有被造之物可以從中得到生命所需。[83] 上帝從無有中創造萬有，而人則是宇宙中的被造物之一。這就是說，從太初以來，上帝的經綸秩序已經存在於創造的大家庭裏，是創造主以祂大能的話語，把這種家庭秩序呼喚出來。經濟秩序是承載著人類物質生活的，按照創造秩序的排列，它被賦予其宇宙特性、本質和生態，形成創造秩序的一元。所以，上帝的創造就是經濟秩序的起源，其原有的意義和目標，必須從創造主所啟示的創造原意中發掘出來。正如米克斯所說：「上帝的經綸活動，並未在太初的創造中完成，只是剛開始而已。」[84] 在上帝的創造和持續照管下，我們發現，聖約的歷史敘事，乃是一種指向關係秩序的起源的敘事。我們必須重新探索這種關係的本質和規律，以建構合乎創造原意的經濟秩序，並指向永恆的美善。

所有世上的規律，包括人倫關係和經濟活動，都是按照上帝原初的旨意和美善創造出來的。在上帝與人類的敘事裏，上帝把一切祂所應許的賜予受造物，這些都是按照其創造的旨意，以及祂那完全的自由而賜予的，並不是出於借貸，而是出於自由的愛。巴特（Karl Barth）形容，聖約就是創造的目標，而創造也是通往聖約的途徑；因此，聖約的內在基礎是上帝自由的愛，而外在基礎就是上帝的創造。[85] 這永恆、完全的聖約特質，向人類顯明那真正的愛和完全的自由。聖約顯明了真愛，即那種緊密連結的誓盟，這些都是三一上帝之經綸和關係規律的本質，也是在上帝其自由的愛中，那完美經濟秩序的本質。在上帝的創造歷史中，當人類被邀請與祂同工和安息、並在其中經歷喜樂和休息時，這種經綸規律就早已向我們顯明了。人類被上帝安放在他源出的土地，並作看守管理的工作，以致可以在上帝的大能和美善裏生養眾多。[86] 因此，通過人的存在及其工作能力，土地成為滿足人類需要的盼望。

在現今的市場中，我們必須重申創造秩序裏那分享和合作的觀念。人類在創造裏的原意，就是要耕種和作工，在被造的世界裏持守上帝所賜的職分。[87] 在一個彼此分享的羣體裏，生產和增長的動力是從合作的目標而來的，而不是為了滿足個人的慾望。工作及生產等經濟活動，牽涉資源的運用，後來則發展成商業貿易和市場交易，這些都是從上帝賜予人類管理大地的職分而來的。這職分不單是為個人而設的，而是要讓人為了共同利益而一起作工，然後在慶祝和感恩中，分享共同努力得來的成果。上帝賜予人類耕作和保護大地的責任，也就是說，人類作為園藝工作者，對所有被造之物有所付出，從而建立聖約伙伴的關係，在關係中經歷和展示了創造生命的美麗、榮耀和完全。聖約伙伴的原意，因而通過被造之物和整個宇宙的關係秩序而顯示出來。[88]經濟的需要和慾望，因此被視為處於一個更廣闊的領域，就是全宇宙在工作和生產的過程中彼此服事、合作和分享。

現代經濟參與者並沒有聖約的概念，因而也不認識這種在上帝的照管裏、按照恩典自由地建立和維繫的聖約。當我們不認識恩典，就會活在不安之中，只懂追求物質上的豐盈，以滿足外在和內在的慾望。我們企圖成為自給自足的經濟人，以致落入孤立、毀滅性的競爭和壓迫裏。當人類自顧圍繞個人的需要和慾望來建構經濟生活時，市場就成為一個濫用資源和剝削他人的地方，而這種個人主義則使所有關係都變成對抗性或操縱性。在這種市場裏，人被視為產物，失去其身分，約化成人數、工時或購買力。上帝的照管對市場的買贖和復和極為重要，賜予和付出愛是上帝的本質，也是一切生命果效的源頭。被孤立的經濟人，因其經常不能讓自己得到滿足，所以不斷被某種不安感煩擾。通過參與聖約，人始進入共同擁有的經濟秩序，並經歷上帝的照顧和管理。相反，假如我們只顧追求擁有物質財富，便會陷入因只顧自我滿足而變得狹隘的經濟關係。物質主義按照原子科學定律，為我們提供了一個機制，叫人不去思量被造世界的豐富和多樣性，以及它的真正意義。物質主義還帶來一種不自覺的命運，代替了真正具超越性的真理——那看似能夠被量化和操控的，最終違背了它本來朝向的目標。

反之，上帝與祂百姓所立的聖約，乃是要求人自發的順服，也包含上帝持續不斷的照顧和承諾。在滿足外在的需要上，創造主也賜予世界豐足（創一22～25），以及按照各人的需要賦予生命（出十六17～18）。[89]此外，聖約中也包括強者對弱者照管的承諾，並觸動受照管者作感恩回應。簡言之，擁有才幹和資源的一方，對相對弱勢和無力的一方，要承擔愛和關顧的責任，排除個人自利和壓迫，表達關愛和公義。這些關愛和公義，源自上帝的呼喚，要叫人類羣體彰顯出服事鄰舍、互愛互助的美善質素。[90]

倘若人類對效率和生產過度迷戀，其慾望將會促使他們無限量地發展經濟，最終可能帶來環境資源的濫用及只顧個人私利的交易方式等惡果。兩基柱市場的重點，就是「賜予」和「收取」的聖約關係，這關係受到合約方式的限制和保障，卻超越了只計算代價的法規。這種關係是帶有主動性和正面的，讓參與者可以一同作工，且邁向他們的共同目標和利益。由於人類被罪性扭曲，聖約的關係和付出的特質不能在世上完全展現，但上帝其聖約秩序的原意並沒有隱藏，乃通過聖經的聖約歷史，以及在世界歷史中向世人展現。聖約羣體以高舉管理大地的原則來推動生產，在關愛和合作中彼此分享。

4.6 私人財產與公共產業

當人類在生產活動中彼此分享和相互合作時，就會出現私人財產與公共產業的擁有權問題。當我們正確掌握聖約的觀念，便能幫助我們把問題置於適當的處境，然後把焦點從物質的擁有，轉向那賜予和收取的聖約關係。莫特曼（Jürgen Moltmann）從上帝的臨在和超越特性看上帝與世界的關係，指出上帝並非在自然界的力量和節奏中展示自己，而是在人類歷史裏，通過聖約和承諾向人啟示自己。事實上，上帝亦可以通過物質資源和財富賜予祝福，但這些都並非人類生命的基本推動力。上帝藉著祂百姓的信心和順服，把自己置身在世界中，以啟示祂的內在性和超越性。[91] 在聖約的市場裏，創造及在其中的事物，都是上帝所賜的禮物，參與者因而衍生感恩的回應，明白到自己必須好好管理這些禮物，並認識責任的真正意義。假如沒有內在和超越的神聖權威，聖約的動機很快就會約化成合約的方式；假如沒有關於創造的教義和對上帝的感恩，人類不負責任地濫用資源，將會帶來嚴重的生態危機。現代人愈來愈關注天然資源的缺乏和濫用，上帝的創造與聖約正正提醒人類需要好好照顧和保護環境，適當地管理私人及公共財富，從而延伸至對共同利益和下一代福祉的關注。達利（Herman Daly）和科布（John Cobb）把現代經濟學中的理財學（*chrematistics*）和經綸（*oikonomia*）的觀念分開，經濟學（economics）這字詞就是從經綸而來的。理財學是有關管理產業和創富的學問，目的是在短期內提高財富價值。由於人對聖約觀念的理解甚為貧乏，這使現代經濟學由經綸觀念轉變為理財學。[92]

聖約觀念不但肯定合約式的私人產業擁有權，而且更讓參與者不忘羣體作為一整體的重要性，同時擁抱社會資產和共同利益。加爾文的共同恩典（common grace）這一觀念，把個人恩典延伸至公共領域的範疇。改革宗神學家凱伯（Abraham Kuyper）則把這恩典觀念分成兩部分，其一乃赦罪的救贖恩典，其二是一種暫時的、避免受到罪惡影響的能力。共同恩典這一觀念，叫我們不要將屬靈和世俗的範疇分割，提醒我們無論在教會內外，都不忘記基督徒的身分。屬靈和物質上的豐富，是同樣賜予信徒和非信徒的，且沒有任何生命的範疇，是在基督的蔭庇之外的；同理，沒有任何創造的領域，是在創造主的主權和聖約計劃之外的。[93] 通過共同恩典，凱伯把所有範疇和多樣化的世界觀，一併置於創造主的主權之下。與此同時，凱伯也尊重領域主權（sphere sovereignty）的觀念，讓不同層次和目標的羣體，可共同在社會裏反映聖約的特質。對於凱伯來說，領域主權反映的聖約觀念，在其應用方面，與十七世紀神學家阿爾圖秀斯（Johannes Althusius）所主張的社會應用一脈相承。[94] 凱伯認為，不同的生活範疇，例如：家庭、商業、藝術等，都好像有機體（organic）一樣，一同朝向道德倫理和人類共同利益繼續發展。

在創造裏，人是按上帝的形象（*imago Dei*）被造的，這蘊含豐富的神學意涵：人類是一個涵蓋所有人的大家庭，當中包含合一性和多樣性的特質。個體的差異並非源於人類本質上的扭曲，而是創造主的原意，祂特意創造每一個人為獨特的個體。可是，人的罪性卻把這些差異轉變成分裂，而聖約則讓人在差異中重新統合和連接。聖約讓人在差異中看見共同責任及其參與者的身分，但同時卻不貶抑個人獨特氣質和多樣文化。[95] 通過上帝賜予全人類的共同恩典，人類的共同目標與公共利益得以銜接。艾倫把共同利益歸納為公義、美善和共享目標，而共同利益和個人利益也不一定是互相抵觸的，因為從聖約的角度來看，共同利益的意思，也包括尊重每個羣體參與者的個人價值。[96] 最終，共同利益都會為所有參與者帶來好處。

梵蒂岡第二次大公會議（Concilium Vaticanum secundum）把共同利益定義為「在容讓社會組織和成員相對地能全面和較易於滿足自己的情況下，社會生活條件的總和」。[97] 支撐著這個定義的三個元素包括：人類的尊嚴、相互依賴和參與。人類的尊嚴源於人類按上帝的形象被造；相互依賴則表示人需要在羣體中互相連結；參與的意思，就是人類於食物、居所、教育等社會條件的共享權利，以及對社會政治和經濟建構的責任。韓能巴（David Hollenbach）把梵蒂岡第二次大公會議建構的進路稱為「對話性普遍主義」（dialogic universalism），[98] 其前設就是人類面對某些普遍的共同福祉，而多元文化的對話，乃是人類美善的一部分。的而且確，社會資本是社會參與者共同擁有的；但與此同時，社會中不同個體也在其各自的私人領域裏，以及不住改變的關係網絡中間，彼此互動。因此，相對於共同利益的定義，聖約是一個更為全面的觀念，能在多樣化的社會裏促成真摯的關係。

相對於共同利益和社羣目標，現代社會傾向把這些羣體共享的特質，約化成適用於合約條文的量化計算方式。例如：莫特曼指出，在現今社會裏，金錢是惟一的普遍觀念，更是經濟上惟一的溝通渠道，支撐著羣體之間的商貿和交易；這些商貿和交易原屬社羣的共同目標，但金錢的量化方式使人進入了經濟人這種溝通關係中，以勞動工時為消費或購買的單位。按照這些計算方式，其他一切不能轉換成金額的東西，都顯得無關重要，以致經濟規律本身衍生出一種以金錢數量為準則的社會倫理和操控力量。當人類試圖按照經濟價值，從滿足一己的需要和慾望來獲得安全感時，最終必定發現單靠物質和財富永遠不能得到真正滿足。人類操控世界和資源的行動，並不能滿足人內心的空洞，更不會使他們找到心目中的理想樂園。操控的慾望驅使我們爭取擁有更多東西，而擁有權則有可能帶來對別人的壓迫和對資源的濫用。[99] 保護私有產權的目的，是保障和尊重個人的經濟自由。為了促成這自由的市場規律，我們必須同時重視社會資本和共同利益，否則，人類所追逐的擁有權，將會帶來剝削和物質主義的結果。聖約促使私有產權擁有者關注羣體需要和作出捐獻行動，因而把參與者提升至更高層次的自由，不流於追求物質上的安全感，並且在互相關愛和分享裏，獲得真正的安全感。

莫特曼認為，經濟斷不能從基督的主權分割出來，因為上帝的經綸（*oikoumene*）必須合乎祂的旨意和秩序。在基督的普遍主權及救贖裏，基督教神學也是一經濟神學（economic theology）或物質神學（materialistic theology），因基督徒的生活見證乃深入每個人生領域，他們在每個領域中竭力實踐上帝的心意和秩序，且仰望上帝國度的來臨，以及祂經綸秩序的完全彰顯。基督徒選擇不任意滿足個人慾望，卻把意念轉向羣體和合一的生活，並與其他人及整個大自然建立和諧關係。他們並不把其他人看為競爭者，而是迎向共同生活的異象和目標。他們看見幣值量化背後的個體，以及合約交易背後的社會關係。他們在市場機制的法則和限制裏享受自由，卻不附從市場自由帶來的剝削和操控。聖約的團契和參與讓他們共享平等權責，而產業的公平分配則承載著他們的生活所需。[100]

在現代市場裏，私有產權往往被認定為擁有個人自由的先決條件。莫特曼指出，主權的自由和羣體的自由是截然不同的。前者讓人以財產的多寡來衡量自己的身分價值，把自己看為財產的絕對擁有者，並要求對自身的狀況有百分百的自主性。對他們來說，個人自由的界限就是他人的產業和自由，為此，其他人的自由也必須受尊重，其目的就是保護自身的自由，這和羣體中的自由相距很遠。相對於主權的自由來說，羣體的自由乃出於愛，它賦予自由真正的意義。通過人與人之間的愛，不同的個體得到羣體的肯定和接受，以至當我們彼此開放心靈和分享生命時，可以得著真正的自由。這自由的特質包括羣體關係、彼此互動和共同參與。[101] 聖約就是它的基礎。

管理社會羣體生活的法制，並不會考慮個別人士和他們的特性，而是先對公民的身分作出假設，再要求他們都符合一些社會約定。在制定法律規條時，我們預先假設一個特定的時空，在當中賦予人特定的地位和權利，並對違反規定的情況制定刑法。這樣做的時候，我們預設人可以自己選擇持守道德標準，以致無論甚麼時候都作出負責任的決定。在法制之下並約化了的個體身上，我們不會考慮個人的社會處境。[102] 在經濟學和資源分配方面，這就是說，法律和合約制度並不能全面地展現社會的美善。我們必須適當地作出個人選擇和追求物質上的滿足，以保障生命的美善，並不致錯誤地將其拆毀。自由選擇的目標並非增加權力，而是把人從強迫性和必然性當中釋放出來，竭力體現真正的人性美善。[103] 我們必須認真考慮人類的共同道德目標，以致在產權和共同利益上，發揮真正的美善質素和羣體特性。

4.7 以兩基柱典範作為對話框架

聖約觀念的確具有一定的顛覆性，因為它強調自我付出、分享和寬恕，且不易恪守，這些特質必須在彼此信任和委身的羣體裏才能體現出來。聖約和合約觀念平衡並存，使兩基柱的進路適用於信徒和非信徒羣體。兩基柱典範指出，聖約和合約對經濟活動同等重要，而且必須相輔相成地承托著經濟市場的運作。這個典範也是一為全人類福祉而努力的公共神學，而並非單顧教會羣體的好處。這個典範從根本的人性和普遍的創造秩序開始，提供一個整體框架，卻仍然尊重不同羣體的特色和差異。在此，兩基柱典範為跨學科的對話架設了一個討論平台。當聖約和合約並存且又彼此平衡互動時，便會為人類的經濟活動提供一系列的可能性，也會帶來健康平衡的經濟規律。信仰羣體必須竭力展示聖約的生活是極為適切和重要的，並將此引入合約世界。為了進一步詮釋兩基柱典範，並展示其適切性和對話性的本質，下一章將會以長期雇傭合約為例，探討兩基柱典範的實際應用。

註釋

1. Ronald H. Tawney, *Religion and the Rise of Capitalism* (London: John Murray, 1948), 192.
2. Tawney, *Religion and the Rise of Capitalism*, 255.
3. 本書把合約定義為一種帶有目標的合約，是一種以交易經濟模式及貨幣制度運作的市場取向。由於這裏的焦點是經濟市場及交易體制，所以不會進行階級合約或社會契約的討論。
4. Adela Cortina, *Covenant and Contract: Politics, Ethics and Religion* (Leuven: Peeters, 2003), 6.
5. 韋貝格（Hans Wehberg）認為，基督教對合約的發展影響很大，就正如馬太福音五章33至37節中指出遵守諾言非常重要。這原則在伊斯蘭可蘭經中也有出現，後來羅馬人更加入了共同利益的觀念，認為這是對一個有適當管治的商貿社羣的基本要求。參 Hans Wehberg,“Pacta Sunt Servanda,”*The American Journal of International Law* 53 (1959): 775。
6. William Johnson Everett,“Contract and Covenant in Human Community,”*Emory Law Journal* 36 (1987): 558～559.
7. 有關十八世紀前合約觀念的全面背景及歷史發展，參 P. S. Atiyah, *The Rise and Fall of Freedom of Contract* (Oxford: Clarendon Press, 1979), 11～41。阿蒂亞（P. S. Atiyah）總結說：「十八世紀的新人類，就是後改革期的真正繼承者，是個人主義者。而且，改革期前後社會和政治理論其中一個最重要的不同之處，就是許多個體如何組成一個羣體。只有通過自由個體作出自由選擇，才能出現社會和政治羣體。」
8. 已經履行的合約形式，是一種已完成的合約，在完成後並無任何未履行的事務需要處理。尚待履行的合約形式，是一種涉及尚未完成行動的合約。例如：即時買賣交易是一種已經履行的合約形式，而付款購買將會在六個月後建成的物業，其合約是一種尚待履行的合約形式。參 Atiyah, *The Rise and Fall of Freedom of Contract*, 398。
9. Lawrence M. Friedman, *Contract Law in America: A Social and Economic Case Study* (Wisconsin, WI: University of Wisconsin Press, 1965), 20～24.
10. Everett,“Contract and Covenant in Human Community,”564～565.
11. Atiyah, *The Rise and Fall of Freedom of Contract*, 70.
12. Jay M. Feinman,“Significance of Contract Theory,”*University of Cincinnati Law*

Review 58 (1990): 1285～1288.

13. 法律界的文獻中討論了合約的不同形式和變化，例如：後設理論（meta-theory）、關係合約（relational contract）、實證合約（empirical contract）、關鍵合約（critical contract）等。由於新古典合約理論是法律界現時推行的重心，因此本書對合約法的討論將會集中在新古典合約法上。惟一例外是在下一章討論有關長期雇員合約時，將會同時討論關係契約的形式和特質。

14. 洛溫（Robin Lovin）集合了一些有關聖約和合約觀念的歷史發展和政治應用上的資料，並分析和比較這兩種觀念，指出它們不同之處。參 Robin W. Lovin, "Equality and Covenant Theology," *Journal of Law and Religion* 2 (1984): 241～262。

15. James B. Torrance, "The Covenant Concept in Scottish Theology and Politics and Its Legacy," *Scottish Journal of Theology* 34 (1981): 228～229.

16. H. Richard Niebuhr, "The Idea of Covenant and American Democracy," *Church History* 23 (1954):134.

17. Jonathan Sacks, *The Dignity of Difference: How to Avoid the Clash of Civilizations* (London: Continuum, 2003), 202.

18. Sacks, *The Dignity of Difference*, 205～206.

19. Eric Jr. Mount, *Covenant, Community and the Common Good: An Interpretation of Christian Ethics* (Cleveland, OH: The Pilgrim Press, 1999), 21.

20. David G. Bromley and Bruce C. Busching, "Understanding the Structure of Contractual and Covenantal Social Relations: Implications for the Sociology of Religion," *Sociological Analysis* 49 (1988): 16.

21. Bromley and Busching, "Understanding the Structure of Contractual and Covenantal Social Relations," 18～19。

22. Bromley and Busching, "Understanding the Structure of Contractual and Covenantal Social Relations," 20～23。

23. Max L. Stackhouse, *Covenant and Commitments: Faith, Family, and Economic Life* (Louisville, KY: Westminster John Knox Press, 1997), 28～30.

24. Bromley and Busching, "Understanding the Structure of Contractual and Covenantal Social Relations," 30.

25. Peter J. Hill and John Lunn, "Markets and Morality: Things Ethicists Should Consider When Evaluating Market Exchange," *Journal of Religious Ethics* 35,

no. 4 (2007): 627 ~ 653.

26. Hill and Lunn, "Markets and Morality," 628.
27. Hill and Lunn, "Markets and Morality," 648 ~ 649.
28. Onora O'Neill, *A Question of Trust* (Cambridge: Cambridge University Press, 2002), 1 ~ 19.
29. 有些經濟學家認為，長期合約基於其持續性質，所以本身具備建立信任和信譽的過程。例如：超級市場的經營者一般都很重視建立商譽，以至顧客經常回來購物。這是合約和聖約觀念互動的過程。下一章我們將會以長期雇傭為例，更深入地解説合約和聖約觀念間的互動關係。
30. Jonathan Sacks, *The Home We Build Together: Recreating Society* (London: Continuum, 2007), 109 ~ 110.
31. Sacks, *The Home We Build Together*, 157 ~ 158.
32. Karl Polanyi, *The Great Transformation: The Political and Economic Origins of Our Time* (Boston, MA: Beacon Press, 1957), 46.
33. Cortina, *Covenant and Contract*, 5.
34. Jonathan Sacks, "Markets and Morals," *First Things* 105 (2000): 28.
35. Sacks, *The Dignity of Difference*, 101.
36. Jonathan Sacks, *To Heal a Fractured World: The Ethics of Responsibility* (London: Continuum, 2005), 115.
37. Mount, *Covenant, Community and the Common Good*, 1.
38. Michael J. Trebilcock, *The Limits of Freedom of Contract* (London: Harvard University Press, 1993), 241.
39. 有關這些限制的詳細討論，參 Trebilcock, *The Limits of Freedom of Contract*, 23 ~ 240。
40. Joseph L. Allen, *Love and Conflict: A Covenantal Model of Christian Ethics* (Nashville, TN: Abingdon Press, 1984), 259.
41. Gene M. Tucker, "Covenant Forms and Contract Forms," *Vetus Testamentum* 15 (1965): 501 ~ 503.
42. Louis E. Newman, "Covenant and Contract: A Framework for the Analysis of Jewish Ethics," *Journal of Law and Religion* 9 (1991): 93 ~ 97.
43. Newman, "Covenant and Contract," 103.
44. Sacks, *The Home We Build Together*, 109.

45. Harold J. Berman, "The Religious Sources of General Contract Law: An Historical Perspective," *Journal of Law and Religion* 4 (1986): 116 ~ 117.
46. Atiyah, *The Rise and Fall of Freedom of Contract*, 1 ~ 6.
47. Richard Craswell, "Contract Law, Default Rules, and the Philosophy of Promising," *Michigan Law Review* 88 (1989 ~ 1990): 489 ~ 529.
48. Jay M. Feinman, "Critical Approaches to Contract Law," *UCLA Law Review* 30 (1982): 829 ~ 860.
49. Allen, *Love and Conflict*, 259 ~ 261.
50. Niebuhr, "The Idea of Covenant and American Democracy," 133.
51. Mount, *Covenant, Community and the Common Good*, 26.
52. Adam Smith, *Lectures on Jurisprudence* (Indianapolis, IN: Liberty Press, 1982), 538.
53. Amartya Sen, "The Moral Standing of the Market," in *Ethics and Economics*, ed. Ellen Frankel Paul, Fred D. Jr. Miller and Jeffrey Paul (Oxford: Basil Blackwell, 1985), 2.
54. Allen, *Love and Conflict*, 17.
55. Kieran Cronin, *Rights and Christian Ethics* (Cambridge: Cambridge University Press, 1992), 211 ~ 212.
56. Sacks, *The Home We Build Together*, 126 ~ 127.
57. 以意大利經濟學家帕累托（Vilfredo Pareto）命名的「帕累托最優」（Pareto optimal），是在經濟學模式中提供最高果效的一點，在這點上沒有人可以不因其他人的損失而得益。
58. Amartya Sen, *Choice, Welfare and Measurement* (Oxford: Basil Blackwell, 1982), 84 ~ 89.
59. Amartya Sen, *Moral Codes and Economic Success* (London: London School of Economics, 1993), 1 ~ 21.
60. 「逆定理」（converse theorem）是指當一項敘述成為定理，其成立的逆敘述就是逆定理。也就是說，將定理的條件和結論互換所得的就是逆定理。
61. Amartya Sen, *Resources, Values and Development* (Oxford: Basil Blackwell, 1984), 93 ~ 98.
62. Sen, *Choice, Welfare and Measurement*, 367 ~ 369.
63. 比士文（Steven Pressman）批評這種能力進路，認為它含糊和不全面。有關對阿馬蒂亞．森（Amartya Sen）的研究內容的批判，參 Steven Pressman and Gale Summerfield, "Sen and Capabilities," *Review of Political Economy* 14 (2002): 429～434。加斯珀（Des Gasper）認為，能力進路中的自由觀念過於注重個人選擇，不太重視其他人的需要。這進路駁斥新古典經濟學視人為最大個人利益追求者的看法，但未能為人類本質提供另一套理念。參 Des Gasper, "Is Sen's Capability Approach an Adequate Basis for Considering Human Development?," *Review of Political Economy* 14 (2002): 435～461。

64. Amartya Sen, *Development as Freedom* (Oxford: Oxford University Press, 1999), 283.
65. Amartya Sen, *The Standard of Living* (Cambridge: Cambridge University Press, 1985), 22～29.
66. Cortina, *Covenant and Contract*, 26～28.
67. Cortina, *Covenant and Contract*, 13.
68. Erin Ann O'Hara, "Trustworthiness and Contract," in *Moral Markets: The Critical Role of Values in the Economy*, ed. Paul J. Zak (New Jersey, NJ: Princeton University Press, 2008), 179～189.
69. Hans J. Kraus, "God's Covenant: Old and New Testaments," in *A Covenant Challenge to Our Broken World*, ed. Allen O. Miller (Atlanta, GA: Darby Printing, 1982), 79～80.
70. Sacks, *To Heal a Fractured World*, 125.
71. Niebuhr, "The Idea of Covenant and American Democracy," 133.
72. Kraus, "God's Covenant: Old and New Testaments," 89.
73. 聖約可以有許多不同的變化範式，包括雙向的互動、多元的聯盟、多層次的主僕關係等，全部都是指向建立一種契合的連結。參 Max L. Stackhouse, "The Moral Meanings of Covenant," *Annual of the Society of Christian Ethics* (1996): 250。
74. William Klempa, "The Concept of the Covenant in 16th and 17th Century Continental and British Reformed Theology," in *A Covenant Challenge to Our Broken World*, ed. Allen O. Miller (Atlanta, GA: Darby Printing, 1982), 132.
75. Sacks, *The Home We Build Together*, 118～120.
76. 學者批評薩克斯（Jonathan Sacks）的聖約觀，傾向認為多樣化乃是上帝的旨意，貶低了上帝啟示的普及特性。雖然薩克斯在巴別塔的敘述裏找到了人類多樣化的肯定，但戈爾斯基（Jonathan Gorsky）指出，這種人類的多樣化是上帝對人類企圖超越自己權限的一種守護和處罰。參 Jonathan Gorsky, "Beyond inclusivism: Richard Harries, Jonathan Sacks and The Dignity of Difference," *Scottish Journal of Theology* 57 (2004): 366～376。筆者認為，聖約觀念展示的生活方式，既可以承載普及性的羣體，也可以承載多樣性的社羣。這方面在挪亞和亞伯拉罕的聖約特質裏已經啟示了，讀者可參閱本書第二章。

77. Sacks, *The Home We Build Together*, 234～235.
78. Sacks, "Markets and Morals," 24.
79. M. Douglas Meeks, "The Economy of Grace: Human Dignity in the Market System," in *God and Human Dignity*, ed. R. Kendall Soulen and Linda Woodhead (Grand Rapids, MI: Eerdmans, 2006), 209.
80. Bromley and Busching, "Understanding the Structure of Contractual and Covenantal Social Relations: Implications for the Sociology of Religion," 19.
81. Everett, "Contract and Covenant in Human Community," 563～564.
82. Sacks, *The Dignity of Difference*, 88.
83. M. Douglas Meeks, *God the Economist: The Doctrine of God and Political Economy* (Minneapolis, MN: Fortress Press, 1989), 33～45.
84. Meeks, *God the Economist*, 89.
85. Karl Barth, *Church Dogmatics* (Edinburgh: T & T Clark, 1958), III/1: 96～97.
86. 有關人類看守管理大地的職分，參 Willis Jenkins, *Ecologies of Grace: Environmental Ethics and Christian Theology* (New York, NY: Oxford University Press, 2008), 163～165。
87. Barth, *Church Dogmatics*, III/1: 250～253.
88. 按巴特（Karl Barth）的說法，天對應著上帝的本質和行動，地對應著人的本質和行動。天與地的交接點對應著上帝及人類行動的聖約。Barth, *Church Dogmatics*, III/2: 12。
89. Herman Bavinck, *Reformed Dogmatics, vol. 2: God and Creation* (Grand Rapids, MI: Baker Academic, 2004), 435.
90. Duncan B. Forrester, *Christian Justice and Public Policy* (Cambridge: Cambridge University Press, 1997), 208～209.
91. Jürgen Moltmann, *God in Creation: An Ecological Doctrine of Creation* (London:

SCM Press, 1985), 13.

92. 有關為共同利益而使用土地及其他資源，以及其他的有關政策，參 Herman E. Daly and John B. Cobb, Jr., *For the Common Good: Redirecting the Economy Toward Community, the Enviornment, and a Sustainable Future* (Boston, MA: Beacon Press, 1989), 121 ~ 455。

93. James D. Bratt, ed., *Abraham Kuyper: A Centennial Reader* (Grand Rapids, MI: Eerdmans, 1998), 167 ~ 187.

94. 有關阿爾圖秀斯（Johannes Althusius）的觀點，以及聖約的社會建制基礎和應用，請參閱本書第三章。

95. Mount, *Covenant, Community and the Common Good*, 45 ~ 46.

96. Allen, *Love and Conflict*, 267 ~ 269.

97. Mount, *Covenant, Community and the Common Good*, 42.

98. David Hollenbach, *The Common Good and Christian Ethics* (Cambridge: Cambridge University Press, 2002), 152 ~ 159.

99. Jürgen Moltmann, *The Church in the Power of the Spirit* (London: SCM Press, 1977), 169 ~ 171.

100. Moltmann, *The Church in the Power of the Spirit*, 173 ~ 176.

101. Elisabeth Moltmann-Wendel and Jürgen Moltmann, *Humanity in God* (London: SCM Press, 1983), 62 ~ 65.

102. Jürgen Moltmann, *Man: Christian Anthropology in the Conflicts of the Present* (Philadelphia, PA: Fortress Press, 1971), 68 ~ 73.

103. Jürgen Moltmann, *The Trinity and the Kingdom of God: The Doctrine of God* (London: SCM Press, 1981), 213 ~ 214.

第5章 應用範例：雇傭關係裏的兩基柱

本章的目的在於展示市場兩基柱典範的實際應用，我們將會以企業與員工之間的長期雇傭關係為例，察看兩基柱的對話方式，如何在這種經濟活動裏發揮作用，以及平衡當中的張力，並藉此指出人性化美善特質的重要性。工作和工作中的安排，都是現今人類生活的重要部分。在此，我們會先探討工作背後的前設，包括現今雇傭合約形式的形成和發展，以及檢視經濟學中的關係合約（relational contract）模式，這個模式正主導著我們對長期雇傭關係的理解。接著，我們會從聖約的進路出發，並把聖約中的關係與關係合約作比較。最後，我們也會根據兩基柱典範，分析這兩種雇傭關係的不同元素、內容及其影響。在這分析中，我們將會進一步了解到，兩基柱典範在應用於經濟活動時的適切性，在其中，聖約和合約相輔相成地發揮重要影響力。事實上，在不同信念的多元社羣裏，聖約和合約對於推動人性化的經濟關係是同樣重要的，兩者缺一不可。透過兩者間的互動，不同的市場參與者得以加深聯繫，且有效地促進社羣裏的經濟合作。

5.1 人類的本性與工作的經濟學前設

從一般的市場學觀點來看，工作的目的是生產商品和提供服務，以賺得金錢來換取其他商品和服務。這個過程，假設了市場機制就是最理想的資源分配方式，即人類進入勞工市場，並通過市場交易來賺取生活所需。反面來說，由於市場制度本身要求參與者相當程度的委身和實踐，因此我們常不自覺地把焦點放在生產力和效率之上，並很容易使人的工作變成商品，繼而被貶低為工時。物質主義（materialism）和自然主義（naturalism）這兩種哲學理想，支配著現代的經濟學。[1] 在雇傭關係裏，物質主義的前設給物質或肉體的存在帶來一種一元論觀點，使雇傭關係裏的關係特質相對地顯得不重要。自然主義的前設認為，我們既無需刻意地作出改變，亦無需主動為工作環境作任何結構性的調整。現代人很自然地對工作產生負面想法，甚至把工作和消閑看為對立，以盡量避免工作為目的，繼而將責任加諸於別人身上。

市場最初形成的目的，就是為人類和社羣服務。當一切顛倒過來的時候，人類生活的質素和價值都變壞了。在亞當·史密斯（Adam Smith）的自利和分工系統裏，工作是一種功能性活動，目的是為了滿足物質上的需要，而這種自利的動機，則進而促進整體的共同利益。按照史密斯所說，在分工系統裏，貿易和雇傭關係分開，這造就了互相依賴的消費網絡模式，從而建立某種市場關係。在確立私有產權及分工權責後，各人均可按照一己的能力賺取生計，然後擁有一些財產，以保障自己的日常生活。故此，工作為人類帶來一定的經濟獨立能力。史密斯式的經濟交易模式，把工作和經濟關係視為必然和不斷改變的，按分工的系統建立合作和互助的功能性結構，從而有效地增加生產和提升效率。雖然這些都是好的，但由商業交易建構的關係，在各人只顧私利的情況下，可以帶來強制、壓榨和剝削等惡果。因此，我們不能完全容讓市場秩序在自利的基礎上自然發展。同樣道理，雖然財富能為個人帶來物質上的滿足、權力和地位，甚至成為身分和價值的標記，但卻會使人容易忘記自身的真正價值，以及羣體關係的重要性。

分工的做法，乃是按照功能性（functionality）這種原則，建立合作和互助機制。當這種機制按照工作的合約法繼續發展時，合約的模式和規律，便隨之更深入地闖進我們日常生活的範圍。這種機制固然能有效地促進經濟增長和生產力，並提升社會普遍的生活質素，但當我們過分地依賴合約的方式，人與人之間的關係就會變得功利，甚至被約化。在古典經濟學裏，合約促進獨立和客觀的交易關係。在一個純合約化的模式裏，假如合約的其中一方不履行合約條款，並不會降低對方履行合約的機會，那麼合約的一方就會透過盡量減少履行合約而得益。[2] 由此，我們便得知合約安排實在有利有弊，它促使人為一己的利益設想，而這種自利的原則，將會影響著合約的機制，甚至有可能嚴重破壞合約參與者之間的關係，使問題無法在合約法中獲得圓滿解決。由於人類自然地基於自利而尋找好處，並以個人化和計算利害的方式，追求量化的結果和物質利益，致使工作在勞工市場的經濟模範之下，淪為商品化的工時和工資，這些都是拆毀社羣關係的負面元素。

工作的意義和本質是甚麼？天主教的通諭裏特別強調，工作乃人類必然的活動。在《新事》（*Rerum Novarum*）裏指出，人需要作有果效的工，以致得著真正和完全的權利。這裏的意思，不但在於工人必須能賺取應得的工資，也在於他們能按照本身的意願而享用應得的工作成果。[3] 按此看法，每個人都必然地擁有經濟上的權利和自由。天主教的通諭不獨肯定了羣體的共同產業擁有權，它同時肯定了私人財產的擁有權。土地的出產，乃人類勞動得來的成果，這是人支取生活所需的自然規律。由於以工作能力換取生活所需是一項自然權利，雇主必須尊重工人的權益，確保他們受公平對待，並得到應有的回報。[4] 在《勞動》(*Laborem Exercens*) 通諭裏，工作被視為人類的記號，標誌著人是在羣體中運作和生活的，是恆久不變的人生基本規定，使人在生命的存有中得到尊嚴，並有助於科學和社會文化的發展。因此，工作和工作安排的考慮，是人類在追求更美好的人性化生活時不可或缺的重要部分。[5]

當工作的本質按照現代市場的人類學觀點運作時，究竟會有甚麼事情發生？米克斯 (M. Douglas Meeks) 的答案是：人性遭到扭曲，成為市場機制和科技發展的產物。經濟人這一觀點把人類簡化了，成為市場裏的演員，人乃按照市場特定的模式來分配產品和資源。人必須參與經濟合作的活動，故此他們也必定成為經濟人和市場參與者，被吸納進市場當中，並把所有事物和服務變成商品，成為某個市場的銷售單位；同時，經濟人這一觀點更把個人變成商品，他們因應生產及市場的銷售氛圍，塑造其個人的身分價值。[6] 勞工市場就是把個人變成商品的最佳例子，這裏把個人對社會的貢獻演繹成「商業產品」。因此，米克斯總結説：「工作是一個核心的神學問題，因為與工作裏的從屬關係相比，沒有其他關係有如此明顯的權威性和服從性特質。工作是人類彼此操控和剝削的最主要方式。」[7]

米克斯指出，當我們高舉工作的理念，甚至把工作看為人類存在的價值時，人便會被工作安排所操縱，甚至被工作壓迫和奴役。當人在工作中尋找自身的存在價值，他們就會淪為勞工市場中非人性化和商品化的產物。在尊重人類身分和生存目標的前提下，工作是基本生活結構和功能的一部分，透過發揮工作及活動能力，我們可以參與社會，在羣體中得到肯定，建立有益的自我形象。可惜的是，在現今社會裏，工作性質、崗位及其回報，反過來成為決定個人社會地位和生存意義的重要指標。在這種情況下，工作效率和結果成為惟一的目標，因而工作也被約化成一種功能，而勞動力則變成獲利的工具。當人類的價值只按工作果效來決定時，失業者便會發現自己儼如社會的次等公民，就連基本的生活所需也得不到照顧。

相對於這種高舉功能性價值的狀況，米克斯指出一種「三一」的工作觀念，即把工作看為主體、合作、均平和付出等鮮明概念。「三一」的工作觀念，把三一上帝的不同主體形容為工作和行動中的上帝，每一主體都有其在神聖工作中的特殊角色和貢獻，祂們彼此合作或同工，以達成永恆的目標，且各自擔當均平的重要角色，並在上帝特定的分層關係裏成為一體。三一上帝羣體的工作，在那彼此付出的愛中得以整合。在反映三一羣體本質的系統裏，失業者將同樣得到別人的關愛和照顧，肯定他們仍然是羣體的一員。這完全為他者而活的生命，是三一羣體其信實和盡忠的動力。在人類按照上帝的形象被造之時，這些特質都已經內存於人類本性的美善裏。[8]

由於人類工作本身既複雜又具有多重影響力，任何單一的定義和人觀，似乎都不足以說明一切。或許，其中一種對工作神學較為全面的看法，就是科斯登（Darrell Cosden）所提出的三重工作觀念。科斯登認為，工作是由功能、本質和關係三方面組成的，三者彼此相連和互動。工作作為一種功能性活動，說明它是為了某些果效而作的，例如：滿足個人生活所需、照顧家人或貢獻社會等。這種功能性是必需的，但它並不是工作的惟一意義，否則工作很快就會非人性化，使人淪為達致某些果效的工具。因此，工作的本質也是十分重要的。工作本身其實是生命的一種活動，也是上帝所賜的禮物。透過工作的過程，人類得以建立紀律和品格，這是屬靈操練的基本要素。通過工作，我們得以服事其他人，並取得可以捐助他人的財產，以至能在羣體中互相照顧及幫助。工作之中的關係也帶出倫理秩序、社會關係和工作本身的存在意義，這提醒我們應該如何實踐和組織工作，使之促進社會秩序，並在社會結構裏維護公平和公義等基本原則。[9]

神學人類學提倡一種福音性人文主義（evangelical humanism），把重點放在人的本質上。人在上帝與人之間的互動中，認定自身的身分和行動，並發現自己的本質和極限。[10] 工作間就是人與人之間互動的重要處境之一，讓人可以在當中發現自己的位置和實在，並與他人相處和分享。通過工作和日常生活，我們身處於歷史敘事和經濟交易之中，因此，工作的本質對人類自身價值的肯定是非常重要的。這種神學觀念告訴我們，一些負面的社會條件，例如：結構性的失業或貧窮，都是不道德的，因為這會把人排拒於社會或工作以外，拆毀人的尊嚴和價值。[11]

互相信任和合作是人類身分價值和整體福祉的重要基礎，但這些特質在人類盲目地追求利益時被拆毀了。當企業在市場中只貪圖利潤、罔顧大眾利益，市場中的個別參與者，也只好為了存活而按私利而行。他們被市場刻意營造的慾望和物質理想所推動，促使他們落入極度不安和永不滿足的狀態中，需要不斷通過物質消費來減輕痛苦，可惜他們的慾望永遠不會得到滿足。更令人遺憾的是，追求物質享受的消費主義，不獨是一個為商業目的而造成的假象，它更使人離開上帝——那位賜人真正自由和滿足的主宰。[12] 為了進一步探討這種由自然經濟發展造成的扭曲狀態，讓我們先概覽雇傭合約法的歷史發展，繼而檢視它在法律學上的演變過程。

5.2 雇傭合約的發展及合約中的關係層面

在現今社會，當我們提到合約，就不其然會把它與法律條文串連起來。由商討合約的過程，直至釐定和執行合約，合約的參與者面對著一套正統的法律規範和前設，因那合約的機制是早已訂明的。可是我們知道，即使是購買日常用品的某一項簡單和單一交易，都牽涉到生產商、供應商、分銷商及零售點等有關方面，這是一個龐大的交易網絡。合約法的發展，促進了分工、個人的獨立性及利益保障，確立了個人在社會和經濟運作裏的自主地位。同時，合約法也可以清楚地訂立工時、時薪和其他勞工條例，使管理更加有效。可是，在這些優點背後，合約的計算方式卻使工人和勞動力被約化成時薪和工時，這很容易讓買家忘記了勞動力的人性本質。隨著合約理論不斷被修正和發展，在實際應用上，我們發現合約無法完全顯示合約參與者之間的關係，更不能表達雇傭關係的特質和顧及人性化之考慮。因此，在簡單的合約機制上，法律界開始發展出其他延伸條文和變化，以減少合約本身的限制。這方面較為顯著的合約延伸形式，包括心理合約（psychological contract）、隱性合約（implicit contract）和關係合約（relational contract）。

盧梭（Jean-Jacques Rousseau）把心理合約定義為「協調人和另一方對相應交易約定的個人信念」。[13] 他認為，所有合約都必定有其主觀性。這主觀性可以出現在口頭承諾或書面協議中，在任何關係和互動經歷裏出現的約定，都蘊含著這種主觀元素。[14] 雇傭合約的本質必定是以關係為本的，並不可能是純經濟交易，因為它不但與承諾和貢獻有關，而且也延伸至個人的能力和限制、對相同事物的不同角度理解和計算標準，以及持續發展的關係本質等，而當中最主要的考慮，就是合約裏的信念和期望——那些把參與者連於某種互惠關係裏的元素。雖然參與者之間的合約還有其他合約結構，但當任何一方對另一方抱有期望時，就會促使心理合約的出現。心理合約不但反映個人對企業的委身和承諾，也包括接受企業的價值觀、願意為所屬企業奮力拼搏，以及期望繼續在當中工作。[15] 由於心理合約的本質也是隱性的，即並無明文或書面列明其內藏的條款，所以心理合約也可以說是一種隱性合約。

隱性合約是「一種非合約形式的雇傭安排，對應著持續地、雇用後、雙向貿易式的博奕（game）中的納什均衡（Nash equilibrium），而不是以一連串納什均衡點作單一次貿易博奕的簡單安排」。[16] 克萊夫．布（Clive Bull）是研究隱性合約的學者，他的研究顯示，在勞動市場的雇用過程中，企業、員工和第三者之間擁有不相符的資訊，因而使合約未能完善，並促使隱性合約的出現。因為要準確地審查員工的能力是不易做到的，所以許多雇用時的預設和期望都是隱性的，無法直截了當地說明。在許多雇傭關係裏，隱性合約都發揮著調解的作用，可是在執行上卻沒有實際效力，因為隱藏在合約裏的特質或許可以觀察得到，但卻不能在法庭上得到確認。[17] 由於隱性合約包含一些引申的期望及超出主觀信念的環境事實，所以其涵蓋面比起心理合約更為廣泛。隱性合約的元素，可包括員工的工作表現或工作保障等，這些元素都是按持續的工作指標或公司政策所決定，但員工對這些元素本身都有一定的期望。心理合約在關係的互惠原則上，包含著參與者個人的信念；隱性合約則在雙方必須履行的責任內，顯出雇傭關係的不明文特質。隱性合約和關係合約的內容十分相似，因為曾有同時代的學者以不同的詞彙，對這兩種相關的理論作出研究和討論。

關係合約承認合約安排是基於關係本質的，法律學者麥克尼爾（Ian Macneil）則被公認為關係合約的先驅。他指出，合約必定與社會關係有關，因為合約的根基是社會、分工、交易、選擇，以及對未來的認知。合約包括基於分工的互惠交易關係，讓人可以貢獻自己的專長服事別人，然後依賴其他人為自己服務。這種關係必然地具有選擇性，讓人可按自身的取向，選擇自己的行為。麥克尼爾的研究指出，參與者需要了解合約對未來的意義。也就是說，參與者必須對合約的持續性關係特質有正確的認識和期望，因為只有當參與者明白合約的關係本質，其合約才能在未來約定的日子中，得以充分地實現或履行。麥克尼爾更認為，「兩個完全獨立、只追求利益最大化的個體之間的合約，並非合約而是戰爭」。[18] 關係合約理論嘗試掌握合約的關係特質，這些特質是在正式合約協議之外的。從法律觀點來看，合約的關係特質有四個核心命題：第一，每一項交易都是在複雜的關係網絡裏進行的；第二，我們必須考慮到所有正式和非正式的重要交易元素，才能充分了解一宗交易；第三，我們必須辨識所有和交易相關的關係和進程，才能有效地分析某宗交易；第四，這種處境化的合約關係分析，比起那些以正式協議為首要關注的進路，更能敏銳地洞悉合約關係。[19]

在確定合約的關係本質後，下一步就是要探討交易關係裏的行為及其所帶來的影響。這會涉及許多不同元素，例如：信任、合作、溝通、公義、平等、合一及互惠等。在不同的處境和組織動態中，這些元素都帶出不同的規範和文化。與關係合約理論比較，單單以利益最大化為目標的新古典合約，顯得過於簡單，即使是在最直接的個人買賣交易上，也是如此。正如費恩曼（Jay Feinman）指出，「除了追求最多財富以外，其他的價值都十分重要，就是在單一合約和市場交易中也是如此，因為那些非經濟及非市場層面的關係因素，瀰漫在市場交易之中」。[20] 參與者之間可能存在著一系列的其他元素，例如：強迫和依賴對方等。在新古典經濟學中，它假設交易雙方有平均的議價能力，但這往往並非事實。[21] 當應用於雇傭安排時，新古典經濟學模式並不會考慮到參與者的身分，也不會體會到雇傭關係的複雜程度。合約或許能夠有效地保障參與者的利益，以及提供正式和公平的協商條件。可是，一個純合約化的模式，卻把人與人之間的動態關係排拒於合約之外，至於人類關係的持續性特質，以及當中所牽涉到的不成文規範，更是完全不予理會，這些都是當一羣人一起工作時必然產生的複雜狀態。未來將會發生的事，往往都是無法預知的，因此，書面合約永遠無法完全涵蓋所有情況。[22]

制定關係合約理論，是為了促進合約參與者之間的關係，這些關係包括共同策劃、互信、合作和其他個人規範等。關係合約企圖涵蓋參與者之間的不成文條款，這是一種更有效地理解商業合約的工具。關係合約能夠辨識合約關係中某些長期持續性特質，例如，在長期的雇傭關係裏，無法估計的時限和不能量化的關係特質，使參與者在訂立合約時，無法準確地估計交易的價值。關係合約的提倡者意識到未來合約行為和管理機制的重要性，不可預知的事情也經常發生，因此我們必須不斷為這些無法預知的事情而更新合約條款。在建立關係合約的過程中，參與者可能藉著聯繫、互相依賴和幫助等，發展出友誼關係。與此同時，他們之間也可能出現紛爭和不滿。這些合約的關係元素是在文字條款以外的，可能出現合約中的隱性利益或虧損。由此可見，關係合約中的委身和合作比預期中複雜，也比單一交易裏的協商情況更為複雜。[23] 長期雇傭關係是典型的關係合約例子，當中包含顯性和隱性兩種關係特質，是一種同時蘊藏著量化經濟交易及非量化人類生活元素的關係。

所有雇傭合約都包括雇主和員工之間的基本關係特質，這是不能量化的。哈維德（Morten Hviid）認為，為關係合約下一個定義是不太可能的，因為我們無法完全把關係和非關係合約分開。由於關係特質和不能預期的事件，都無法涵括在一套規則之內，所以關係合約不可能完全按法律方式運作，而必須被視為法律內和法律外兩者的混合體，其中法律內的部分可按合約法執行，而法律外的部分則只能靠自我強制的方式執行。[24] 福克斯（Alan Fox）指出，為了使合約適用於商業機構，合約與傳統的主僕模式結合了。雖然在合約理論中，合約的本質和條文給予參與者公平和自由的酌情權，但當我們把法律應用於雇傭關係時，雇主在關係中的地位卻較高，其資源也較多，他們一般都擁有更大的強制性權力，所以合約中的酌情權實際上是把權力和控制權給了雇主。這就是說，主僕模式早已內存於雇傭合約之中，並給雇主一種必然的認可特權。這身分上的不平衡，把雇傭合約變成雇主訂立規則和行使裁量權的法律工具。再者，雇傭合約的長期持續特性，使我們無法把員工需要履行的責任完全記錄在合約之中。事實上，在一個特定的時間內，硬性規範所有雇傭權責條款根本是沒有可能的。因此，雇傭合約必然是一種需持續更新且有協商空間的合約。[25]

法律學者把雇傭合約中的協商空間，看為一種不完全的特質。這就是說，雇傭安排本身必然包含著一些自我強制執行的元素，是無法在書面合約中完全列出來的。學者因此繼續為這些長期關係建構出特殊的模範，他們以重複博弈（repeated games）的計算法來研究參與者基於信任和誠意的合作情況。哈維德發現，為了促使更有效的協商，我們可能需要讓長期持續性質的合約具有更多協商空間。[26] 在這一觀點上，伯恩海姆（B. Douglas Bernheim）和溫斯頓（Michael Winston）則認為，在一份設計完善的合約裏，「不完備」（incompleteness）乃是重要的特徵。他們的研究顯示，當一些能觀察到卻不能確認的行為有可能發生時，在釐定合約時，就應該保留一定的協商空間，以便處理不可預期的情況。[27] 合約的不完備程度，與經濟環境及其他不明朗因素有關。毫無疑問，我們不能期望任何合約機制可以涵蓋所有雇傭關係裏的元素，尤其是人性化的元素，且更無法量化計算或準確地顯明。非正式或隱性的安排，必定與正式的書面合約同時存在。

經濟學、法律學和商學界的學者，就非正式協議（informal agreement）這一議題已累積了一定的研究成果。[28] 麥克勞德（W. Bentley MacLeod）和馬爾科姆森（James M. Malcomson）分析了隱藏在雇傭合約中一系列不明顯的工資和業績成果。他們聚焦於某些有待協商的合約條款，例如：計件工資（piece-rate）、非正式的獎金。由於這些都是不能在法律上確認的數值，所以乃是屬於自我執行的隱性合約條款，相比起標準的「委託—代理模範」（principal-agent model），這個模範更能代表現實的雇傭合約。[29]

當我們通過重複博弈方法來建立模範時，麥克勞德和馬爾科姆森發現，這些合約可能出現許多不同的「完美平衡點」（perfect equilibria）。[30] 例如，在現實世界裏，職位空缺和失業情況可能同時出現。當重新協商的過程是選擇平衡點的準則之一時，這種就業不平衡的狀態就可望減低，但由就業帶來的利益平衡和分配仍然是含糊的。在建立某種模範時，也需要考慮到其他前設和外來因素所帶來的影響，最後結論是，平衡點的選擇主要視乎參與者對於就業機會、回報和結果的信念。這些決定性因素，都是在參與者的技術或利益考慮以外的。[31]

5.3 以重複博弈看雇傭合約

以關係合約分析雇傭安排這一進路，就是把雇傭關係視為一種在功能上互相依賴的關係。皮爾斯（David Pearce）和斯塔凱蒂（Ennio Stacchetti）提出一種重複代理模範（repeated agency model），企圖展示顯性和隱性合約的互動性。在這模範裏，代理人的行動是委託人可觀察到的，卻無法在法庭上認證。他們發現，參與者的最佳合作點，就是出現在他們同時使用顯性和隱性合約的時候。在標準的代理模範裏，最有效的超級博弈限制平衡點（constrained efficient equilibria of supergames）顯示，非正式的獎金制度會減少代理人作弊的意圖，令代理人的消費模式更能對應其薪金及報酬。[32] 在這些情況下，長期雇傭合約事實上是不斷更新的，雖然我們以為它是一項單一、預期的安排，但明文的合約協定，其實只是短期性的，其內容必須同時考慮到長期隱性內涵的安排，才能達成真正的長期約定。[33] 萊文（Jonathan Levin）研究企業的雇傭安排時，他試圖把企業與全體員工訂立的多邊整體關係合約，和企業與每位員工分別訂立的個人關係合約作出比較。他發現，個人關係合約讓企業較容易安排員工變動，但整體關係合約卻能強化企業與員工之間的隱性承諾，以致更能激勵員工的工作動力。[34] 這些研究結果，加深了我們對雇傭狀況中的功能性關係的理解，可是它們仍無法擺脫經濟學計算方式中那約化和量化的問題，以致這些觀察結果，只能靠著理性的自利前設和關係中的功能特性的推敲而得。

以重複博弈的方法建立關係合約模範時，我們需要加入一些參數（parameters）。在顯性合約裏，我們可以使用工時和工資等明確的數據。與此同時，雇傭合約中也包含隱性條款，如酌情獎金及質量評估等。在重複博弈模範裏，那威脅關係的元素可包括信任度、發放獎金的期望、工作的穩定度，以及員工的工作士氣等。在終止雇傭合約時，當中所涉及的遣散費和關係決裂，倒像博弈理論中囚徒困境（Prisoner's Dilemma）裏的「懲罰」一樣。為了進一步探討關係合約裏重複博弈在經濟行為上的應用，我們將會檢視囚徒困境這個廣泛被社會科學學科採用的例子。

在社會科學學科中，囚徒困境是一個很常見的例子，它常被用來建構經濟學理論中的策略行為。囚徒困境形容一個十分有趣的情況：當個人以自利作出理性決定時，參與者將會得到較差的利益。我們在這裏探討這個模範，是為了展示聖約觀念對經濟行為的回應，以及經濟學模範進路的限制。

在這個模範中，兩個犯了同一罪行的囚徒，分別被要求以認罪來縮減刑期。假如兩人都不認罪，由於入罪的證據不多，所以兩人都會被判較輕的刑期，大約一年左右。假如兩人都認罪，每人將各被判五年刑期。假如一名認罪但另一名不認罪，認罪的一方會被釋放，而不認罪的一方則會被重判十年刑期。兩名囚徒被囚禁在不同的牢房內，彼此不知道對方的決定。這就是說，在不知道對方怎樣決定時，如果認罪的話，對方認罪就會被判刑期五年，對方不認罪就會被釋放；如果不認罪的話，對方認罪就會被判刑期十年，對方不認罪就會被判刑期一年。這是一個簡單的「博弈」情況：無論另一名囚徒如何決定，認罪都是更佳的選擇。也就是說，不用判斷對方的行為或策略，就可以得出最佳的答案。在這簡單的自我利益最大化假設上，理應兩名囚徒都認罪，然後各被判五年刑期。結果，他們各自的理性行為與他們的共同利益發生衝突，因為如果他們合作，同時不認罪，每人只會被判一年刑期。

當囚徒困境的情況在現實生活中出現時，有些時候會出現合作的結果。由於出現這些合作的情況，社會科學家開始建構不同的模範，企圖展現真實生活裏所出現的情況，例如：在商業決定和雇傭協商中，不同的現象會產生怎樣的互動。互惠性的合作，在許多情況中都會出現，包括在違反合約時、政治協商時，以及在國際貿易中。在囚徒困境的重複博弈情況中，當參與者回應對方的決定時，以牙還牙（Tit for Tat）的策略很快就會出現。[35] 可是，從另一個角度來看，這並不是合作，而是一種理性的計算方式，是在計算未來的處境這個大前提下追求的自我利益。無論如何，這些研究肯定了人類行為總是如此般複雜，而合作的行為也可以是刻意培育出來的。[36]

囚徒困境簡單而有力地展示了降低市場交易效率的因素，這是一個有趣又實際的例子。個人利益最大化的總和，並不一定等於最大共同利益。當我們任由市場按照自然的規律運作和發展時，結果可能違反社會利益。作為一個政府施政者，史密斯也深明這個道理。塔洛克（Gordon Tullock）嘗試從史密斯的經濟理論系統，思量囚徒困境引申的意義。他指出，在市場競爭裏，參與者會為自己選擇合作對象，所以信譽顯得非常重要。在有多名參與者的囚徒困境裏，在重複博弈的同時，參與者將會獲悉其他參與者以往重複博弈的狀況，以及其倫理觀或承諾的兑現情況。因此，對參與者來説，每次博弈的抉擇和行動，都影響著將來的利益。作弊可能帶來單一次的利益，但市場競爭的參與者不會認為這是有利的，因為他們會長期逗留在市場中。他們最佳的答案是以合作為本，因為當他被其他參與者發現自己作弊時，其代價實在不可估量。這結果和上述的囚徒困境十分相似。當一個人轉換合作對象時，其博弈的歷史將會成為對方的一個重要參考。

塔洛克更把這情況和史密斯的「持續交易」理念串連起來。也就是說，市場參與者都知道交易是持續和長遠的，他們將會繼續在市場裏和其他人交易，因此，信譽會影響其長遠利益。這持續交易的狀態使人傾向合作，在市場行為中履行社會責任。[37] 為了管理市場中的合約，法律和規條是必需的。與此同時，我們也需要建立基本的聖約政治體系，以促進人類間的關係和合作，使人可以為共同福祉而努力。在工作的處境裏，當我們以重複博弈來展現雇傭關係時，我們假設了所有參與者都會理性地計算自己的利益，並按此作出選擇。所以，在這種經濟學模範裏所捕捉的關係層面，仍然停留在合約而不是聖約的階段。

經濟學家曾經把囚徒困境應用在許多不同的處境之中，萊賓斯坦（Harvey Leibenstein）發現，把生產看為一種囚徒困境的問題是十分有效的。他提到生產是一種互動的博弈，當中牽涉到許多相互依賴的因素，以及許多不同決策者的決定。這「生產博弈」裏的員工，都是在不完備的雇傭合約下受聘的。他們的薪金可以明確地列出來，但他們的努力程度卻難以量化。所以，企業的生產力有某部分是依靠員工的個人努力的。在大部分情況下，員工的努力程度一般都不會達致最高水平的。因此，萊賓斯坦的結論是，無形之手並不會帶來帕累托最優的結果。[38] 阿爾塞（M. Arce）、丹尼爾（G. Daniel）和桑德勒（Todd Sandler）發現，在他們的實驗裏，當他們向參與者提供多種不同的公共及私人誘因時，公共利益有助促進參與者在囚徒困境中重複博弈時的合作性。[39] 戴頓—約翰遜（Jeff Dayton-

Johnson）的研究顯示，在合作的行為出現以先，必須先具備一定的社會凝聚力，而這種社會凝聚力，則可通過資訊和合作準則而形成。[40] 合作準則減輕囚徒困境中效率偏低的問題，這些準則必須在市場倫理氣候及道德經濟文化關係中建立起來。

法蘭克（Robert Frank）把「自利模範」（self-interest model）和「委身模範」（commitment model）作一對比。在委身模範中，員工對雇傭合約有一定程度的委身。他認為，人類對人性本質的信念，能反過來塑造人性的本質，在物質利益方面的影響尤其顯著：

> 傳統的自利模範指出，關愛別人、作弊時感到罪疚、被定罪時意圖復仇，或在得不到公平對待時感到嫉妒的人，一般都會作出一些行為來減少其物質回報。可是，委身模範告訴我們，正因如此，他們可能會獲得某些機會主義者不會遇到的機會。在許多情況下，具備這種認知的人或社羣，比起那只認識自利傳統的，會作出更佳的選擇。[41]

法蘭克所倡議的模範，視情緒化傾向為道德行為背後的推動力。員工會在作弊時感到罪疚、被定罪時意圖復仇，以及受不公平對待時感到嫉妒，但他們卻不會因此影響其他員工，因為願意委身的員工是負責任和彼此合作的。結果顯示，委身模範需要一個適當的工作環境來加以維繫，以便推動適切的規範和文化。當員工之間的個人關係更密切時，在工作上彼此推卸責任的情況將會減少。持守道德規範和做正確的事，對員工來說可能要付出經濟代價，但大多數人都可以被培育，並作出委身的行動。[42] 當合作的規範和委身的承諾可以在聖約或合約處境中出現時，實質的無私合作和委身就形成真摯的契合關係——一種真正的聖約關係。這些聖約特質是可以通過教導而培養出來的。

囚徒困境在經濟學理論中被廣泛地引用，對於計算最佳儲蓄水平、稅收策略、資源分配等各方面都有所啟迪，這正顯示合作和委身的承諾，在很多真實生活處境中都是非常重要的。阿馬蒂亞·森（Amartya Sen）指出，這裏要探討的問題，其實是人在囚徒困境中所假設的事情。在以自利為理性準則的經濟學模範裏，我們假設參與者都是自私的，而在自私的情況下，我們決定合作，這也是基於理性計算的結果。另一方面，倘若參與者選擇不在這自利的狀態下合作，則又是基於另一套道德行為準則，而這亦是一些無法以理性量化的個人價值觀。[43] 當我們在這些互動模範裏加入外來因素，例如：持續不斷的關係、威脅、利益衝突等，就會出現許多不同的可能性。假如我們繼續將焦點放在經濟人其自利的前設上，這就表示，合作只是始於一種預先計算的風險，又或期望得到對方的回饋。這以自利為本的故事，可以繼續下去，並發展出許多社會問題和扭曲的狀況。另一方面，如果我們可以放下自利和理性這些前設，且擴闊我們的經濟學模範，將非理性行為、社會利益，甚至自我犧牲等人性美善納入考慮之列，我們的故事就會成為真正人性化的敘事，當中可容納那不彼此計算的關係連結。[44] 當然，這種做法或許與古典經濟人的自利觀念並不相符，卻更能真實地反映人類生活的關係。正如科爾蒂納（Adela Cortina）指出，囚徒困境和有關的博弈論，經常應用於有關公共利益的研究，但假如我們不按照人性化的因素考量甚麼才是最有價值的，並超越那些自利的博弈和計算方法，以認定人和行為在其本質上的意義，那麼，這些經濟學模範的設計，實在無法成功地在現實生活中踐行出來。[45]

在建構人與人之間的關係模範時，囚徒困境在其應用上也面對一定的限制。事實上，在經濟學模範裏觀察到的行為，不一定全然反映背後真實的人類關係和動機。吉爾伯特（Daniel Gilbert）質疑囚徒困境是否適切，他認為囚徒困境的核心假設，缺乏了對個人和企業之間長遠相互利益的考慮。[46]故此，當我們以囚徒困境作為人與人之間互動的模範時，就猶如把自己囚禁在某些限制之中。吉爾伯特從五方面質疑囚徒困境：委身、合作、信任、互利和背叛。首先，在囚徒困境的博弈中出現的委身觀念，和人與人之間的關係並不相同，因為這只是一個審慎的自我主義者的決定。其次，選擇在博弈中合作的人，正建立著某種持續性的信譽，但這信譽不一定對關係有建設性的。再者，對於不斷發展的關係，博弈本身並沒有考慮到互相建立信任，也沒有掌握到羣體方面的相互關係或共同利益。由於博弈的過程裏沒有提供關係的歷史，我們也很難確定離開的策略就是一種背叛。[47]吉爾伯特的觀察使我們更深入地了解到關係中的倫理問題，這些理解都是超越了以量化為主進路的。那五個問題，都直指囚徒困境對人性身分缺乏認同。在建構人與人之間的關係模範時，倘若希望帶來實際意義，就必須在它的前設中，認定人類彼此互動和建立關係的需要和本質，這是社羣建立在聖約觀念基礎上的大原則，在進行一切研究分析前必須得以確立。

在終末的恩典經綸裏，人與人之間的經濟合作，乃是一種以分享為主的恩約關係，當他們同樣落在囚徒困境時，便會以自我犧牲和無私的聖約關愛，持守著彼此之間的承諾。在聖約裏，完全的信任和委身形成真摯的關係，並確實地體現出互惠的目標。在這已然未然的現況裏，這是一種信念上的典範。可是，當落實在現今社會，我們便需要在聖約特質和合約法規之間取得平衡。可以說，在無條件的愛和經濟公義之間，兩基柱典範正正提供了這個平衡點。任何願意自我犧牲、以聖約待人的參與者，在理想情況下，他們理應信任別人會作出相同的回應。當面臨毀約的情況，從更新聖約的角度出發，參與者應重新評估眼前的處境，而不是馬上離開。在聖約的更新和公平公義的互動下，參與者在心靈關愛和理性評估之間自能作出適當的選擇。如此，參與者的決定根本無法以數字方式計算出來。對於社會科學家來說，這就是無法包含在模範裏的非理性抉擇。

社會科學家以囚徒困境作為模範的基礎，就是企圖模擬人類行為。其他和自利前設不同的合約模範，例如：「利他模範」（altruistic model）或「委身模範」等，事實上都是按照他們得出的結果來評估的。在聖約觀念下，人類關係本身的價值，包括信任和關愛等特質，都需要在評估結果時加以考慮。假如我們只把焦點放在達到即時經濟果效上，這些極為珍貴的人類特質很容易會被忽略，以致對社會產生長遠的負面影響，這些都是經濟學模範在評估上的不足。在一個重複的囚徒困境裏，當信任被破壞、關係隨之破裂時，社羣就分散了。在人類本性被罪扭曲的情況下，針對毀約問題的合約法和規範就顯得非常重要。但與此同時，人類必須在合約的規律中，持守聖約的關係特質，並嘗試強化那種把人類連繫在一起、真正高舉人類互動和合作的市場功能，以致經濟市場成為服事社羣的架構。

伯德（Robert Bird）列出三項雇傭安排上的關係合約規則：心理合約、公司信條和企業文化。第一項心理合約，就是雇員在雇傭關係中對權責的看法。這看法是個別雇員與整體企業之間的，但不一定代表企業的期望。它或許只浮現於個別員工的腦海裏，亦可能在雇傭關係的不同階段有所改變。當雇員認為自己的看法或期望未能得到滿足，心理合約就被毀壞了。第二項公司信條，就是企業制定的一套內部倫理規定，列明員工的行為準則。它一般都是有關誠信和商務行為的規定，要求員工依法、誠實、忠心和推動公平原則。第三項企業文化，就是一套融貫一致的目標和守則，影響著每個員工的價值觀和行為，並代表著企業的信念、價值、前設和標準。[48] 在這些經濟關係中，我們十分需要建立人與人之間美善的往來關係，以補足合約的限制和缺欠，在聖約特質與合約制度之間取得平衡。

5.4 雇傭安排的聖約進路

基督新教對工作的主流理解，主要由關於召命的教義開始，包括以工作來滿足肉身的需要，以及個人對上帝呼召的順服和回應。福里斯特（W. R. Forrester）認為，亞伯拉罕是第一個從上帝領受清晰召命的人。上帝吩咐亞伯拉罕離開本族，進入一趟朝聖之旅，與上帝建立個人關係，這是以色列民被揀選的起源。上帝通過聖約使以色列成為祂的選民，也就是這召命的觀念，讓以色列成為上帝聖約下的百姓。在這國度的召命裏，上帝保守以色列民得著祝福和平安，同時要求他們對上帝和其他人履行一些規定和責任。因此，相比於一般的工作觀念，舊約聖經裏召命觀念的視野則更為廣闊。[49] 可是，聖約也包含工作的羣體意義，在各人互相合作下的工作行為，也是聖約權責的一部分。這些聖約觀念和內涵，使工作的意義比一般世俗所理解的工作意義更為豐富。正如斯塔克豪斯（Max Stackhouse）所指：「對呼召更正確的理解，乃視之為社會聖約安排中的屬靈課題。把工作視為呼召的一個神學原因，是排除對生命狀況的一種既定和理所當然的、沒有道德責任也沒有出路的看法。在生活上，我們首要的責任，就是愛上帝和所有祂賜予我們的人，而不單單是愛『自然』。」[50]

在交易合約裏，員工的參與和貢獻僅限於提供功能性方面的技能和才華，以幫助履行合約目標，這很容易令參與者只關注一己的利益和期望。相對來說，關係合約有較大的協商空間，容許較多主觀抉擇和維持關係的空間。由於它建基於長期的公平性、權責和互惠準則，這些交易準則有助雇主和員工之間建立關係，而參與者則傾向關注雙方對這關係所作出的貢獻是否合理和公平。關係合約有助促進雇傭關係，因為當雇傭關係破裂時，它提供了一種最低限度的關係保障。可是，聖約關係卻更進一步推動健康的雇傭關係，使參與者的視線轉向互相委身和共同的價值觀，把焦點放在規範和道德承諾上，讓參與者能忠於一套共同的聖約價值，願意為共同利益而犧牲個人私利。所以，聖約的工作關係，也必然是最忠誠和長久的。[51]

工作的聖約進路，把工作置於管理和召命觀念之上。赫爾曼（Stewart Herman）把聖約定義為持續性的委身承諾，能經受那不能預期的外來因素的衝擊。當應用在雇傭處境時，聖約就是「管理層和員工建立互相問責的羣體的途徑。通過雙方的意願，他們訂立和實踐那指向共同目標的承諾，以及在權力運用上自我約束」。[52] 工作的聖約進路，包括承諾、尊重、企業人員的共同利益，以及對社會利益的考慮。這聖約觀念把工作置於人類生命中適當的位置，使它成為正面和富建設性的元素。

正如前文所說，雇主和員工在工作間會遇上許多不可預期的因素，例如：工作環境的改變，甚或不可預知的疾病引致未能完成工作。這些不可預知的因素，絕大部分都是不能控制的，其動機也無法估計，又或它們的出現是由外來的複雜情況造成的，可能使期望和目標產生變化。赫爾曼指出，雇主和雇員理應持續地按照其本身的能力與對方互動，並不斷重新釐定目標。在這互動的過程中，員工可能較重視工作的穩定性及工資水平，而雇主則期望促進生產力和控制成本。按照這些目標，雇傭關係中的參與者均可建構自己的策略，雇主也可由較為負面的權力壓迫，轉向正面地推動和鼓勵員工。

雇傭關係中的掙扎可以是無聲無息的，但卻會持續地發生，這可引致負面的衝突或推動正面的合作。在雇傭安排中，合約安排可以降低對不可預知的事的不安感，這也是參與者企圖阻塞合作漏洞的方法之一。[53] 合約條款就是為了減低不可預知的影響而設的，但由於雇傭關係其持續變化的特性，合約實在無法完全涵蓋所有不同處境。合約作為一種調停的工具，其本身不足以處理雇傭關係裏的複雜因素。以聖約來詮釋雇傭關係，幫助我們了解到參與者乃是聯合在一起、為企業的利益而共同努力。他們連結在一起，集合羣體力量，並不是為了抗爭，而是為了團結一致，為企業和整個羣體的利益共同努力。就如赫爾曼所說：「聖約倫理把管理層和員工連結起來，互相向對方表達關愛和公義……就是彼此尊重對方以道德為核心標準的行為。」[54]

在二○○二年的一項研究中，巴尼特（Tim Barnett）和舒伯特（Elizabeth Schubert）以一所大型零售商店的一百九十四名員工為研究對象，分析企業文化和聖約關係兩者之間的關係。他們把聖約關係定義為基於互相委身和共同價值觀的關係，而社會交易合約則是基於均平和公平的關係。與雇主建立聖約關係的員工，普遍認為自己得到企業的重視，而他亦同樣重視自己的企業。他們的研究結果，肯定了企業文化對於促進雇主和員工之間的聖約關係的重要性。也就是說，鼓勵和推動美善及高道德準則的企業環境，有助促進聖約關係。另一方面，那些傾向個人私利的文化，則會促成自利觀念。當企業只顧公司的營利和效率，這會為聖約關係的發展帶來負面影響。[55] 合約需要依賴聖約的元素，才能帶來人性化的經濟安排，以至利潤和效率可以在人性化特質的平衡和補足之下，為整體企業和員工帶來福祉。與此同時，聖約的特質也必須依靠合約的保障，以避免造成剝削和濫用關係的現象。

在聖約的雇傭關係裏，雇主不一定能夠為員工提供永久性的就業安排，卻可盡力維持及履行雇傭條款。員工也不一定可以承諾完全滿足及符合雇主的期望，卻可以承諾持守誠信，為企業的利益而盡力履行職責。聖約的連結是通過互相尊重而建立的，而信任則來自互相不佔對方便宜。在雇傭關係裏，聖約乃是非常實在和有益的，因為無論是否刻意，參與者在就業過程中都會經歷不可預知的變動，因而持續有所掙扎，並需要不斷更新承諾。[56] 所以，在雇傭關係裏，信任、尊重、誠信、關愛、公義、誠實和其他操守，都是必須存在的，它們是不可或缺的基本人性美善特質。

另一位聖約倡導者蒙特（Eric Jr. Mount）指出：「聖約建立了羣體的身分，並提供工作、崇拜和休息的職分，讓人委身於上帝的掌權及其涵蓋萬有的公義下。」[57] 可是，他也指出，在工作的處境中，聖約關係有可能會被扭曲，因而存在一定的危險。當權力和影響力失衡時，聖約可以演變成父權主義。當過分地依賴信任時，員工的利益可能會因管理方面缺乏透明度而受損。「忠心」、「隊工」和「員工發展」等字眼，也可因被濫用而引起衝突和欺壓。負面的工作文化，例如：過度競爭、沉迷工作等扭曲狀態，往往可以在追求聖約關係的名義下孕育出來，甚或形成某種威脅和壓迫感。健康的聖約羣體，理應鼓勵溝通和容許不同聲音存在，聖約的原意就是促進真誠的參與。一個以聖約為本的工作間，必須通過參與者之間的互相尊重和忠誠，超越那最基本的合約要求，以至顧及所有成員的利益，組成一個彼此合作互助的團隊，使企業——無論員工、領導層或整體運作——得以被建立起來。[58] 在這個過程中，合約是平衡聖約關係的重要工具，避免聖約的美善特質被扭曲及利用，並維護經濟秩序的正常運作，通過共同接納的一套法律權威來保障公平公義。

我們知道，人類在這個已然未然的世界裏，在未到達終末時間之先，仍然處於罪的墮落之中。所以，地上的工作間也必定依然是一個被罪扭曲的處境，在其中，人類的美善本質不免受虧損，這也是基督徒背負十架跟隨主所必定經歷的實況。斯格（Louke van Wensveen Siker）引用巴特（Karl Barth）對工作的看法，指出工作本身是一種包含著羣體交往和同胞之誼的社會行為。雖然當中的競爭是不必要的，但在現代資本主義的經濟環境中，卻無可避免。[59] 這就是說，完全的聖約關係，在地上固然暫時是不可能的，即使是兩基柱典範的實踐，也必然會面對許多限制和困難。要在聖約和合約之間取得平衡是絕不簡單的，兩基柱只能為參與者提供理念和對話的基礎，以促進聖約的規範和文化，並幫助參與者認識聖約和合約之間的互動關係。要具體釐定兩基柱之間的平衡點，還需要考慮許多因素，包括行業處境、工作環境、工種的本質等，無法一概而論，也沒有清楚簡單的答案；當我們企圖將問題簡化時，當中的人性本質就很容易會被約化和扭曲。通過分析聖約和合約特質在雇傭安排中的應用，以下將會展示兩基柱在雇傭關係中的進路和影響，這讓我們更清晰地了解聖約和合約兩者不同的角色與互動關係。

5.5 兩基柱在雇傭安排上的應用

5.5.1 進路

現代雇傭安排是根據法律合約而訂的，一般在工作開始前就會釐定書面合約。可是，這些書面安排並不包括非明文的雇傭條款。正如上文對不明文合約和關係合約的討論所述，法律學者非常清楚雇傭條款裏包括了可觀察但不可驗證的部分。這些不明文因素是雇傭安排的特質，顯示出這種關係本身不但具有功能特性，也具有很重要的關係特質。除了可觀察的條款外，雇傭關係更延伸至潛在而未經表達的理解，以及不能預期的因素，這些都在合約安排以外的。合約本身不足以包括所有以上的元素，因此其背後必須包括聖約的洞見。當聖約成為關係的基礎，與合約互相補足，便能促成一段互惠互利的雇傭關係。

5.5.2 雇傭形式及期限

合約本身的期限是相對地短或固定的，這點在上一章已經討論過。因此，以期限較短的合約來代表長期的雇傭合作關係，必定會有許多不足之處。合約可以在雙方完成合約條款，又或其中一方毀約賠償的情況下結束。從某個角度來看，讓參與者有中止合約的渠道，可以避免濫用和欺壓的情況出現，也可更靈活地轉換工作和改變企業架構，因此對於個人發展或商業決定來說都可能是有利的。但從另一個角度來看，當其中一方中止合約，則可能會損害雇傭關係，因為中止合約的條款，通常用作計算毀約的代價。假如我們只按照這些代價來處理雇傭關係，許多更具人性化價值的特質就會失落，變成只計算代價和期望回報這些被量化的利益考慮。在這種情況下，當預期的回報和期望並不相符，合約就不能維持健康的雇傭關係。

合約機制本身並不包含任何自我付出或長遠信任的動力，而是單靠參與者本身對聖約特質的敏銳度，以及依賴其自身作出行動，決定是否願意在這些情況下繼續維持雇傭關係。

建基於聖約的雇傭關係，乃是具有長久性和協商空間的，在其中，整個羣體一同努力，以達致共同的目標和利益，而不是單單計算個人益處。在合約中清晰地列明業績和回報的計算方法是有效的，但聖約的持續性特質及其協商空間，在雇傭安排中也是不容忽視的。通過雇傭之間的聖約，員工與企業的異象達成一致，並在互惠及忠誠的基礎上，與其他員工分擔和分享。合約在此就是為了保障參與者的利益，聖約則賦予參與者忠誠的身分和對企業的歸屬感，這種身分和信任度，對於處理困難和面對不能預期的因素有很大幫助。合約保障公平和有效率的結果，而聖約則促成關愛及忠誠的雇傭處境，兩者必須並存和互動，才能推動健康及平衡的職場文化。

5.5.3 雇傭結構及動機

雇傭安排由社羣中的合作關係而來，當中不同的參與者以其特定的技能付出勞力，以促進效率和達致互利的成果。要達成這些目標，必定牽涉到羣體分享和主動付出的聖約特質。因此，我們必須在雇傭安排裏保留這些重要的聖約元素，讓它們成為企業文化和規範的一部分，這樣才能促成健康的職場處境。書面的雇傭合約，使我們傾向按照合約中的工資和所需技能來計算員工的工作貢獻，在這過程中，個人的參與很容易變成非人性化的勞動交易。在不少企業的處境裏，按照雇傭合約的章則工作，就是一種名為「按章工作」的罷工方式。也就是說，在現實生活中，雇員的確對工作投放了比合約章則更多的個人委身和時間。工作態度和個人委身，都是員工就業安排裏重要的部分。明顯地，雇傭安排並非完全非人性化的，也不能完全由一個非人性化的交易市場模式來規範。

在史密斯的分工觀念裏，工作的動機和行為都是由自利所推動的。在自利的原則下，不同個體按自利的工作所得，結合起來組成合作的結果。史密斯把這種工作結構，視為人性和理性的自然產物。這情況並不是由合約或交易而來的，而是偶發性的個人自然取向。所以，史密斯告訴我們：「我們不能藉著肉販、啤酒商或麵包師傅的慈善之心而獲得免費晚餐，相反，我們必須訴諸於他們自身的利益。」[60]

史密斯的言論，假設了不同的人將會自然地按照自己的才華和能力工作，通過個人的努力，與其他人交易而照顧自己的生活所需。在雇傭安排裏，類似的分工在企業中同樣出現：員工賺取工資，然後在市場中購買日常生活所需。雖然史密斯並沒有把分工視為合約的一種安排，但合約的確促進了分工的觀念。在他的年代，史密斯曾慨歎分工受到當時的市場範圍所限制。[61] 但隨著合約法和商貿制度的出現，且經歷工業化、現代化和全球化的歷史發展，這種限制已不復再。自利的觀念通過合約機制自然地發展，但仍然不足以全面地照顧到個人及社會的共同利益。聖約觀念就是針對這失落了的部分，在顧及物質需要的同時，指向人的心靈所需。客觀和具原則性的交易方式，可以提供滿足物質需要的交換平台，但物質並不能完全滿足人的需要。聖約的工作環境鼓勵人主動地分享，且不會停留於一種僅僅依賴規條行事的環境，而是積極培育員工彼此之間的關心和照顧。合約法下的分工，鼓勵和推動生產效率；聖約裏的人性化特質，促進員工們全人和羣體的福祉，也造就員工和企業持守誠信。一個平衡的雇傭安排，就是這樣依靠合約及聖約同時並存、相輔相成地運作。

5.5.4 雇傭關係

我們在上一章已經探討過，社會產業和私人產業，對於個人來說是同樣重要的。這一點，對於員工來說尤其重要，因為工作間就是他們日常生活中逗留時間最長的地方。員工在企業裏工作時，是處於一個人際關係圈之內，企業提供了人與人之間合作和互動的平台，員工之間的關係質素，對於他們在工作上取得的滿足感，以及促進全人福祉都十分重要。人際關係的合約層面，把我們的注意力集中在利益上，而聖約的特質則提醒我們要彼此互惠和付出。這些元素並不是互相衝突的，聖約所引申的互惠和付出精神，乃是和諧和合作的基礎，而因著合約同時存在，參與者的利益也受到一定的保障，以至當企業達到目標時，員工也能共享成果。所以，合約和聖約兩者對雇傭關係都是有利的，也是必需的。

許多在純合約關係中出現的雇傭問題，都可以通過聖約特質來加以舒緩。假如當雇傭關係只建基於合約，各人均以自利為出發點，這就很容易會帶來不安感，結果令雙方的關係失衡，使員工處於權力、威迫和恐懼之中。這些不利的情況，甚至反過來破壞合約其保障互惠互利的關係的原意。聖約把參與者的焦點，轉向共同利益和彼此相愛的關係上，並提醒我們必須著重關係裏的結連性和安全感。雖然這些特質是無法計算或量度的，但它們對個人及企業的整體運作卻十分重要。良好的雇傭關係可以提升員工士氣，促進生產效率，並達致更廣泛的共同利益。對企業有歸屬感的員工，將會為他的工作感到驕傲，並竭力為企業的目標而委身。合約使他們尊重規則和秩序，聖約則使他們彼此尊重；合約為工作訂定權責，聖約則使員工之間彼此負責。這些都是有利於工作間的運作的，而且也是必需的特質。在兩基柱典範裏，分享和收取就是這樣地互動，這將建立一個健康的羣體，讓參與者在其中工作和分享成果。

5.5.5 雇傭之間的權威基礎

雇主和員工之間存在一種權力架構的關係，這關係包含著命令與服從，因而必定是一種不平衡的權力關係。在新約聖經中，使徒保羅教導信徒對主人或雇主要尊重、誠實和聽從，而對奴僕或雇員也是按此大原則，不可以威嚇他們（弗六5～9）。無論是按照合約或聖約的原則，我們都需要有一種權威的根據，在不可預期的事件發生時排難解紛。在一個純聖約的處境，參與者依賴神聖秩序和羣體規範來管理關係。但由於信徒和非信徒在現代的工作處境及社會裏共同生活，而且彼此之間是平等的，所以不能把神聖法則加諸所有人身上。在此，在政制的管治權威下，合約條款為社羣裏的信徒和非信徒提供了重要的共同權威根據。

在合約安排裏，那些具權威性的法律和規條會很清晰地列出來，它們成為個人行為及企業決定的準則。政府的權威管治和行政機構守則，都是用來保障社會秩序的，當中包括社會中的雇傭結構。可是，這不代表我們可以忽視聖約的元素。在這個法規的權威上，雇傭關係中的聖約特質，進一步把員工視為道德個體，讓他們為自己的行為負責。作為自由抉擇的個體，參與者在雇傭安排中以誠實和負責任的態度彼此尊重。這裏的權威基礎，不是來自權力或壓迫，而是互相結連的關係、委身和信任，這些都是人與人之間相處時不可或缺的元素。當聖約的特質與法律和規條並存，便能全面地保障和管理雇傭之間的關係。

5.5.6 雇傭過程及結果

在合約化的勞工市場裏，我們把工作約化成工時，再以工時換取金錢回報，工作就似乎變成了一項商品。當勞工市場形成後，勞工價格成為了工資的單位，至於在市場中被商品化的勞力，則成為市場競爭中的某種算式，而工資也由市場競爭和供求所調節。因此，雇傭過程中的彼此委身和承諾，由條款和議價能力取代了。假如我們單靠合約來聘請員工，在這種不斷為自利而協商及議價的過程裏，很容易就會失落當中的合作關係和共同目標。兩基柱典範提醒我們，在聘請員工的過程中，必須注重聖約的特質，讓員工和企業都能夠超越自利的計算，這樣，雇傭安排才具有真正的意義。工作質素和員工的滿足感，不單來自工作的本質或生產結果，也是從團隊關係和合作精神而來的。在這方面，聖約的進路為我們提供了一些洞見，以維持雇傭關係中的果效和人性化要求，因而促進員工的生產效率。

在法律學和商業學的研究中，心理合約的觀念提醒我們，招聘過程對員工的個人想法尤具影響力，因為員工對雇傭安排的期望，就是在這個過程中形成的。聖約的委身和承諾，使雇主和員工的期望達成一致，並指向共同的目標。另一方面，基於回報的純合約進路的安排，需要雙方不斷重新考慮風險和果效，這些計算方式實際上是降低生產效益的。例如：當我們需要依賴管治或審核來確認果效時，便將會延長生產時間及增加成本。在一個具備聖約基礎的環境裏，我們可以減少審核和確認的需要，把資源用在提高生產效益和提升產品質素。

5.5.7 雇傭道德觀

在企業裏，員工並不單是一種生產工具，而是自由地參與在生產過程中，並在過程中不斷作出決定，繼而持續地影響著企業的整體利益。與此同時，雇主也得依賴員工們誠實和有效地完成自己的工作。這些不明文要求，在工作間則有賴員工以道德誠信來實踐。另一方面，員工亦需要信任及依賴雇主的道德誠信，並且相信企業以一定程度的誠信和操守進行商業活動。當市場把勞工看為一種商品時，它就失去促進道德操守的動力。

除了那些會影響到自利果效的倫理議題外，市場的思維一般不會考慮到道德操守或倫理行為的長遠影響。可是，我們知道，倘若工作中的決定和行為失去某種道德考慮，這將會產生許多不良後果。例如：當信任和委身失落了，員工最終將會離職收場。招聘新員工不但耗費和需時，而且新員工的適應和公司施予培訓的過程，也會減低整體生產效率。當不明文的倫理標準失卻其影響力，產品或服務質素很可能也會因而下降，導致企業需要花更多時間和成本，訂立更多明文規定的操守指引，以維持工作間的誠信。當我們企圖以書面合約或企業章則，去取代個人在倫理抉擇上的判斷時，員工的道德思考能力便會日漸減弱，甚至引發他們在規條之間尋找漏洞，最終完全失落聖約所強調的自主性和委身承諾。由此可見，我們極需要建立那建基於聖約特質的企業文化，讓員工們具備道德規範和倫理思考的能力，無論在員工個人或企業整體的層面上，都能自發地持守誠信，一起為共同利益和目標而努力。

5.5.8 整體影響

當應用在長期雇傭安排上時，兩基柱典範告訴我們，合約和聖約必須一同運作，以確保雇傭安排中雙方關係和利益均取得平衡。我們需要保障和照顧員工的個人利益，同時讓他們置身於一個培育羣體關係和全人福祉的工作間。雇主需要信任員工，把適當的企業資源和目標交給他們，並藉著團隊的忠誠和委身以作回應。企業整體固然是以生產和利潤為目標，但同時也需要促進員工之間和諧地彼此合作。這種羣體關係需要持續性和長久性，因而也需要由一套整全的聖約觀念來推動，而不是藉片面的道德倫理解說而達成。

要在合約和聖約之間保持健康的平衡，管理層必須把一些資源投放在兩基柱中的聖約特質上。因為，合約安排已經有它明文的條款和規定，當中的利益計算也十分清晰，很容易成為我們追求的目標。反之，聖約的特質很容易會在合約安排中被遺忘。那慣於合約計算法的文化和思考方式，需要以推動聖約價值觀的文化來補充，好讓企業能培育不明文的人性化美善。要作出這樣的安排，首先我們需要由上而下的聖約領導，即由雇主通過管理層傳遞至員工身上，成為企業價值觀並形成企業文化。我們更需要持續地培育參與者重視聖約特質，以聖約價值觀作為企業的精神支柱。

驟眼看來，許多聖約元素都似乎是很基本的東西，每個人都應該明白，但實際生活的情況卻不盡然。聖約觀念在社會和商業倫理中沿用已久，但在實際處境中卻經常被忽略。帕瓦（Moses Pava）認為，聖約化企業需要聖約化的領導。他這樣說，是指到企業需要著重協商空間和長遠性的特質，以及對個人誠信的尊重。保持協商空間，就是擁抱雙方在互惠和權責間的不明朗因素，並不以明文合約條款為絕對的判斷準則。這種關係也因此沒有某種時間限制，並以尊重和信任個人自由為根據，這保障參與者的誠信及其獨立自主空間。這種行為秩序背後，蘊含著人類其基本自由的前設，因而也培育著工作處境裏的美善關係。[62] 企業的行政人員需要和員工彼此配合，在工作間推動聖約化的氣氛，鼓勵坦誠開放、主動參與和互相尊重。

從管理學的進路出發，上述所提及的就是建立隊工的觀念，即重視正面工作關係的價值，以及關注工作間的羣體意識。這些觀念須要進一步發展和應用，藉以在職場中建立穩固的聖約根基。

另一個重視羣體意識的例子，就是有關企業章則對促進一個健康和具倫理操守的工作間的重要性。考德威爾（Cam Caldwell）和卡里（Ranjan Karri）的研究展示了一個從「管家理論」（stewardship theory）和聖約關係特質建構而成的框架。他們認為，從聖約進路設計的企業章則，對建立信任是最有果效的。在研究過程中，他們把聖約關係當作一種特殊的關係合約，以便和一般合約安排作出對比。結果發現，通過一般合約機制所訂下的審核或監控方式，在缺乏聖約觀念的情況下很難建立信任關係。在這一方面，「管家模式」（stewardship model）比「代理模式」（agency model）更為優勝，因為這個模式會考慮和尊重所有參與者在關係中的權責。管家模式的聖約進路，包含個人及企業其內在反省的能力，也從企業的角度反思外在環境的影響。這進路與傳統管理學的一些觀念是一致的，包括認為企業責任是多方面的，它的決策牽涉到對不同社會及經濟層面的考慮。聖約模式為企業提供面對外來變化的處理能力，有助對應各種不可預期的因素的道德思考能力和企業文化，長遠地有助企業發展和增長。[63]

在雇傭安排的應用上，兩基柱典範正視了工作的意義，即把它由勞動的功能性層面，擴闊到包括工作本身蘊含的豐富內涵。在巴特的神學裏，工作的定義廣泛地包括所有人類的活動。在人類面向創造主的自由活動裏，宇宙萬物顯明它是由創造秩序維繫和管治的，當中展示了豐富的天然資源，但亦包括了一些規律和限制。在這宇宙萬物的領域中，人類進行其工作活動，這是為了服事那已然未然的上帝國度，在上帝的國度下，我們宣示自己作為被造之物——人類——而存在。正因如此，人的工作在創造主所賜的宇宙規律裏，通過和宇宙秩序一致的活動而得以成就。所以，我們並不能幫助造物主做甚麼工作，而是按照上帝在創造裏宣告的誡律而工作，使工作成為一種簡單的、順服上帝旨意的行為。

這種看法提醒我們，人是被造之物，並具備必然的羣體關係特質。通過工作這必然的活動，人類彼此合作並成就自己的存有。我們工作的最基本動力就是賺取每天的飲食，這活動也必須在羣體關係中完成，而且那個目標應是真正的生活所需，而不是過度的慾望和渴求。還有，在特定的條件、工作環境和有限的工作能力裏，我們都會面對限制。這就是說，工作是有限制的，必須在一些特定的條件下，才能保持健康的發展。例如：工作必須被安息的誡律精神所限制，才令它不致被扭曲。與此同時，工作也是對生命的一種正面肯定，是所有人日常生活的基礎，支持著社會整體的運作。[64] 工作可以是有金錢回報的，但也可以是不牽涉金錢的活動，其過程及結果對參與者來說都是很有價值的。正如米克斯（M. Douglas Meeks）所言，我們需要擴闊工作的定義，以包含所有聖約社羣裏的活動：

> 工作的全面意義，是積極地參與在羣體和社會的過程。全新的工作定義，需要超越只把工作形容為生產、賺取工資、商務或專業的層面。當我們把工作限制在這些定義裏，工作更廣泛的層面、那些社羣實際生活的部分，就被隱藏或壓抑了。除非我們包括再造或更新的工作，否則會對工作下了錯誤的定義。這包括各種類型的家庭和社會服務。工作的價值，在於增強人與人之間，以及人與上帝之間的關係。[65]

5.6 其他應用及關注

上文以長期雇傭安排為例，展示了聖約和合約的互動和相輔相成的關係。我們把兩項觀念分開論述，並不是企圖把兩者分割，而是為了顯示兩種觀念的特質和影響，以至我們可以明白，無論是聖約或合約的單一應用，對經濟活動或社會整體來說，都是不利和不適當的。兩基柱中的許多元素：固定與不固定時限、非人化與人性化結構、個人與共同利益、機制與個人決策、協議與委身、個人倫理與文化規則等，無論在特定或轉變中的環境裏，都是緊密地相連和持續地作出互動的。所以，我們需要對聖約和合約兩者有透徹的理解，好讓我們能在經濟活動中適切地使用這些觀念，維持一個客觀而平衡的經濟秩序，照顧社會中不同羣體的需要，並考慮到人類長遠的整體利益。

這一章所提供的例子，能幫助我們認識兩基柱典範對工作安排的應用和洞見。當我們把兩基柱典範應用在一個特定的雇傭安排時，我們還需要檢視該項工作的本質及處境的特殊性。這些考慮包括：行業特質、工作性質、技能要求、企業架構、管理方式、工資結構，以及工作環境等。在任何特定的處境中，只要我們對聖約和合約的特質保持敏銳和關注，便能有助作出平衡的工作安排，並把參與者的視野投向更長遠的互惠關係。尤其是在服務行業裏，那些對人類生活有直接影響的工作，例如：醫護、教師、社工等，參與者更需要在工作中重視和履行聖約觀念。[66] 在任何一個機構中，聖約觀念在企業結構、管理和建立隊工等各方面，都能提供適切的洞見和提醒。

在現今的市場裏，有許多不同形式的雇傭安排。在利益掛帥的大前提下，雇主和員工之間經常出現非持續性的工作安排、超時工作、短期或有限期的合約，又或短工時的半職安排等。我們需要分析這些安排對於員工個人、家庭及社會的影響，而不是只按照生產或企業需求，隨意把勞動力視為商品。[67]短期的雇傭合約，為員工與企業之間留有續約與否的空間，但卻會形成不明朗因素，甚至會影響到員工關係、工作質素及生產效率等。進一步來看，雇傭關係或企業處境中所出現的其他問題，例如：失業及冗員等問題，都可以通過兩基柱典範加以分析，從而考慮到個人、企業及社會各層面的影響，以便找出較為理想的處理方法。基本的聖約考慮提醒我們，從社會和企業的層面，我們都需要加強對個人及家庭的照顧，以建立更整全的羣體與合作關係，包括重視人類工作的需要，以及羣體的共融性，例如：幫助失業人士過渡、為有需要的家庭提供福利等，目的不但是為了解決社會問題，更是為了加強社羣中互助互惠的觀念。[68]

總的來説，兩基柱典範是一個分析工具及框架，用以觀察和分析指定的經濟活動。雇傭安排只是現今經濟市場裏的其中一環，其他領域還可包括產權處理、資本投放、儲蓄安排、財務交易、國際商貿等。在任何市場領域裏，合約安排都需要聖約的基礎來加以輔助及補足。正如在雇傭安排的例子裏，單靠雇傭合約並不能完全涵蓋所有對個人或企業有益的元素。合約可以保障參與者的利益，但在缺乏聖約基礎的情況下，卻可以扭曲成壓迫和剝削。因此，為了保障共同利益和羣體福祉，合約和聖約兩者都是不可或缺的。當然，我們無法在已然未然的地上，找到完美的經濟秩序。因此，我們也必須承認兩基柱典範本身也必定有其限制，並且按照人類的罪性和限制，在應用上也有可能會被扭曲。再者，由於兩基柱典範的精髓在於其不能量化的人性美善特質，它的影響力和果效也是很難量度的。

在不同的經濟環境和問題性質之中，聖約和合約之間會產生不同程度的互動，因此，我們必須細心探究和謹慎地應用。

註釋

1. 有關物質主義和自然主義的定義和限制，參 Paul K. Moser, "Human Persons: Their Nature, Faith, and Function," *Ex Auditu* 13 (1997): 17～36。
2. Victor P. Goldberg, "A Relational Exchange Perspective on the Employment Relationship," in *Firms, Organization and Labour: Approaches to the Economics of Work Organization*, ed. Frank H. Stephen (London: Macmillian, 1984), 129.
3. Pope Leo XIII, "Rerum Novarum," *Encyclical Letter* (1891): par. 9.
4. Pope Leo XIII, "Rerum Novarum," par. 14～32.
5. Pope John Paul II, "Laborem Exercens," *Encyclical Letter* (1981): par. 1～3.
6. M. Douglas Meeks, "Being Human in the Market Society," *Quarterly Review* 21 (2001): 254～258.
7. M. Douglas Meeks, *God the Economist: The Doctrine of God and Political Economy* (Minneapolis, MN: Fortress Press, 1989), 127.
8. Meeks, *God the Economist*, 132～143.
9. Darrell Cosden, *A Theology of Work: Work and the New Creation* (Cumbria: Paternoster, 2004), 10～12.
10. Meeks, "Being Human in the Market Society," 219～229.
11. Timothy L. Smith, "Work and Human Worth," *Christian Century* 84 (1967): 1094～1096.
12. Meeks, "Being Human in the Market Society," 258～259.
13. Denise M. Rousseau, "Psychological and Implied Contracts in Organizations," *Employee Responsibilities and Rights Journal* 2 (1989): 123.
14. 在企業行為的研究裏，從上世紀六十年代起就已經出現有關心理合約的研究。關於雇傭關係在心理合約下的四個階段，心理合約的歷史發展及特質等等，參 Robert C. Bird, "Employment as a Relational Contract," *University of Pennsylvania Journal of Labor and Employment Law* 8 (2005):154～158,

165～170。

15. 雖然影響合約安排的心理或隱性考慮，在企業研究中已經發展了許多年，但在經濟模式裏卻鮮有這些研究。直到它們以新的合約結構形式出現時，才被經濟學家以另一些數學方法作出分析。這些方法嘗試在以往的交易模範中，加入不同的關係互動形態，參 Rousseau, "Psychological and Implied Contracts in Organizations," 121～139。除了在經濟學模範中作出分析外，在法律、商業和心理學系的學者，也開始研究這些理念。
16. 納什均衡（Nash equilibrium）是一種把自我實施協議（self-enforcing agreement）形式化的方法，以至參與者即使在沒有法律約束下，仍保持履行合約的動力。換言之，它是對參與者間失去互信時如何以互惠形式繼續行動的一種理解。這種想法並不假設對方作無條件的付出，因為只有在認為對方將會履行合約的大前提上，合約的一方才會繼續完成合約。參 Clive Bull, "The Existence of Self-Enforcing Implicit Contracts," *The Quarterly Journal of Economics* 102 (1987): 149。
17. Bull, "The Existence of Self-Enforcing Implicit Contracts," 147～159.
18. Ian R. Macneil, *The New Social Contract: An Inquiry into Modern Contractual Relations* (New Haven, CT: Yale University Press, 1980), 1～4.
19. Linda Mulcahy and John Tillotson, *Contract Law in Perspective* (London: Cavendish Publishing, 2004), 49～50.
20. Jay M. Feinman, "Significance of Contract Theory," *University of Cincinnati Law Review* 58 (1990): 1302.
21. 例如，朱迪思．布勞（Judith Blau）指出，工資合約的本質基本上就是不平等的。工人沒有其他選擇，只能出售自己的勞動力，使他們處於可能被剝削的弱勢。因此社會合約和工資合約經常有互相矛盾的情況。參 Judith R. Blau, *Social Contracts and Economic Markets* (New York, NY: Plenum Press, 1993), 81～83。
22. Bird, "Employment as a Relational Contract," 163～164.
23. Bird, "Employment as a Relational Contract," 152～154.
24. Morten Hviid, "Long-Term Contracts and Relational Contracts," in *Encyclopedia of Law and Economics*, ed. Boudewijn Bouckaert and Gerrit de Geest (Cheltenham: 2000), III: 58～59.
25. Alan Fox, *Beyond Contract: Work, Power and Trust Relations* (London: Faber,

1974),186 ~ 190.

26. Morten Hviid, "Relational Contracts, Repeated Interaction and Contract Modification," *European Journal of Law and Economics* 5 (1998): 179 ~ 194.

27. B. Douglas Bernheim and Michael D. Whinston, "Incomplete Contracts and Stategic Ambiguity," *American Economic Review* 88 (1998): 902 ~ 932.

28. 許多企業行為學者都曾深入探討企業裏的非正式協議觀念，其中包括巴納德（Cherster Barnard）、彼得．布勞（Peter Blau）、古爾德納（Alvin Gouldner）、塞爾茲尼克（Philip Selznick）、西蒙（Herbert Simon）等。有關非正式協議對關係合約和企業的重要，參 George Baker, Robert Gibbons and Kevin J. Murphy, "Relational Contracts and the Theory of the Firm," *The Quarterly Journal of Economics* 117 (2002): 39 ~ 40。

29. 在「委託—代理模範」(principal-agent model) 中，委託人可以是個人或一羣人，他 (們) 聘用其他人，以達成委託人的目標。代理人也是個人或羣體，他 (們) 受聘以達成委託人的目標。在委託—代理的關係裏，出現一個低效率的經濟學問題，就是當各參與者的策略不變時，代理人的個人目標將會減低委託人的利益。標準委託—代理模範是按照代理人的勞力、效益、議價能力、工資、雙方的風險承擔能力等因素而建構的。因此，自我執行的隱性合約假設更高程度的信任、合作，以及參與者對不明文條款的理解。參 Don E. Waldman, *Microeconomics* (Boston, MA: Pearson Addison Wesley, 2004), 568 ~ 572。

30. 在博弈論中，平衡點是一個包含所有參與者最佳策略後的策略組合。完美平衡點必須同時乎合另一個「信譽限制」(credibility restriction) 的要求，就是參與者對偏離平衡點的情況下的反應，必須預設其他參與者的策略是不變的，而當中的「子博弈」(subgame) 也必須處於平衡狀態。Waldman, *Microeconomics*, 352 ~ 358。

31. W. Bentley MacLeod and James M. Malcomson, "Implicit Contracts, Incentive Compatibility, and Involuntary Unemployment," *Econometrica* 57 (1989): 447 ~ 480.

32. 最有效的超級博弈限制平衡點（constrained efficient equilibria of supergames），就是在資訊不完備及其他不可預期的因素下，可以達成的最佳平衡點。

33. David G. Pearce and Ennio Stacchetti, "The Interaction of Implicit and

Explicit Contracts in Repeated Agency," *Games and Economic Behavior* 23 (1998): 75 ~ 96.

34. Jonathan Levin, "Multilateral Contracting and the Employment Relationship," *The Quarterly Journal of Economics* 117 (2002): 1073 ~ 1103.

35. 有關囚徒困境(Prisoner's Dilemma)和以牙還牙(Tit for Tat)答案的討論，參 Robert Axelrod, *The Evolution of Cooperation* (London: Penguin, 1990), 21 ~ 86。

36. David Warsh, "How Selfish Are People—Really?" *Harvard Business Review* May ~ Jun (1989): 26 ~ 34.

37. Gordon Tullock, "Adam Smith and the Prisoners' Dilemma," *The Quarterly Journal of Economics* 100 (1985): 1073 ~ 1081.

38. Harvey Leibenstein, "The Prisoner's Dilemma in the Invisible Hand: An Analysis of Intrafirm Productivity," *American Economic Review* 72, no. 2 (1982): 92 ~ 97.

39. M. Arce, G. Daniel and Todd Sandler, "The Dilemma of the Prisoner's Dilemmas," *Kyklos* 58 (2005): 3 ~ 24.

40. Jeff Dayton-Johnson, "Knitted Warmth: The Simple Analytics of Social Cohesion," *The Journal of Socio-Economics* 32 (2003): 623 ~ 645.

41. Robert H. Frank, "Beyond Self-Interest," *Challenge* Mar ~ Apr (1989): 8.

42. Frank, "Beyond Self-Interest," 4 ~ 13.

43. Amartya Sen, *Choice, Welfare and Measurement* (Oxford: Basil Blackwell, 1982), 65.

44. 正如阿克塞爾羅德(Robert Axelrod)的研究發現，參與者之間的合作，可以從小部分人有機會作出互動來開始。參 Axelrod, *The Evolution of Cooperation*, 21。

45. Adela Cortina, *Covenant and Contract: Politics, Ethics and Religion* (Leuven: Peeters, 2003), 17.

46. Daniel R. Jr. Gilbert, "The Prisoner's Dilemma and the Prisoners of the Prisoner's Dilemma," *Business Ethics Quarterly* 6 (1996): 165.

47. Gilbert, "The Prisoner's Dilemma and the Prisoners of the Prisoner's Dilemma," 169 ~ 170.

48. Bird, "Employment as a Relational Contract," 170 ~ 180.

49. W. R. Forrester, *Christian Vocation: Studies in Faith and Work* (London:

Lutterworth, 1951), 23～27.

50. Max L. Stackhouse, *Covenant and Commitments: Faith, Family, and Economic Life* (Louisville, KY: Westminster John Knox Press, 1997), 69.
51. Tim Barnett and Elizabeth Schubert, "Perceptions of the Ethical Work Climate and Covenantal Relationships," *Journal of Business Ethics* 36 (2002):280～281.
52. Stewart W. Herman, *Durable Goods: A Covenantal Ethic for Management and Employees* (Notre Dame: University of Notre Dame Press, 1997), 4.
53. Herman, *Durable Goods*, 34～39.
54. Herman, *Durable Goods*, 99～100.
55. Barnett and Schubert, "Perceptions of the Ethical Work Climate and Covenantal Relationships," 279～290.
56. Herman, *Durable Goods*, 39～40.
57. Eric Jr. Mount, *Covenant, Community and the Common Good: An Interpretation of Christian Ethics* (Cleveland, OH: The Pilgrim Press, 1999), 82.
58. Mount, *Covenant, Community and the Common Good*, 85～86.
59. 有關巴特（Karl Barth）神學在工作倫理方面的應用，參 Louke van Wensveen Siker, "An Unlikely Dialogue: Barth and Business Ethicists on Human Work," *Annual of the Society of Christian Ethics* (1989): 131～145。
60. Adam Smith, *An Inquiry into the Nature and Causes of the Wealth of Nations* (Indianapolis, IN: Liberty Press, 1981), I: 27.
61. 亞當．史密斯（Adam Smith）以他書中一整章的篇幅，來討論市場限制為分工帶來的限制。參 Smith, *An Inquiry into the Nature and Causes of the Wealth of Nations*, I: 30～36。
62. Moses L. Pava, "The Many Paths to Covenantal Leadership: Traditional Resources for Contemporary Business," *Journal of Business Ethics* 29 (2001): 85～93.
63. Cam Caldwell and Ranjan Karri, "Organizational Governance and Ethical Systems: A Covenantal Approach to Building Trust," *Journal of Business Ethics* 58 (2005): 249～259.
64. Karl Barth, *Church Dogmatics* (Edinburgh: T & T Clark, 1958), III/4: 516～551.
65. Meeks, *God the Economist*, 154.
66. 有關聖約觀念在醫療專業裏的貢獻，例如在醫療倫理和照顧病者方面的應用，參 Joseph J. Fins, "From Contract to Covenant in Advance Care Planning," *Journal of Law, Medicine and Ethics* 27 (1999): 46～51；William F. May, "Code, Covenant, Contract, or Philanthropy," *The Hastings Center Report* 5, no. 6 (1975): 29～38 和 Lesa W. Lawrence, et al., "A Study of the Pharmacist-Patient Relationship: Covenant or Contract?" *Journal of Pharmaceutical Marketing and Management* 9, no. 3 (1995): 21～40。

67. 有關社會學對非標準雇傭關係的研究概覽，參 Arne L. Kalleberg, "Nonstandard Employment Relations: Part-time, Temporary and Contract Work," *Annual Review of Sociology* 26 (2000): 341～365。

68. 有關雇傭關係和形式的改變，以及不同可行性的研究，參 David Marsden, "The 'Network Economy' and Models of the Employment Contract," *British Journal of Industrial Relations* 42 (2004): 659～684 和 Kenneth R. Brousseau, et al., "Career Pandemonium: Realigning Organizations and Individuals," *Academy of Management Executives* 10, no. 4 (1996): 52～66。

第6章
神學與經濟學的對話

6.1 市場主題：史密斯的自利和共感系統

6.2 市場限制：以經濟進路探討人類行為

6.3 市場前設：經濟學模式和最大化效益

6.4 市場道德倫理與共同利益

6.5 市場規範：政府的角色和政策

6.6 兩基柱持續地為市場作出平衡

在這一章，我們將會以兩基柱典範與經濟學對話，以回應這門學科的進路和前設。首先，我們會回到經濟學之父亞當．史密斯（Adam Smith）的論述，從他所建立的系統出發，並按照這經濟學的根源推論其影響。之後，我們會回到現代經濟學，看看諾貝爾獎得主、將經濟學應用在社會行為上的先鋒貝克爾（Gary Becker）的言論。我們也會探討部分女權主義經濟學家的看法，他們嘗試超越基本經濟學理論和計量經濟學，重新檢視經濟學的進路及其他應用。最後，我們會簡單討論市場倫理與經濟政策的議題。在這些討論中，兩基柱典範將進入公共領域，為公共空間提供另類的洞見和選擇，以致我們可以在現代經濟市場中作出更佳的抉擇和決定。

我們將會發現，史密斯的「市場主題」（market motif），乃是從一種「自發秩序」（spontaneous order）的世界觀而來的，與聖約的啟示及關係秩序截然不同。由於該經濟秩序是以非人化的合約模式為本，而沒有刻意關注到人性美善的特質，因此，史密斯的市場主題欠缺了對人類本性和羣體的前設。與此同時，隨著經濟學學科的演進，經濟學模式的應用更超越了市場交易的範圍，被進一步應用於與市場交易無關的人類行為中，以致這些重要的人類價值被貶低了。為了重尋和促進市場中的人性美善，我們必須明瞭市場本身的限制，並竭力實踐聖約的特質，以建構平衡的市場活動。就著我們對市場倫理和經濟決策方面的反省，也是如此。要維持一個健康的經濟市場，我們需要不斷地在聖約和合約觀念之間取得平衡。

6.1 市場主題：史密斯的自利和共感系統

現代市場的形成及其複雜性，乃是人類歷史進程中持續改變和發展的結果，受社會和市場參與者有意或無意的決定所影響。經濟學不但由史密斯的道德哲學發展至量化的計算方式，而且市場仍繼續經歷社會結構和需要的持續變化。可是，市場的基本推動力卻保持不變。市場是由人類對經濟活動的需要和慾望所形成的，所以也是由其中的參與者建構出來的。市場如何運作，主要視乎人類本質的彰顯，以及當中所承載的價值觀和世界觀。經濟學理論由史密斯的人性世界觀開始，其後不斷發展出新的理論和演繹方式。以下，我們將會探討史密斯系統的世界觀及其對經濟市場的影響，從而檢視其市場理念的基礎。

史密斯系統把經濟活動視為一種自然和自發的秩序，任由經濟體系自然地發展成現時以交易合約為本的狀態和結構，這種交易方式和其後的發展，當然並非史密斯可以完全預期得到的。我們發現，這基於合約模式的市場結構，只能滿足人類對經濟活動和全人福祉的部分需要。相對來說，聖約觀念假設了一種基於神聖啟示和照管的宇宙觀，其關係特質捕足了人類本質中最重要的羣體需要，這種羣體關係的渴求，乃是內存於創造本身的，所以聖約所關注的，也是經濟活動的核心元素，對人類於市場運作中的全人福祉尤其重要。

由於史密斯出生於基督教家庭，自小在教會環境下成長，所以他的作品蘊含著一種神觀。可是，當我們細心閱讀後，很快就會發現他的作品並沒有假設一位權威和照管的創造主，而是一位創造自然定律後，便任由其繼續自然發展的規劃者。雖然有部分學者懷疑史密斯是否相信上帝，但大部分學者都認為史密斯是一位自然神論者。[1] 至於那些對其信仰存疑的人，他們認為史密斯在其作品裏採用有關上帝的元素，是為了避免和當時教會發生衝突。雖然在他的系統裏似乎引申出上帝照管的觀念，但卻是以奧祕和隱藏的「無形之手」的姿態展示：

> 那位全備智慧的、列國的作者已經……教導人尊重其弟兄的情緒和判斷：在他們認同其行為時或多或少地感到高興，在他們不贊同其行為時或多或少地感到傷痛。祂已經把人創造成……人類即時的判斷者；同時也在這方面，按照自己的形象創造他，把他委任為地上的代理人，藉以監督其弟兄的行為。[2]

學者們對「史密斯系統」背後有關神聖照管者的假設和看法有廣泛的爭議，他們對於史密斯作品裏的宗教前設，以及無形之手的真正含義，都有不同的意見，但史密斯系統所蘊含著的自發秩序，這一點卻是無可置疑的。

尼布爾（H. Richard Niebuhr）認為，在史密斯的系統裏，包含著一種為所有人尋找快樂和福祉的神聖秩序；奧斯瓦爾德（Donald Oswald）把史密斯的理論，形容為一個單一的機械系統組合；戴維斯（Ronnie Davis）把無形之手看為一個來自任何傳統的神，一個隱藏在法律和政權架構裏的、虛幻的上帝；羅斯柴爾德（Emma Rothschild）則把無形之手詮釋為一個「有用的玩笑」(useful joke);莉薩・希爾(Lisa Hill)提出,史密斯的模式包含著目的取向,因而認為它並不局限於進化上的觀點;艾文斯基(Jerry Evensky)則從史密斯的道德哲學觀,綜合了他對於進化的遠象和宗教信仰的考慮。[3] 這些學者的不同見解,顯示出經濟學的起源與神聖上帝的觀念,並沒有一致或明顯的關係。

事實上,經濟學思維傾向一種自然、自發的秩序,這種看法與啟示或以關係為本的上帝並沒有任何關係。由於這兩種宇宙觀的基本分歧,史密斯並沒有考慮到當時社會及基督教信仰裏的聖約觀念。史密斯的宇宙觀無論是基於目的論或進化觀念,大致上都是倡導自我規範形式的經濟秩序。正如我們在第四章所述,在十七世紀後期至十八世紀期間,合約法的普遍原則和合約安排漸次興起,並形成了基於合約方式運作的交易市場。聖約特質的根基是創造、啟示、羣體和人與人之間的關係,這些元素在合約安排興起的同時,漸漸地失落了,經濟市場因而愈加傾向聚焦於一個量化計算的、以合約模式為主的交易方式上。

史密斯系統中的人類本質從共感(sympathy)開始。共感是指一個人在沒有親身經歷的情況下,仍能理解他人情感並親身體驗這種感受。根據史密斯所說,每一個人內心都有一個公正觀察者(impartial spectator),把自己代入他人的處境中,從而對眼前的境況作出假設性的判斷。公正觀察者的理性判斷,為我們作出回應,從而挑起我們的感受或情緒,結果就產生共感,使我們因看見別人遇到幸運或不幸的事,而引起自己的快樂或痛苦。因此,雖然我們沒有經歷過別人的遭遇,但卻洞察到他們的情緒。公正觀察者對眼前的動機和行為認同與否,也就成為其個人道德價值的標準。在這機制之下,人從身邊其他人的回應中學習和成長。

與一般印象不同的是，史密斯系統裏的人觀，並不是完全以自我為中心的。沃哈恩（P. H. Werhane）正確地指出：「根據史密斯，人類並非只是由自私或自利所推動；審慎和仁慈都是美德；而基本的美德不是仁慈，而是公義。」[4] 他認為，自利本身視乎個人的行動取向，這可以是美德或是邪惡。史密斯把理性的自利視為一種不折不扣的社羣利益，它不但對自己有好處，對別人也是有益的，因為它是從其他人的回應所引發的共感而得來的。同時，這共感是一種自我糾正的機制；當每一個人都管理好自己、在共感的情況下照顧自己的利益時，對別人的共感反應和對自己的利益考慮，兩者會互相作出平衡。這就是說，當一個人活在羣體裏的時候，他並不是單單被自利的推動而活，而是同時考慮到共感所引發的回應。故此，人類生活中的羣體元素，和自利觀念所產生必然的互相平衡，這就是史密斯系統中人類本性的核心觀念。

史密斯把道德倫理的角色也置於自利機制之內。自利的美德在史密斯系統裏名為「審慎」（prudence），審慎的人為了自己的福祉而作出贏取別人欣賞的行為。史密斯認為，「我們為了自己的快樂而為自己提倡審慎的美德：為別人著想、公義和仁慈的美德；其中，一種保障我們免受傷害，另一種則提示我們要傳遞快樂」。[5] 對於史密斯來說，我們常常傾向對仁慈有所共感，但同時也需要在自然生存意識中，保持健康的自利原則。他認為，自然和一般的秩序，就是社會期望每一個人都追求個人的自利，並欣賞那些努力地追求的人：

> 追求私人利益這個目標……應該隨著普遍規則所訂立的行為而行，而不是懷著滿腔熱誠而行……一個不會主動爭取別人稱許的特殊工作或特殊利益的商人，也會被鄰

> 舍認為缺乏熱心。這種熱心和熱誠，構成一個進取的人和一個枯燥的普通人的分別。[6]

根據史密斯，我們往往自然地傾向與喜樂共感而多於與哀傷共感，炫耀富有而隱藏貧窮，因此，我們的感受驅使我們追求財富而避免貧窮。有錢有權勢的人，挑動我們的共感，使我們傾向保障他們的利益多於照顧貧窮人，因為地位和財富這些慾望，是我們所渴求和傾向保護的。在我們的想像中，有錢人因失去財富而經歷的痛楚，比那些原本已經活在貧乏的人更甚。因此，我們傾向尊敬和重視社會地位較高的人。對於史密斯來說，這自然的共感有助建構社會的秩序。[7]

> 富有的和偉大的人的喜悅……在想像中是一些堂皇而美麗且崇高的，乃是值得付出一切辛勞和憂慮去達成的。[8]

這就是說，個人的自利自然地使人把追求財富和權力的慾望放在更優先的地位，這不只是為了心理上的安全感和自利原則，更是出自我們最基本的共感情緒。在史密斯的系統中，這背後的共感情緒，提供了一個保護人類物種生存的自然定律。

在察覺到這自然定律系統後，史密斯發現在自利和共感面前，仁慈是一種很理想但不自然的特質，因為仁慈本身不能引起美善的行動，也不能成為這些行動的主要動力。我們並不是隨著仁慈之心去幫助貧窮人，而是對有地位和權力的人產生共感，所以他提出其最著名的自利理念（self-interest concept），認為自利是商人提供產品和服務的首要動機：[9]

> 人普遍不斷需要他弟兄的幫助，但他們不能期望這只是

> 來自他們仁慈之心。假如他能夠把他們自私的心吸引過來，使他們知道他們做他所要求的事，是對他們自己有利的，他就會較容易得到接納。無論何人向別人提出任何的交易要求，都建議這樣做。給我所想要的，你就可以得到你所想要的，這是對別人有所要求的意義；也是因著這方式，我們彼此得到更多我們所需要的。我們的晚餐並非來自屠宰商、釀酒師或麵包師的仁慈之心，而是來自他們對自身利益的關注。我們與他們溝通，並非面對他們的人性而是他們的自私，不是向他們提及我們的需要而是他們的利益。[10]

根據史密斯，市場是一個按照人類本性而自我調節的機制，經濟的參與者為了自己的利益，在當中互相競爭以滿足市場需求。他認為這系統具有自我抑制的能力，對所有參與者都有益處，這並非基於貪婪的自私自利，而是基於為了保護整體人類物種的共感自利。沃哈恩指出，利益最大化、狹義的自利觀、個人主義，以及非道德的無形之手等觀念，都只是錯誤地加諸史密斯身上。[11] 史密斯其實是一位現實主義者，在與自然規律和諧共融的基礎上，發展出其理想的經濟秩序。[12] 他把追求自利的經濟參與者，置身於人類需要之共同合作的處境裏，為了讓人透過互相幫助來照顧自己。這種互相依賴的方式，是一個共感自利社羣的根基。[13]

史密斯承認，人們對於財富和權力的欣賞和崇拜是腐敗的，導致忽略了貧窮人的需要，更使表面和眼前的現象，遠較內心之美德吸引可取。在史密斯系統的背後，有一種進化論的傾向，即預設了人性的終極目標，就是保護人類物種的存在。

> 人的自私包括……他的身體及其所有不同的成員、他的思想及當中不同的思維部分及所帶來的影響，並且渴望能把他們一一維持在最佳及最完美的狀態。因此，無論有甚麼東西傾向支持這種存在狀態的，他自然就認為是應當這樣選擇的，相反，無論有甚麼東西傾向會作出破壞的，就被認為是應當拒絕的。[14]

對於史密斯來説，自然界的首要任務，就是要最有效和快捷地保證物種生存和社會和諧。每個個體都需要最有效地得到照顧，而最有效和快捷的方法，就是讓每個人都照顧自己，因為沒有人比他自己能更有效地照顧好自己：

> 無可否認地，每個人都應該先要照顧自己；而且因為人照顧自己的能力，會比照顧其他人的能力為強，所以這是理所當然和應當的做法。因此，每個人對於所有直接與自己相關的東西，都比其他人的東西更感興趣。[15]

史密斯的系統是樂觀的，其中基於自利的審慎態度，被視為是美德之一。在他的系統裏，每個人在社會中對自利的追求，將會漸漸地結合起來，並綜合成一個和諧及有效率的市場。反對這種看法的，則是對人性相對地悲觀的觀點，認為自利只有在受到外來標準所限制下，市場才能獨立生存。從悲觀的角度來看，市場把自利從道德規限裏釋放出來，侵蝕著社會中人與人之間的連繫，並促成個人主義者的利益，以競爭代替合作，並且傾向物質或享樂的價值觀。[16]

究竟我們能否樂觀地認為市場將會自然地聚合，然後形成一個理想的經濟社會？神學對人觀的看法，卻弔詭地既悲觀也樂觀。它是悲觀的，因為人類自然的美善已經被罪扭曲，無法按自己的努力達到完全的美善。這種看法，與樂觀地認為自然進化將會綜合成美好的經濟生活形成強烈的對比。與此同時，神學的宇宙觀也是樂觀的，因為在地上有上帝照管的規律，更有終末新天新地的永恆盼望。在此，神學為追尋真理的人，提供了直接而正面的救贖觀念。反觀那依賴理性自利、自然進化的看法，並不能發展成一個理想的經濟市場。為了修補不足，史密斯提出建立一些體制措施，去幫助市場的發展，以至社會可以按照自然的共感平衡、個人的自律，以及成熟的政府去履行公義。艾文斯基認為，史密斯所指的這種進程，全賴於機會、情況，以及刻意和無意的個人行動結果，最終的目標是建立美善的社羣。[17]

雖然史密斯的系統一直都指向正面的遠象，但現實是人類對財富的不斷追求，並沒有帶來史密斯所想像的和諧社會，反而造成虛空和對自然環境的破壞。由於資源分配不均，少數人富起來並不等同眾人都富足。市場不會自然地公平分配資源，這種情況由貧窮及貧富懸殊現象可以得見，而且無論在富有或貧窮的國家裏，情況都是如此。另一方面，為了重新分配資源而設的體制政策，反而可能有損經濟增長。現代市場似乎正面對著許多利益的衝突和分歧，而不是史密斯所預期的綜合利益。

在史密斯的系統裏，我們並不是根據道德對錯作出抉擇，而是通過我們的熱忱和想像去預期別人對我們的看法和回應。在此，共感成為爭取別人認同的主要指標。這樣的系統，即使是否真正地自然進化，都是隨意和危險的。因為除了我們與別人的相遇和感受外，就沒有其他外在的標準或指引。這樣的話，人離開了客觀的判斷和失去辨別是非的能力，或隨己意或被他人所驅使，而去作出不道德或非理性的行為。史密斯這種進路，是先分析人的熱忱，然後通過社會建構，把他們帶到有利的方向。穆勒（Jerry Muller）發現，史密斯事實上是「按照人的本相，使他更能成為他之所是，這不是通過政治權力，也不是主要通過宣講，而是通過發現使人顯得體面的體制，從而促成之」。[18]

可以說，史密斯這種世界觀，與奧古斯丁（Augustine）的原罪觀念成了強烈的對比。奧古斯丁的原罪觀認為，美德並不能完全從自我自然發展出來的，而需要那能超越人類罪性本質的恩典。因此，沒有任何自然發展出來的行動是完全美善的。按照史密斯的說法，公正的旁觀者，永遠不能完全公正，而必定會受到自利和個人慾望所影響。仁慈的行動，在共感系統裏，已經是不完全和不自然的，而且永遠無法完全出自仁慈之心，因為共感所認同的，是認為人類本性只是為了表現出美德，故任何按共感而發的行為，都只是表面化的美善。由此可見，史密斯所描繪的人，並沒有內在美善或辨別真理的能力，而只有依賴外在的共感回應，以促成表面化的美善反應。這種自然和任意的狀態，似乎可以讓每個人為自己爭取最大利益，卻完全忽略人類心靈裏的渴求和羣體需要。

史密斯認為，宗教為實踐美德提供了強大的推動力。[19] 在他的系統裏，宗教信仰是人尋求得到別人認同的過程的一部分。我們的信仰動機，在乎這宗教能否讓我們自然地發展彼此認同的感受，以及這信仰系統裏的規則是否清晰明確。史密斯的神聖上帝觀，也是由自利動機而來的，讓信徒可以追求其創造主的無限美善：

> 在這裏有禮得體的表現也受到強烈的自利動機所驅使。那種思想是，無論我們怎樣逃避人的監察，或如何凌駕

> 於人的懲罰之上，我們仍是在那眼目下不斷活動，並降伏於那收復不義的偉大復仇者、上帝的懲罰下。這動力甚至可以克制著最任性的激情。[20]

這樣的說法顯示，對史密斯來說，那些最重要的美德，包括自我管理、審慎、仁慈和公義等，都是從懼怕神聖上帝而來的。或許，這代表史密斯洞悉到人性的限制甚至罪性，但單憑恐懼的負面情緒而帶來的行為，也不足以支持史密斯所倡導的基本美德。因此，當史密斯總結他的理念時，他認為人類本性裏的自利和共感，是最重要和最具威力的市場推動力。由此可見，史密斯自己似乎已經放棄以仁慈之心作為人性本質的主要元素。

愛護自己的觀念，在聖約中以「愛人如己」的誡命之方式出現，這假設了人是愛護自己的，並命令我們愛其他人如同愛自己（利十九18）。在此，愛護別人的美德，被提升至愛護自己的層次，其前設就是人類自然地愛護自己，而且這愛己不但是大前提，也是一種深層的愛。可是，在關係的觀念上，史密斯系統並非從愛自己轉向愛他人，而是以一個公正旁觀者的判斷，和一種沒有經歷的共感觀念，作為自利的回應，以驅使人愛自己和愛他人。這與聖約中那個人化、以關係為本的愛己和愛人完全不同。史密斯的自利和共感，是非人性化的。這並不是說，史密斯的看法完全錯誤，他那自利的觀點，仍深入地刻劃出人類本質中的罪性及人類的限制，而且其影響力比他自己所意識到的還要強，這一點在人自身不斷尋求他人的認同中便得以顯明。可惜的是，這有限的系統本身，無法推動人類對美善的認知，反而把人的焦點帶到個人自己身上，這為後期崛起的新史密斯派經濟學家預留了空間，讓他們發展出自私和個人主義的經濟理論。這些後期的自私理論，都並非史密斯系統的原意。事實上，史密斯的系統提醒我們，在創造秩序裏，人類的本性具備了內在的美善，使共感的自利觀念對他人有益。這種正面和理性的自利觀念，需要人首先按照創造的美善而行，好好地遵照真理和創造的原意照顧自己，把自己適切地置身在創造主的照管之下。我們需要為朝向仁慈和公義的美德努力，把個人的熱忱轉向別人，而不是繼續將這些愛心和情感指向自己而已。在罪的扭曲下，自利的確是人類本質的一部分，但其中一個把人類和其他動物區分出來的特點，就是人類擁有為自己作出選擇的能力和意志，也因此讓人可以超越自身的動物本性而成為人。

在史密斯的系統裏，自我管理是履行仁慈和公義行動的重要因素。他認為具有「最完備美德」(the most perfect virtue)的人，加上對自己原有自私感受的「最完備管理」(the most perfect command)，便會對別人原有的感受和同情別人的感受，都有最細膩的敏銳度。[21] 他更指出，當我們在沒有壓力下、理性地作出最完備的自我管理時，便可以分擔別人的愁苦，這也是內藏於自然秩序裏的，以照管的方式存在。史密斯說明，「當我們按照我們的道德體系活動時，我們定必追求最有效地促成人類快樂的方法，因此可能，在某種意義上，人與神聖上帝合作，以至在我們的能力內促成其照管計劃」。[22] 這裏所指的自我依賴的照管，乃是基於史密斯系統中自利的審慎態度而言的。可是，這審慎卻來自人的自我，有別於神學所說、從創造主而來的照管。審慎是有限和軟弱的，因為它只能達到個人自然「美善」的境界，但上帝的照管卻包括承托著整個宇宙、大自然及其中的所有生物。

許多宗教都教導自我管理和守好行為的重要性，亞洲宗教如佛教和印度教，都教人通過默想和好行為，以管理自己的思想和心靈。相對來說，基督教卻指出，自我或個體並沒有內在的能力持守完美的行為。我們需要一個更高的力量，一種對上帝的依靠，在全能創造者的掌權下，才能得著真正的自我管理能力。好行為不是強迫出來的，而是從一顆甘心樂意的仁慈之心自然而來的，這樣的心意和力量，都是基於在心靈上對上帝的順服。我們通過意志放下自然的自利傾向，選擇跟隨上帝，以至開啓了整個仁慈和公義的領域，使真正自我犧牲的愛得以體現。史密斯系統是封閉的，對人類按其罪性而傾向自利的這個狀況，沒有提供任何出路。他的人觀從某角度來說可能是樂觀的，但當事實與之背道而馳的時候，這對於人類未來的出路來說卻仍是悲觀的，因為人只能容讓其自然進化的悲劇繼續發展下去。

史密斯非常了解人類本質中的「無助感」。由於他看到人類本質的內在傾向，所以認為公正的旁觀者，只能在作出行動之前或之後提供局部的意見。他指出，「當我們準備作出行動的時候，激情的推動力很少容許我們以直率客觀的角度，去思考自己究竟在做甚麼」。[23] 而且，史密斯已經預料到，公正的旁觀者將不斷地改變其標準，正如社會的一般標準也是這樣不斷地改變：

> 今天的人，再不會受到昨天的人的熱忱所挑動：而當情緒發作、就像愁苦發作過後，我們便可以找到自己……從那最公正旁觀者的銳利眼光之中。但我們現時的判斷和以往的相比，往往不是很重要的；而且除了空洞的悔意和徒勞的悔改外，便幾乎沒有其他事會發生；也無法避免我們在往後的日子裏，犯上同樣的錯誤。[24]

雖然史密斯意識到這方面的缺欠，但他並不能提供任何解決方法，而他的自然進化和綜合言論，也似乎無法實現。在史密斯系統裏，公義是通過法律和規範而實踐的，在這系統之下，人是被恐懼和對有地位的人之共感所推動的，因此，人類的將來也只會面對某種恐懼和紛亂的局面。對於史密斯來說，良知是建立在自利和共感之上的。要成為一個有價值的人，就要照顧好自己，然後隨著自己共感的熱忱，實踐共同的社羣標準，最終達致自我認同及共享和諧豐盛。歷史中的經濟發展，以及現代市場的狀況，都告訴我們一個事實，史密斯的理想是難以實現的。我們看見的不是和諧豐盛，而是貧窮、不公平和資源分配不均的種種問題。科技發展和全球一體化在現今所帶來的爭議，同樣是指向分化、而不是合一共融。現代人愈來愈受市場力量所宰制，促使他們作出傾向負面的自私行為，而不是史密斯所說的理性自利。要改變市場的現況，就必須從反思人類的本質和慾望開始，並重新訂立經濟活動的方向，而不是任由它被一種自然和偶發性的秩序所擺佈。

6.2 市場限制：以經濟進路探討人類行為

我們已經發現，市場的自然發展，並不能促進經濟參與者的福祉。然而，就在這個時候，我們又進一步把經濟學的進路應用在非市場的人類行為上，讓情況進一步惡化。現代人不能避免成為市場的參與者，我們依靠市場內產品和服務的交易合作，供應日常生活所需。當經濟活動愈發成為市場參與者每日生活的推動力時，市場的界限就愈發變得模糊。那麼，究竟交易市場的範圍和內容是否需要被限制？我們將會藉著著名經濟學家貝克爾的研究和理論，探討這個問題。[25]

貝克爾在一九九二年獲得諾貝爾經濟學獎，以表揚他把經濟學的進路，應用在人類行為及互動上的貢獻。他的研究包括在微觀經濟學的分析中，捕捉非市場的變數，例如：人力資本、經濟歧視、家庭、犯罪與刑罰等。這些分析旨在找出一些另類的經濟因素，使經濟學模式更能反映現實，以及為政策上的制定帶來洞見。與此同時，貝克爾的進路也超越了基本經濟學的前設，不在其經濟模式裏假設一個完美的市場和理性的人類行為，而是包括了不完備的資訊和非理性的抉擇。他對人力資本的定義，包含了影響市場的間接性家庭活動，例如：照顧孩子所花的時間、改善工作技能的訓練、教育所需的資源等。在他建構的家庭經濟模式中，生育的決定是以家庭作為生產單位而訂的，而子女則是「耐用消費品」。[26] 按照這個學說，子女的價值可以根據他們的質素和成本而量化，並計算出父母投放的資源和未來收入潛力的相應數字。

驟眼看來，從經濟學角度考慮和分析人類行為，似乎對觀察和理解人類行為很有幫助。可是，在應用這些分析工具時，貝克爾的進路卻出現了問題。他並不是考慮人類行為如何影響經濟模式，而是反過來採用經濟學的進路來模擬人類行為。在他的模範中，家庭變成了生產單位，而子女則成為了耐用品。這種做法，把人類行為預設為經濟活動，即把家庭生活和行為，套進其預設的量化算式中。在貝克爾的生育理論中，他假設父母會因為籌劃子女的幸福而得到利益。這利益則視乎他們的生活質素、所繼承的財產，以及財產的持續回報而定。所以，貝克爾的結論是，生育與否的決定，完全視乎利他主義（altruism）的程度。所謂利他主義，就是當增加別人的利益時，自己的利益將會增加多少，也就是財產的持續回報。這樣的進路可說將問題嚴重簡化，放棄了許多重要的考慮，例如：避孕，流產，生理因素、道德觀念、宗教信仰和價值，以及社會及家庭關係等。[27] 這進路把類似合約為本的模式，推向最極端的實際應用，將人變成了合約並附上商品價格。這進路同時破壞了它本身之科學分析的原則，因為最終建構出來的模式是一種約化了的產物，並不能反映人類生活的真相。

我們首先從貝克爾對經濟學和市場的定義開始，研究他怎樣建構出他的進路。貝克爾的經濟學定義，是從比較不同的定義而來的。他認為把經濟學看成「分配物質產品以滿足物質需要」，這一定義實在過於狹隘，因為經濟活動不但涉及有形的產品，也涉及無形的服務。[28] 所以，我們需要進一步以市場領域的特色來為經濟學定義，也就是把經濟學視為通過經濟市場的機制來生產和分配資源，這看法近似兩基柱所採納的經濟學定義。可是，貝克爾認為，這定義仍然過於狹隘，於是把經濟學的領域進一步擴闊，將「分配有限資源以滿足競爭結果」延伸到所有資源上，包括政治決策和家庭活動。[29] 貝克爾指出，經濟學的獨特權力，就是能整合人類行為。他認為經濟學的進路假設市場有相當程度的效率調節機制，可以調整市場中的不同參與者：個體、企業及政府等，以致他們的行為大致上都是一致的。貝克爾指出，市場就是這樣地通過價格和其他市場工具，以限制參與者的慾望。[30]

按照貝克爾的説法，福利、醫療、教育和婚姻等公共產業，都可以通過一連串的反覆觀察，在經濟學模式中展示。例如：當人對婚姻的預期利益超出獨身或繼續尋找伴侶的利益時，就會決定結婚。在婚姻市場中，家庭裏的活動，例如：工作決定、教育、子女的撫養等，都成為市場模式裏的變量數字。貝克爾認為，這樣的婚姻市場，自然地把類似的人，包括其背景、智慧、種族、教育程度和其他有相似特質的人安放在一起。在這市場進程中得出的供求結果，將能夠為政府決策提供數據。[31] 貝克爾又指，所有人類行為都涉及達致最大利益，其計算基準是一套穩定的取向、最佳的資訊數量累積，以及其他市場因素。因此，他倡導以經濟學進路，作為了解人類行為的獨特框架。[32] 並非所有經濟學家都同意貝克爾的人類行為進路，以及他對經濟模式的應用方法。雖然如此，他所獲得的諾貝爾經濟學獎殊榮，已清晰地顯示出經濟學學科傾向以科學方法涵蓋所有人類活動。

與使用調查數據的方法的其他社會科學學科相比，貝克爾的社會經濟學進路，是以市場數據來分析市場模範中的社交活動。這種方法，與社會科學使用假設及調查數據去觀察並推出結論的方式不同。經濟學進路從規範了的市場模式開始，然後才嘗試把社交活動放進這個範式裏。女權經濟學家貝格曼（Barbara Bergmann）指出，這種「非觀察性」的理論建構，是經濟學家促進經濟學學科發展時最常用的方法。[33] 由於這方法並非由調查數據和觀察開始，而是反過來透過抽取數字來支持自身的結論，最終造成一種約化的結果，所以不能反映事實。假如經濟學是一門科學，它的任務應該是以反映事實來推動學科的發展。可是，貝克爾的經濟學進路，卻高舉經濟學模範和計算方式，使主體變成了為模範的規則和方法服務，以致未能為人類家庭和行為作出貢獻。這種經濟學進路，比其他模擬人類行為的方法更嚴苛，但卻不一定更真實。[34]

市場典範和經濟學模式，可以幫助我們了解和分析市場行為。可是，當這些工具延伸到人類行為時，就會約化和扭曲了事實。我們已經看到，現代經濟市場隨著法律合約的發展而得以建立及進一步擴張，通過金錢單位和雙方的協定，合約能夠為交易市場帶來保障和規範。當以經濟學進路來分析這些合約關係時，當中便預設了合約法則，價值受到金錢價格所推動，而最終使不能量化的人性特質被約化了。這就是說，當以經濟學模式分析所有產品和服務時，都需要訂定價格，以便量化成金錢單位。當這種方法延伸到非市場的因素時，許多不同類型的人類行為都因而被迫落入合約模式裏，被強行標上一個極度約化了的價格，這反映著一種在經濟學規範下的社會價值。

在現代社會中，市場繼續向全球化擴張，因此，管理和規範交易市場以至相關的經濟學分析，顯得尤其重要，我們必須確保這些工具是為人類服務的，而不是反過來操控人類。當市場持續地向全球擴張，我們更需要嚴格地審查及不斷檢視它的角色，並早日建立更完善的規範，這些都需要經濟學家的努力。兩基柱典範不斷提醒我們，人與人之間的關係不可被約化成合約條款，人類的關係必須保持其聖約特質。在此，聖約觀念向人類作出宣告，呼籲社會要重視人與人之間的關係，這些關係不是以價格來計算的，而是基於愛心、關懷和付出。與此同時，市場中的人類行為，是同時關乎合約交易和聖約關懷的兩基柱進程。經濟學進路本身有其用處，但在作出結論和決策前，我們必須小心考慮它的前設和限制。更重要的是，在這個過程中，我們不可假設量化了的經濟價值，就能全面地反映人類的生活和需要。

6.3 市場前設：經濟學模式和最大化效益

在認識到市場的限制後，我們轉過來檢視市場本身。雖然經濟學的方法對於合約交易來說是一有效的分析工具，但正如所有方法一樣，我們需要不斷重新審視它的應用和前設，並加以改良。我們一般都認為，市場是人類物質生活最有效的交易平台。但需要注意的是，我們對效率和利益的追求，並不相等於正在追尋全人福祉。物質對身體來說的確是必需的，但絕對不是最終極的需要。物質或身體上的需要，是支持人類生命的最基本條件，也是全人福祉的重要根基，可是單靠它並不能使人達致滿足和整全。

經濟學中的效益理論，假設我們不斷追求最大利益和效率，有某些模式甚至假設，人永遠持續地追求更大的利益和效率。在這方面，貝克爾認為，經濟學進路的核心元素，需要堅持「最佳行為」、「市場平衡」和「不變的取向」三方面綜合起來的假設。[35] 他指出，經濟學進路並不假設自利的個體，而只是以之為分析的方法。與此同時，他承認在分析中，假設了個人持續地追求自己最大的利益，姑勿論其動機是來自利己或利他的，也是如此。這行為是指向未來的，但卻是基於過去的經驗。最大化（maximizing）的過程，是在量化了的利潤、時間、資源、社交等合約中出現的。[36] 這些經濟學的前設和分析工具，是否真的完全中立？答案是否定的。所有最大化的行為，必定包含在各個不同目標之間達致最大的利益，無論不同個體的取向是否相同，其前設也是相同的，即只根據模式的規則而定。當我們使用這些最大化過程來計算人類活動時，就等於以合約模式的金錢價格基制，以衡量人性化的行為。非合約因素的考量，如關心和付出等行為，將會失落於轉換成金錢單位的合約化過程之中。當這經濟學進路應用於人類行為時，市場的平衡和爭取最大利益的前設，將被強行加諸於人類生活上。

當我們更深入地檢視這些核心的經濟學前設時，就會發現當中存在著多種利益衝突的問題。例如，當企業極力追求最大利潤時，員工的目標卻不一定也是如此。他們將會按照自己的需要、處境和取向，尋求最高的個人利益。因此，問題並不是在於個人追求最大的個別利益，而是狹義地把這些不同的「益處」，視為一般的共同利益。況且，還有其他許多考慮，例如：社羣關係、產品質素、合作和忠誠等，這些因素可能對某些員工來説是較為重要的。在這麼廣泛的利益和多樣化的考量中，我們可怎樣為價值作出定義呢？經濟學模式使用不同的效用函數（utility function）來分析多種不同的處境，以推算出市場平衡；它也嘗試在效用函數中找出平衡點，以觀察多種處境之間綜合的、理性的結論。這些結果，都必定是以金錢為單位和以合約模式為基礎的市場目標，且是經過約化和被蓋括地計算出來的。市場參與者因而被牽引到最基本的市場運作原則——自利的觀念。雖然效用函數可以考慮自利以外的其他動機，可惜當社會大眾都按照合約經濟模式運作時，個人價值已淪為另類的觀念，被社會所忽略了。

還有一些經濟學家指出了貝克爾經濟模式裏的問題。費伯（Marianne Ferber）和伯恩鮑姆（Bonnie Birnbaum）認為，這種行為經濟模式的建構，在理論的發展上是有益的，但卻完全忽略了現實世界的複雜性，以致它們不能反映現實。他們指出，經濟學領域的擴展，不應該是把一種經濟學獨大的觀點，強行套進所有人類行為上，而是應該根據經濟學的觀察和分析，進一步探討不同的選擇可以如何改變經濟行為。經濟學作為某種分析工具，不應以其本身的經濟價值觀念和判斷，作為惟一的決策準則。經濟學家必須為人類提供更全面的資料，讓人可以在更反映現實的模式和考慮下，按照自己的價值觀和判斷作出更合宜的決定。[37] 另一位經濟學家勞森（Daniel Lawson）指出，貝克爾模式的重點，在於綜合不同個體的最大利益功能，而不是容許以不同的效益功能模式來分析不同個體的分別。因此他認為，這些模式本身忽略了不同的個人取向，內含了一種決定論，難以反映現實。[38]

貝克爾嘗試把社交關係納入經濟學的分析裏，把它定義為「社交收入」(social income)。社交收入是個人收入與個人社交環境的金錢價值之總和。這就是説，在貝克爾的經濟學模式中，人與人之間的關係是以個人金錢收入與其他人對自己的金錢價值來計算的。例如，當社交關係更親密時，其金錢價值也就較高。在一個高價值的社交環境裏，分配給共同利益的收入，對比低價值的社交環境來説，相應地有較高的價值。因為，在這種環境裏，對其他人有利的東西，對個人而言也會獲得較大利益。貝克爾認為，這種價值轉移可以從父母照顧孩子、照顧社羣成員的社會福利，以及為下一代設想的環境保護等不同方面展示出來。通過計算這些社交互動的價值，家庭或社區可按照其自身的條件和限制，在穩定和過渡的情況下，把自身的效用函數達致最大。與此同時，效用的轉移和分配機制，確保參與者因著其最高的社交收入而得益。[39]

在貝克爾的模式裏，社交環境是一項穩定的效益功能算式。也就是説，一般的效益功能 $V = V(x, y)$，成為 $U = U(x, y, S)$。在這算式中，x 和 y 是產品和服務，而 S 變量則代表社交的影響，以社會資本價值來計算。這些社交影響將會左右抉擇，並假設它能補足或加強產品和服務的價值。[40] 例如：人們在某一個時間從喝啤酒所得的享受，可能會受到社交羣體和環境所影響。S 變量的數值在參與者被迫認同某些社交文化時，將會是最強的。所以，社會資本藉此在經濟學模式中，成為一種個人取向的因素。同樣道理，S 變量的數值可以用來計算其他行為習慣、時間上的預設或各種成因的總和等。這樣，它更可進一步計算邊際效用（marginal utility）和最優點等不同數值。

當我們觀察這些經濟學模式時，不難發現經濟學進路有許多限制。雖然這些模式有助分析市場的情況，並有效地把某些變量數值分別出來，繼而研究它們在特定前設下的變化和影響。可是，這些模式卻不能有效地深入分析人類變化多端的行為模式，更無法把人類的生活元素完全概括在某個模式之中。所以，這些經濟學模式，必然地在其本身的前設及限制下作出分析，把現實的情況約化，並只能局部地反映事實。任何不能預計的情況和變化，都會影響 *S* 變量的數值，並且可能對模式裏的結論有極大的影響。再者，社交關係也是不斷在變化的，反映著不能預期的人類互動，以及不同的人在各種不同時空及處境中的決定。這些決定可能是理性或非理性的，也因應個人、家庭和文化分別而有所不同。例如：家庭成員之間的愛這種核心價值，本質上具有一種無限的超越特性，根本無法以經濟功能裏的 *S* 變量來計算。從某一方面來看，自私自利這種特質，卻可以使這愛變質，甚至完全失去價值。從另一方面看，完全的、自我犧牲的聖約之愛，其價值是無限的。在社交環境中，有著許多不同的關係元素、個人特質和非理性的可能性，這些都不能單單以數學算式來計算。

貝克爾認為，利他主義是維繫家庭關係的一個重要因素。例如：他認為假如家庭期望子女將來會照顧年長的父母，就是最沒有愛心的父母，也會減少自己的花費，在其子女身上投放更多資源。另一方面，持利他主義觀念的父母，也會希望他們年老時的消費增長，與他們子女的消費增長相若。倘若這些父母認為自己會使子女在供養責任上感到內疚，他們就會減少投放在子女身上的資源。因為，當他們得知子女供養自己只是出於內疚，他們對子女真正願意供養自己的期望就會減低，為了平衡這種情況，於是繼而減少自己投放在子女身上的資源。所以，貝克爾的結論是，內疚感乃是一項低效率的成本。對於貝克爾來說，責任和關愛這些家庭成員關係的特質，都被稱為「所謂的家庭價值」（so-called family values），並會受到公共政策和經濟狀況所影響。他相信，假如家庭裏年長的成員不打算留下遺產給後代，他們就會營造溫馨的氣氛，使家庭成員願意幫助那些遇到財政困難的人。按照這個論點，為長者提供援助的社會保障金，將會破壞家庭關係。因為貝克爾認為，當相應的未來經濟動機減低時，投資在建立更親切關係的動機就會減弱。[41]

當我們按照貝克爾的經濟學世界觀來看所有人類行為時，將會為人類生活帶來一套經濟學的優次和價值觀，把個人及羣體都看為最大自我利益的單元，並在任何預設的機會下以金錢價值來作出抉擇，且為所有的事物套上一種可能並不反映其本質的經濟價值。在此，價值和均平的觀念變得隨意，忽略了人類的美善、道德觀和良知的價值，而且利他的行為、家庭或社交關係，以及追求共同利益這些想法，都需要在被認可為具有經濟效益之下才能促成。這樣的世界觀，把各方面的人類生活約化成數量單位，以致可以被計算和互相交易，使人與人之間的關係變成有條件的、涉及利益交換的合約方式。貝克爾應用在家庭上的經濟學進路，被譽為一項重要的貢獻，為社會政策提供了適切及可供研究的方法。遺憾的是，當我們在家庭中套用了這一可供研究的數學和科學進路時，家庭的本質就會被等同為經濟學那約化了的數據，最終使家庭變成了消費和生育的機械化單元。[42] 倘若依賴這些前設所建構的模式來制定社會政策，將會是一件非常危險的事。

在貝克爾展示的家庭經濟學模式中，家庭不再保留捨己的愛、責任感和信任等人類價值。除了能約化成數據的特質外，人與人之間的關係不會被此經濟模式列入考慮。當我們將這個論點再推進一步時，就很自然得出一個結論：家庭不再一定是最美好的生活方式，養育淪為某種投資上的考量，家庭關係似乎亦已經不再重要了。這樣，人類就失去了其作為關係羣體的真正本質。貝格曼批評貝克爾的家庭理論，指出它的前設過於簡化並帶誤導性，以致造成荒唐和致命的錯誤結論。利用經濟學工具來建構家庭功能，無法表達出真正人性化的事實，也忽略了重要的道德、關係和情感等人類本質。例如：貝克爾「證實」，女性在一夫多妻制之下，比在一夫一妻制之下更為有利，因為她們在前者的情況下，其「售價」將會較「高」。為甚麼呢？因為當女性在婚姻裏將會獲得比在婚姻外更高的消費總值時，她們就會願意將自己「供應」給這位男性。也就是說，在貝克爾的經濟學前設和模式裏，女性為了增加自己的市場消費總值，會願意接受一夫多妻的婚姻。這裏的消費總值，是以金錢為單位的購買能力，以及產品的效用來計算的。[43]

納爾遜（Julie Nelson）指出，在貝克爾理論中出現了許多標籤上的錯誤和其他具體問題。[44] 例如：孩子並不是家庭效用功能裏的一種商品。在貝克爾的進路裏，有某些概念——正如「利他主義」這觀念——被冠以金錢價值的單位和合約交易的回報。在此，貝格曼指出，在貝克爾理論中利他的個體，被定義為一個為了增加自己的效益而促進他人消費利益的人。[45] 這種經濟學的標籤，輕易地把利他主義中的道德本質扭曲了，把利他的行為套進了經濟學的效益典範裏，即假設人最終的動機和目標，都是自私自利的。根據這種說法，家庭單位的領導人，可以不理會個別成員的意願，只管為了追求更高的消費能力，而仍然合乎利他的原則。這一經濟學進路，明顯地忽略了婚姻中的愛和美善關係，人類最寶貴的價值元素，也因而被經濟學模式分割和丟棄了。那些看起來十分具體的觀念，例如：婚前談判(pre-marital bargaining)和離婚威脅(divorce threats),都似乎具吸引力,但實質上卻是忽略人性的本質,而這正正是誤用科學所引致的限制和誤導。

波拉克(Julie Pollak)把貝克爾的利他模式,詮釋為一種涉及固定金額的最後通牒博弈(ultimatum game)。在這些單一次、非合作性質的最後通牒博弈裏,承諾是必需的。因此,貝克爾模式裏的利他者,將會以最低限度的付出來保留其家庭成員,這最低價值也就是對利他者最有益的。這樣的描述,儼如另一個形容個人自私行為的方式——通過貝克爾的利他家庭模式表達出來。[46]

經濟學是有關人類生活的學問,其前設和方法必定包含對人類質素和社羣聯繫的關注。在原有的史密斯系統裏,人在羣體中發揮共感,以行動幫助別人。可是,單憑共感是不足夠的。阿馬蒂亞・森(Amartya Sen)指出,共感和承諾是不同的。共感是當事情影響到自己的利益時,引發出對別人的關心。但假如這並非與其個人有關,他只是按照對或錯而行,那就是一種承諾。所以,共感是自私的,個人利益可以因共感行為而增加。相反,基於承諾的行為並不是自私的。由於共感行為涉及利益,所以比較容易量度。可是,當共感和承諾引發某種相同的行為時,它們相對的價值和優次便難以確定。此外,由於當中常涉及其他不肯定的因素和主觀判斷,情況只會更加複雜。共感可以使帕累托最優點及競爭平衡點變得更為複雜,在此複雜的情況中,經濟學模式仍然看似可用,但承諾卻會把任何模式完全拆毀,這是因為承諾使人不一定選擇最優點,從而使整個模式的前設不再成立。[47] 例如:在前文提及重複博弈的囚徒困境裏,由共感和承諾造成的動機彼此互動,將會形成不同的結果。就是結果相同,也不一定是基於相同的動機。如果我們假設了人完全的承諾和委身，模式就會變得單一和空洞，因為當中的結論只有一個，就是無論回報是甚麼，參與者都會選擇看似非理性的完全委身。

森所用的進路，是通過經濟學模式裏的效用和限制來分析市場活動的。它不會把一種經濟學霸權強加在人類行為上，而是分析非市場的人類行為對經濟學模式的影響，使我們對經濟活動有更深入的了解，從而為決策和政策提供新方向。經濟學模式的典範轉移，需要經濟學家運用他們的專業知識，建構和分析不同模式的前設和技巧，以及繼續反思那些影響著經濟活動的市場限制和非市場的人性因素。兩基柱典範正正提醒我們，經濟學家需要切實地關注非市場的人性因素，這是他們需要高度重視的研究方向。

6.4 市場道德倫理與共同利益

或許，道德倫理因素是我們最容易理解的約化變量。明顯地，單憑合約並不足以維持穩定的道德標準，以及確保那些和諧社會必須存在的共同利益。在現今的多元社會裏，道德倫理標準愈來愈含糊，傳統或羣眾的共識，都不一定足以保障道德倫理的基礎。把經濟學模式應用在道德倫理上，是另一個值得關注和討論的範疇。例如：在貝克爾和伊利莎（Julio Elísa）的一份研究報告指出，為了增加人體器官移植的供應，應該為器官捐贈者提供金錢上的回報。假如我們不考慮任何道德倫理問題，這似乎是一個最方便的做法，為器官移植的需求提供了市場解決方案。要為器官作出定價，貝克爾和伊利莎考慮到手術的風險和康復期間所失掉的時間，而用來估計需求彈性的變量，則包括等候時間和黑市供應。他們的論點是，這種方法雖然似乎把人類器官變為商品，但這做法卻等同於利用另一婦人的生殖器官產子，因為付錢拯救生命和付錢製造生命，在道德意義上並無二致。他們也認為，由於企業願意付更高報酬給從事高風險行業的勞工，因而身體上的風險在市場上本來就有一定的價格。那些願意售賣自己器官的人，一般都是比較貧窮的，所以貝克爾和伊利莎指出，我們不應阻止他們以自己所僅有的，從富有的人身上賺取金錢。[48]

從神學的角度來看，買賣器官的基本道德問題，在於人乃按照上帝的形象被造，是獨特而寶貴的個體。因此，每個生命都是上帝恩賜的禮物，不能為之訂定價格。就是對於非信徒而言，生命的價值和器官移植的優次等問題，都需要作詳細考慮，不能單憑經濟效益和市場需求來決定。聖約的觀念提醒市場參與者，許多道德倫理問題，例如：關心從事高風險行業的勞工、要求雇主保障員工安全，以及保護工人免受不公平待遇等，都是我們必須關注的事情。我們不能任由社會及經濟自由發展，形成欺壓的制度，以致社會資源分配不公，漠視貧窮人的需要，以及忽略社羣關係及彼此互助的重要性。我們必須重新檢視市場的界線，建立對聖約特質的敏銳度，且不容讓經濟模式成為人類生活的規範。

市場有一種自然傾向，就是按照個人自利的原則，使道德價值變得次要，讓其日漸失落。這種自利的觀念對富有的人來說是有利的，因為以金錢價值為主導的系統，可以幫助資本家或富有的人得到更高的回報。可是，我們必須知道，無論是史密斯的自利觀念，或後來發展而成的個人主義自利觀，市場交易本身的運作，它們都需要最基本的道德倫理觀念的支持。許多我們要珍而重之的價值，例如：誠實、公平、信任和承諾等，都是在市場裏雙方交易時的必然前設。努斯鮑姆（Martha

Nussbaum）指出，現代經濟學假設「經濟人」是一個自私自利、追求個人功利的人，而利他主義則是為了提高個人聲望而作出的另一種自利行為。有些經濟學家，包括森在內，都極力指出這些前設的不足之處。森認為，共感和承諾乃是各自獨立的動力源頭。努斯鮑姆則指出，近年那些有力的數據顯示，在大屠殺發生的時候，很多人冒著生命危險，甚至押上自己的家庭、聲望和生活質素，去拯救被屠殺的猶太人。[49] 在這情況下，倫理的動機帶來勇氣，促成了美善的行動。在此，合約不足以保障超越性的道德規律和信念，然而這些道德信念卻是人類生命最有價值的部分。由此可見，人與人之間的關係必須具備聖約的特質，就是在進行合約交易的時候，聖約的特質也必須同時並存，以保障關係中的互信和合作基礎。忽略聖約的元素不但帶來道德問題，而且更影響到人類本質的核心，造成對人類本質的傷害和破壞。

在天主教的社會教導中，一直都把道德倫理視為核心議題。在二〇〇九年七月，教宗本篤十六世（Pope Benedict XVI）發出《在真理中實踐愛德》（*Caritas In Veritate*）通諭，指出真理對於我們了解愛德和經濟行為是非常重要的。愛德是天主教社會教導的核心價值，而且必須建基在愛和真理之上，以致人與人之間的關係可以具備真理的基礎。倘若缺乏真理基礎，愛就變得隨意和空洞。本篤十六世以「道」（*logos*）說明「對話」（*dia-logos*）觀念的重要性，即溝通和價值共識乃關愛的先決條件。這真理讓我們可以放下固執的主觀看法，一同檢視所有事物的真正本質，把我們的目光帶到基督裏的愛德上，就是以愛德作為一種禮物去領受和分享。因此，信心和理性連在一起，以真理作為愛德的基礎，藉以表達建基於真理的愛。本篤十六世指出，「發展、社羣福祉，以及為嚴峻的、困擾人類的社會經濟問題尋找一個滿意的答案等，都需要這真理」。[50] 在全球經濟和金融市場面臨劇烈動蕩之際，本篤十六世呼籲人要對真理有所認知，以及重尋愛德的真理基礎，這的確是非常適切的。

作為道德倫理的核心要素之一，愛德必須是真摯和坦誠的，這種真誠乃建基於以耶穌基督為核心的真理上。本篤十六世向信仰羣體有效地宣告了這一通諭，他鏗鏘有力地指出現代市場中道德及真理的重要性。可是，我們不但需要倡導道德條款，更需要一個有效的框架，使之能有效地實踐出來，以及普遍地得到認受。尤其是對非信徒而言，他們是社會的主要受眾，如何讓他們洞悉真理是十分重要的，否則所倡導的只會成為信仰羣體的信念，難以在社會中落實。對非信徒而言，真理仍然是隱藏的，但聖約和良知的觀念，可以引導他們認識真理。聖約挑戰人的良知，使他們明白到身為經濟市場的一分子，必須在經濟活動中明辨道德倫理的重要性，這樣才能作出合宜的抉擇。

本篤十六世在他的通諭中，還進一步討論到一些實際問題，包括知識產權、政府角色和環境保護等。腓力普斯（Jeremy Phillips）指出，天主教的通諭罕有地在知識產權方面——尤其在醫療領域方面——作出了引人注目的批評。事實上，知識產權法的濫用，有可能帶來不負責任的行為，甚至不必要地保障了有錢人的利益。可是，知識產權法也有其正面的影響，例如：它有助防範假冒及有害的產品。[51] 事實上，知識產權的合約元素本身有其優點，但為了避免它向律法主義傾斜或出現濫用的情況，就必須建立良好的聖約基礎。本篤十六世所展示的，是一個蓋括性的框架，這框架可以通過兩基柱典範來加以強化及平衡。

為了進一步向經濟學提出適切又易於明白及應用的神學回

應，我們需要更廣泛的神學基礎。諾瓦克（Michael Novak）指出，通諭裏的一些字句「幾乎不可能實踐出來」。可是，本篤十六世的動機，大概不是要回應政策細則，或全面地分析經濟問題。通諭乃宣講一套建基於真理的世界觀，把經濟活動的形式看作一種在真理基礎上的愛德。可是，這種對真理愛德的呼籲，並不包括實踐的框架，未能為實際的決策過程提供建議。雖然我們必須個別研究和分析每個特殊的經濟問題，可是也需要一套適切和實際的概括性理念，以達到市場平衡的目的。[52] 在此，聖約觀念可以作為宣講的工具，進一步推動人類對道德倫理的認知和了解，以及為兩基柱市場架構訂定基礎。

在經濟市場中，正確的價值觀是很重要的，因為它們支配著所有市場活動背後的動機和目的。這些價值觀掌握了經濟發展的方向，因此我們必須確保這是合乎普遍性的真理。本篤十六世質疑現代經濟對「發展」定義，因為縱然全球財富總和正在不斷增加，但經濟分配上的不公平現象卻仍然持續。[53] 經濟活動裏的貪污和非法事件，無論在富有和貧窮的國家都時有發生；至於跨國企業那漠視人權、欺壓貧窮人的經營手法，更是屢見不鮮。這些不斷持續的經濟問題，再次提醒我們，單靠經濟和科技發展，並不足以建立理想的社會。經濟發展必須顧及全人福祉的全面需要，且要避免經濟增長所帶來的負面影響。本篤十六世在他的通諭中說明了某些狀況，當中有關經濟不平衡的論述，正正與兩基柱典範的市場平衡目標一致。

訂立兩基柱典範平衡機制的其中一個主要目的，就是重新把經濟活動的焦點，轉移到人類真實的生命和道德倫理價值上。本篤十六世嚴正地指出，所有經濟和社會生活的焦點和目的，都是指向人類本身。他指出：「首先要保障和維持其價值的資產，就是人本身，這乃是人類本身的誠信。」[54] 所以，一些如工作、勞工的轉移流動、福利、平等、自由、邊緣化等問題，即許多與經濟生活有關的問題，都是政府和公共機構的首要關注點。社會文化和教育理應幫助個人為自我定位，讓其在社羣中找到超越自我的本質，並帶著真誠和道德理念去推動市場內的誠信。同時，這也是人類對生活的尊重，在當中確認所有人都有享用基本食水和食物的普遍權利，以及免受任何歧視。本篤十六世堅持要敞開生命，以此作為真正發展的基礎，並公開批判那些倡導墮胎、推動絕育和容許安樂死的機構。[55] 他認為，實踐人類道德倫理是人類發展的基本準則，也是人類真誠地生活的先決條件。可惜的是，現代社會更深刻地受到以金錢為定義的經濟動機所驅動，以致忽略甚至失去了這些重要的、不能量化的人類本質。本篤十六世對人類道德倫理的評論，可說是一種根本性的評論，因為這些道德價值觀，乃是人類生命和真理的精髓，也是聖約生活裏不可或缺的部分。

本篤十六世指出：「市場是讓人與人相遇的經濟架構，他們是交換同等價值產品和服務的經濟主體，並使用合約來監察彼此之間的關係，以滿足他們的需要和慾望。」[56] 事實上，這種方式就是「等價交易」(commutative justice)。相反，本篤十六世呼籲，我們必須在市場經濟裏，追求分配上的公義(distributive justice)和社會公義(social justice)，以正視市場的人性化關係本質。《在真理中實踐愛德》頒布後一個月，共有六十八位新教徒聯名簽署支持這份通諭，並邀請其他人對其內容作出討論和回應。正如他們所指，這通諭沒有把人看作全球一體化或經濟活動的受害者，而是為合一、公義和共同利益而戰的主要領導者。他們作戰的重點和目標，是為著一些超越和轉化經濟利潤及增長動機的人性特質。[57] 合一和互信，乃是市場運作的重要基礎，需要市場參與者共同努力推動的一個平衡和健康的經濟秩序。在這過程中，我們需要使用合約去監察經濟功能，但單靠合約並不能鞏固社羣中的凝聚力。這種凝聚力是健康的經濟活動所必需的，讓人可以在工作和交易裏，看見相互間的關係和彼此服事的重要性。在此，人類對聖約觀念的認識和實踐，都是非常重要的。

新教徒和猶太傳統一向都甚為重視聖約觀念，在天主教的社會言訓裏，也有倡導類似的共同利益觀念。可是，這只是表面上的相似，但基本上卻是不同的觀念：共同利益聚焦於社羣和公共產業，代表所有社會參與者都可以享用的條件和社會資產；聖約則是一種更廣泛的觀念，涉及人類生活的根基，包含了共同利益，且更進一步深入所有人與人之間的關係裏。共同利益是價值目標的一種，其他價值觀念，例如：公義、自由、平等和道德誠信，對人類來說也是同樣重要的。聖約是一個進程和建立關係的方法，讓參與者可以一起努力，追求共同的信念和價值觀，而共同利益則是聖約特質或目標的其中一環。聖約包含著豐富的歷史，重點是建立關係和鄭重的承諾、羣體中的連結和公義，以及能夠兼容不同形式的體制。兩基柱市場中的聖約基柱，提醒參與者必須強化人與人之間的關係、責任感、道德感和合作精神。而且它也以共同利益作為目標之一，並加上關愛別人、捨己精神，以及對真誠的追求。

在福利經濟學的發展過程中，學者們普遍認同和倡導共同利益觀念。盧茨（Mark Lutz）認為，共同利益是「有關如何建構社會經濟的論證，讓其成員為所有社羣成員提供基本商品時，共同得到益處」。[58] 他指出，社會經濟學認同共同利益這一觀念，並在經濟分析中為社會性因素預留空間。所以，從另一角度來看，它是一種對傳統經濟學中的個人自利觀念的批判和重塑。事實上，並非所有社會經濟學的方法，都以約化的方式錯誤地把經濟學進路加諸人類行為之上。福利經濟學的焦點，就是要研究社會福利相對國民總收入的數量和分配問題，並通過分析失業率、社會成本及公平分配等問題，尋找朝向共同利益之目標的方法。[59] 它認同競爭平衡點不能自然地帶來共同利益，那些代表著市場中的人性化因素，例如：公義、平等、共同利益等，在這一類的經濟學分析進路中終被獲得肯定。[60]

可惜的是，福利經濟學和它的論點，經常被主流的經濟學分析所忽略。森為了對於這種情況表示慨歎，他指出主流經濟學家愈來愈不重視福利經濟學，這意味著道德倫理和現代經濟學之間的鴻溝愈來愈大。在經濟學模式中加入倫理角度，被認為是不科學的，且為經濟模式帶來了許多不明朗因素或難以計算的結果。因此，福利經濟學被排拒於經濟預測之外，那些預測經濟的經濟學模式，仍以自利觀念為其單一目標。[61]

我們並不是說，那些被約化且不包含道德倫理考慮的經濟學模式是毫無意義的，因為約化的計算方式，對應了實質的市場交易模式。我們是說，假如要正面地通過這些經濟模式來促進人類的共同福祉，就必須針對這些市場交易模式所提供的資料，從聖約的角度加以檢證並作出分析，藉以平衡和補足我們對經濟活動的理解。這是因為經濟活動的基本本質，總離不開人與人之間的關係，而道德倫理和共同利益也是聖約特質的重要部分。聖約觀念不但包含這些元素，而且更超越這些特質，在人類深遠的歷史根源上，顯示出與人類生命和全人福祉息息相關的、豐富的內涵。重尋聖約的價值觀，將有助促進經濟學在方法論上的發展。兩基柱典範就是一個跨學科整合的例子，它促進不同學科之間的對話和反思，為現時市場中的合約基礎，提供了從聖約觀念而來的洞見和思維。

本篤十六世認為，追求共同利益是公義和仁愛的先決條件。所以對他來說，爭取共同利益一方面是為了這個理念本身的價值，另一方面也是為了建構社會羣體，包括共同參與建立社會政制、法規、文化等機制，促成社羣的整體共同目標。[62]他也合理地指出，市場不是單一存在的，而是受到它四周的配套和運作方式所定義和影響，以致形成它發展和改變的方向。[63]

經濟學和財務工具都是為人類生活和共同利益服務的，而不是反過來影響或操控人類的生活方式。在這方面，雖然天主教的社會教導經常被視為對市場經濟模式給予肯定，但它卻不斷嘗試提供新的洞見，期望能在經濟活動中為人類真誠的社會關係帶來更佳的互動。聖約的觀念準確捕捉了共同利益的意義，並將之延伸至一種關係進程，這關係原本就是在創造中深藏於人類的本質裏的。共同利益觀念也提醒我們，要把焦點從個人自身的利益，轉移到整體共同利益之上。聖約的觀念把這種分享和共同擁有的思維，與人類的關係、忠誠，以及對社羣的委身連繫起來，而且這是基於更強大的宇宙性連繫，將一切被造之物連結起來，就是人類基礎本質中的關係秩序。聖約與合約，在兩基柱典範中互動，促成平衡的經濟市場，這也是天主教社會教導中所期盼的結果。

聖約的觀念——自從源於耶和華上主與祂的百姓以色列人的立約關係以來——一直是猶太教傳統中反覆探究的重要觀念。近代猶太拉比薩克斯（Jonathan Sacks）把聖約視為共同利益的政治觀，通過聖約使社羣中的人都能彼此尊重。共同利益的觀念，促進一個彼此負責的社會。例如：合宜的消費習慣，需要考慮到環境保護和大眾利益。聖約所強調的環保意識，不但呼籲直接地投入資源進行環保工作，也是為了提高每位市民在日常生活中對於環保的責任意識。就是這樣，通過對未來的委身，聖約把人連繫在一起，使相關的倫理價值觀成為社羣文化的一部分。[64]

聖約的關係建基於保障自由和尊重個人取向的誠信原則，因此也必然地容納多元及分歧的聲音。薩克斯指出，聖約的存在是因為我們各有不同，而且也在尋求保障那些不同之處，即使當我們走在一起，為著共同利益而付出自己所擁有的時候，也是如此。[65] 雖然共同利益不足以代表建立關係的進程，但它卻有助我們明白聖約的觀念，幫助非信徒了解這種羣體取向，也確立了聖約生活的其中一項目標。蒙特（Eric Jr. Mount）認為，無論是信徒或非信徒，都會知道建立社羣關係是非常重要的。他指出，聖約和創造中的上帝形象等神學觀念，肯定了羣體關係和共同利益是十分重要的，但其他不同的信仰羣體，亦可能從各自的出發點，找到指向共同利益的相同目標。[66] 因此，許多人性美善的聖約特質，無論對哪類信仰羣體來說，都是共通的。另一方面，每個人都身處於不同層次的關係處境裏，從親屬及社會關係，乃至商業伙伴和街上的陌生人等。即使如此，無論我們面對怎樣的關係處境，當中依然會有一些共同的、與關係有關的目標，例如：人總渴望擁有最深層的親密關係，又或在更廣泛的層面上共享公義與和平。這些最基本的美善特質，無論在甚麼處境、文化和時空裏，都是共通的。

我們需要讓道德倫理深入人類生活的各個領域和層面，由個人到社羣、從家庭至全球。正如本篤十六世指出，消費是超越經濟考慮的行為。它是一道德行動，由經濟人的道德抉擇所形成。「因此，消費者有一定的社會責任，與企業的社會責任相輔相成。消費者必須持續地接受有關他們日常生活角色的培育，在不減低消費行為中的內在經濟合理性之上，同時尊重道德原則。」[67] 從另一角度來看，社會責任和其他道德考慮，都是我們為經濟市場設定限制的重要原因。可以說，兩基柱典範主動地促進市場對道德倫理的認知，通過聖約基柱，使人明白到道德倫理是經濟秩序中的必備元素。聖約觀念更倡導捨己的愛和互相信任的關係，並使之與合約裏的公平和保障等元素相互動。

經濟市場不會為那些沒有消費能力的人自動提供保障，例如：兒童、病人和殘疾人士等，因此它不能為社會提供公平的資源分配方式，或對公共產業和利益提出洞見。更重要的是，它既無法促使企業提升道德倫理的意識，也不能為個別參與者建立一套道德標準。市場機制是不完美的，也就是說，單單以經濟學進路組織生產和釐定分配的規則，並不足以有效地促進平等和公義。[68] 事實上，即使是完美的市場運作模式，也無法保證平等和公義。因此，我們必須主動在教育和實踐上強化聖約的特質，促使其成為經濟文化規律的一部分。

假如沒有道德倫理作為市場的基礎前設，經濟市場根本無法運作。合約為交易訂定了規則和條款，讓參與者可以有法可依。這機制是一種被動的信心保障，讓人可以對一個完全陌生的市場參與者有一定的基本信任。所以，合約反過來促進了聖約中的公義和責任價值。這些道德價值完全依賴參與者在個人及社羣層面上，共同促成和實踐，才能為市場活動建構人性化美善的基礎。在這過程裏，政府及其所定的法規扮演了十分重要的角色。

6.5 市場規範：政府的角色和政策

政府於經濟市場裏的政策、角色、干預程度和限制等課題，在政治學、法律學、社會學和經濟學裏都有廣泛的研究和討論。即使是在史密斯原本的制度裏，也認為市場管理及法規是必需的。史密斯認為政府有三重角色：國家防衛、社會公義和公共事務。國家防衛是為了保護國家聯邦體系的安全；社會公義則應該是與政制權力分開的，因為它需要得到特別的關注，不能被政治手段干預；公共事務的意思，是指必須建立機制，通過培育青年、向公眾發出指引、教導宗教價值等，協調商業活動。由此可見，史密斯所倡導那個商業世界，並非是一種理想的狀態，也不是完美獨立的系統，而是需要社會機制的干預，以致將其引回正途。正如穆勒所提出，史密斯系統的主線，乃是關於我們可以怎樣建構一個經濟市場，以致人的自利取向可以成為益處；尋求別人認同的共感傾向，可以使人更無私；社會機制能讓人兑現其承諾並為人提供服務；法律規範能處理性和生育的需要，建立人對家庭制度的尊重，並加強節制及自我約束的能力；國防和税務法規能避免不必要的爭端，同時防止戰敗對社會民生帶來的傷害。[69] 從史密斯的年代至今，社會經歷了許多複雜的變遷。時至今日，適切的管治和法規愈形重要，而且還需要不斷更新和發展，以趕上現代市場的步伐。

薩克斯指出，在過去的半個世紀，有兩個操控著社會的機制：國家和市場。國家就是指到不同的民族，而市場則與個人有直接關係。在市場中，我們按照個人的意願和能力選擇、消費和採購，在這過程中，主要就是在考慮自己。[70] 由於市場把人的焦點聚焦於個人的金錢利益和權力，因而損害了忠誠和互信。此外，市場也促使人類不停推出新產品，不斷調整價格、提供更具吸引力的選擇，目的全是為了增加銷售。[71] 在現今的市場裏，史密斯式的自利觀念，已經進一步發展和扭曲成為自我中心和個人主義。人類面對的，是一個追求利潤和個人享受的環境。人與人之間的關係以及照管的觀念，已由追求自我保護和個人私利所取代。現代經濟學家和決策者的挑戰，就是在合約市場中重新建立聖約的特質，使經濟運作方式恢復平衡。

薩克斯又以市場、國家和聖約三者為社羣和生活的不同進路。國家體制迫使人做合宜的事，而市場則以金錢使人做合宜的事，兩者都需要人與人之間的尊重和互信。可是，假如人與人之間的關係乃建基於道德倫理之上，那麼就應當把人視為服務的對象和目標而不是工具，這也就是以人為本的意思。聖約通過道德結構而建立合作關係，使「你」和「我」變成「我們」。聖約是兩個或以上的個體之間所建立的，是一委身的承諾，大家一同工作及彼此照顧，並在過程中尊重對方的自由、誠信和差異。聖約是一種沒有權力的政治，也是一種沒有自利的經濟觀。[72] 雖然上述對經濟生活的看法和進路各有不同，但事實上它們並沒有互相排斥。問題是，這些進路該怎樣互動，以致在它們各自的領域中推動正面的市場活動，以促進平衡健康的經濟生活。在此，國家的任務就是保護人民權益、推動經濟公義，以及教育國民；市場為自由和獨立的交易需求，提供了一個有效的平台；聖約則建立道德羣體，促進人與人之間的聯繫和互信。在兩基柱典範中，政府擔任十分重要的角色，它致力培養、保障和規範經濟秩序。同時，政府亦必須不斷提醒國民，以聖約特質來平衡合約的方式，並且檢視市場架構中，社會整體在公共利益和社會產業方面的資源投放是否合宜。

究竟政府應該怎樣干預市場活動，以及作出多少干預呢？在此，我們回到一些經濟學家的研究裏，看看他們在其經濟學模式裏加入間接變量時的影響。貝克爾認同文化、規範、社會結構和其他間接因素都是十分重要的，他認為這些都會影響經濟行為。可是，他亦認為其他學科的方法和進路都有所不足，以致未能適當地分析社會對人類行為的影響。因為生活潮流、生活方式、傳統和文化規範等，都對行為和選擇有很大的影響。貝克爾的解決方法，就是讓父母、學校、宗教、政府和其他機構，都一同塑造下一代的價值取向。至於塑造的方式，就是通過社會市場模式，建立社羣力量，以及影響社羣組織的形成。[73] 我們的確需要在社會裏培養正面的文化規範和取向，可是這並非一種盲目的塑造。教育家和相關的培育機制必須推動人性化美善，在社會生活裏注入聖約的特質，塑造關係建立的模式及道德文化，才能促進市場平衡，且讓下一代明白人類真誠互信的關係是非常寶貴的。

我們已經看過，經濟學離開市場限制、企圖約化人性特質的負面結果。這些本身極具意義的經濟分析工具，在貝克爾將其應用於分析公共福利事項時，同樣出現負面的結果。在一項由貝克爾、墨菲（Kevin Murphy）和菲利普森（Tomas Philipson）所做的共同研究中顯示，當他們為經濟模式裏的變量重新定義時，善終服務的價值比現時預期的高出很多，也比生命的邊際價值更高。他們的前設包括以下四項：第一，病人「願意付費」的意向，設定為與「生命終結的時間」非線性地增加。第二，他們假設一個生命的社會價值，在對他人有正面的外在影響時，將會比它本身的價值為高。[74] 第三，他們把善終服務中被忽略的元素，即病人「生存的盼望」，加進其模式之中。第四，延長生命的價值，被設定為與病人的生活質素無關。在這些前設和變量上，他們建構了數學模式，把其他因素如醫療費用和保險都計算在內。研究結果顯示，消費者對延長壽命有很高的需求。於是，他們的結論是，臨終病人將會理性地願意付出更高的醫療開支。也就是說，善終服務和醫療技術的需求，對投資者來說，具有極大的市場潛力。[75]

這項對於善終服務的研究，為我們提供了一些反省重點。

第一，資助者和決策人對善終服務的「價值」的定義，不一定只著重於經濟數量上，也同時涉及家庭觀念、道德標準和哲學世界觀等。經濟學的進路本身，在它的觀察、分析和政策建議方面，都包含著一定的約化和限制。

第二，在重新建構經濟學模式時，涉及許多以往忽略了的聖約價值。這些在家庭和社羣裏的重要元素，可以在兩基柱典範的聖約觀念裏，被輕易地辨識出來。

第三，模式裏使用的計量經濟學，本身存在一些限制。它每次只能分析模式裏的一項獨立變量，因而難以把所有變量整合，並檢視它們的互動狀況。這個限制也同時存在於許多社會科學學科的研究方法裏。

第四，就著第三點延伸下去，問題並不單單在於這些變量的研究方式，而是它們的定義本身已經足以滿足預設模式的要求，以致引申出一套特定的結果。費伯（Marianne Ferber）認為，新古典經濟學模式最大的問題，就是假設所有人都是理性的，但卻沒有為「理性」作出清晰的定義。她指出，雖然貝克爾的經濟學模式嘗試把效益達致最大，但效益可以轉過來被定義為我們最希望達致的結果，而只有達致這種最大效益的人，才被我們定義為理性的人。這就是說，行為經濟學模式，可以在一套預設的結果上得以建構出來，以致當中的前設和變量，都是為了滿足這個經濟學模式而訂定的。[76] 例如：「盼望」的價值，在經濟學上被定義為「為未來生存的現行效益」。也就是說，生命的價值是一種持續盼望的功能程式，這代表著生命的邊際價值。在此，生存的盼望和邊際價值，得以在數學語言裏加以分析，以變量的定義來計算和設定它們之間的關係。

第五，雖然研究報告其最終的結論提出了生命的社會價值，以及盼望的重要性，但這些人生價值，也只是在經濟效益和金錢潛力的層面上獲得肯定而已。從經濟模式中來看，臨終服務的消費傾向，比數據裏生存時間的估價更高，使生命於終結前的估值比預期為高。「盼望」在此被約化成幣值，予以支持分配更多資源給善終服務。同時，由於這善終服務市場的需求缺乏彈性（inelasticity of demand），所以需要政策和保險計劃的支持。按照這種經濟學思維來釐定社會政策是非常危險的，雖然這項研究的結論，似乎合乎人性化美善原則，但其動機和誘因卻截然不同。人類的生命是寶貴及無價的，絕對不能被約化成為貨幣單位。我們之所以要加強善終服務，乃出於聖約裏的關愛，目的是為了保存人類的生命和價值。

當我們把第四和第五點加起來時，善終服務的經濟學進路，也就成為觀察和討論為何善終服務有「高需求」，並且對許多人性化元素，例如：意願、盼望和社會價值等，設定了經濟數量，以幣值來量化每一項元素以供分析。在這過程裏，人的價值被約化，且被加諸特定的意義，以此作為量度及觀察的標準。事實上，經濟學的任務理應是觀察、分析，以及強化照顧和管理的效率，而不是通過幣值價格來評估服務的需要。在資源分配的問題上，我們不但需要考慮個人及社會層面的經濟價值，也需要關注到聖約的價值觀念，例如對生命的尊重及對別人的關愛。由於經濟分析裏的約化和前設，經濟學模式並不考慮那超越性的人生價值，因而可能導致在政策上出現不良後果。假如我們只依賴經濟學模式來釐定政策，在過程中將會忽略了許多人性化因素和道德倫理的考慮。例如單從經濟貨幣價值來看，為有錢人提供的善終服務價值，會比為貧窮人提供的價值更高，但這不代表生命的真正價值，也不等於有錢人的生命比貧窮人的更有價值。本篤十六世指出，適切地釐定法規和政策尤其重要：

> 經濟生活無可置疑地需要合約，以便規管等價商品的交易關係。可是，它也需要那公平的法律，以及受政策管制、重新分配資源的方式。更甚的是，它需要具有散發著饋贈精神的作為。全球化世代的經濟似乎對前者的邏輯更有利，就是合約交易的方式；但它也直接或間接地，顯示出對其他兩者的需要：政策上的邏輯，以及無條件饋贈的邏輯。[77]

政策邏輯和經濟功能，在現代社會裏是緊緊相扣的。有些人可能誤解了本篤十六世的通諭，認為他傾向建立一個世界大同的政權。事實上，通諭的主要目的，是詮釋經濟活動背後的人觀和道德價值。[78] 正如肯尼利（Ivan Kenneally）指出，通諭並不倡導任何特殊的機制或經濟政策，而是把焦點放在基於真理觀的、人類的整體發展之上，並呼籲人類對其經濟狀況和目標作出更深層的反省。[79]

貨幣政策的結果，以及促進經濟增長的能力，對政治選舉和政客的支持率都有很大的影響力。因此，經濟政策的方向和背後的根據愈來愈受到重視。盲目地追隨自由經濟市場理念的時代已經過去了，目前所見的乃是市場裏的不公平和金融架構的失陷，而且這種趨勢更日益明顯。正如阿蒂亞（P. S. Atiyah）所說，已發展及發展中的國家的政府，都主動在資源分配上發揮其影響力。例如：政府直接地操控國營企業的資源，以及提供所有公共產品和服務。政府更有效地通過價格監控、薪酬限制，以及其他法規和金融管理等，操縱著經濟市場，並壓抑某些商品的需求量，又或提高對另一些商品的需求。而且，在公共系統之中，資源分配的決策過程，是通過委員會或企業機制來決定的，這些都不在市場運作模式裏。[80] 例如：高等教育的資源是特定的，按照法規而分配，在過程中所考慮的是社會資本和公共利益。這些政策性的干預，都是基於市場本身的不足，以及聖約的特質從市場規律中失落的結果。

6.6 兩基柱持續地為市場作出平衡

在一個名為「最後通牒博弈」(Ultimatum Game)的經濟學實驗裏，要求兩位參與者分享一筆錢。其中一位參與者將會提出分配方法，而另外一位則決定是否接受。假如第二位參與者決定接受，他們就會按照協定作出分配；假如第二位參與者決定不接受，兩人都不會得到任何金錢。按照獲取最大自我利益的模式，第二位參與者理應接受任何的建議，藉以獲得一定的金額。因為即使是九比一的分配，雙方都仍然會獲利。可是，實驗的結果顯示，當分配建議離五五分配愈遠時，受到拒絕的機會就愈大。當第一位參與者的分配建議，被視為不公平或帶有壓榨成分時，第二位參與者很可能會拒絕接受，以致雙方都不會獲得分毫。[81] 這個有趣的實驗，指向一個事實，就是自利的動機並不代表一切。人性本身的心理狀態、情緒、判斷和認知等，都會影響最後的決定。經濟活動是在一個社羣和關係的處境裏發生的，因此經濟參與者的動機不會只由金錢利益主導。經濟市場必須成為一個人性化的平台，才能更有效地承載交易活動，並且要在非人性化的合約條件下，注入關係和施贈的元素。

合約是經濟規律和保障的工具，而聖約則是一種關係進程。正規或書面的合約，事實上是為背後的關係建立法律和行政的機制。[82] 這些例子包括集體談判協議和公司章程。法律學者麥克尼爾(Ian Macneil)認為，這種安排蘊藏著不平等的濫用和強迫元素，因為這種依賴法規的處理方式，把人類溝通的渠道和行為，變成一種非人性化的新古典主義。[83] 在合約安排裏，參與者必須接受不平衡的權力狀況，或是不完全的資訊。清楚的法律和界線，並不能使交易關係在法與理之間取得平衡。在此，合約和聖約之間的敏銳度和互動作用，乃是關鍵原則。合約規管法理權威的界線，而聖約則建立內裏的價值觀念。聖約提醒人類施贈和付出的重要性，而合約則促進互動和回饋。因此，合約和聖約並不互相排斥，而是相輔相成地在給予和收取的行為中，促進雙方的合作和互動。聖約的進程雖然不要求回饋，但接收者卻以感恩和祝福作回應，以致雙方在信任和關愛中互動，並建立一種比合約交易更深層的溝通關係。

有些自由市場的倡導者，把經濟市場視為一個自我調整的機械工具，並且認為它可以通過數學模式，作出科學化的徹底分析。這是一種約化的做法，並不能反映現實。納爾遜認為，這是一種具破壞力的比喻方式，因為它鼓勵了不負責任的自由商業政策，以及不切實際的反市場另類建議，反而使我們不能理性地發展合乎大眾利益的經濟秩序。當經濟市場被喻為自動化的機械工具時，就是要把它放置在自利的人性扭曲中自由運作。納爾遜指出，市場並非自動機械，而是有機的生物，同時代表著身體的功能和道德心靈的生命。這有機體的「身體」，是經濟活動裏的生產、就業、財務管理責任、經濟發展，以及享受生活的機會等。這有機體的「心靈」，是經濟發展和活動中的倫理考慮、人與人之間健康的關係、人類彼此間的關愛、社會對貧窮人和有需要人士的照顧，以及環境保護等。假如有身體而沒有心靈，我們就會單單注目於短期利潤，以致工作間的人際關係變得疏離，各人亦只顧消費和經濟增長。假如有心靈而沒有身體，我們的生產和服務就會變得被動，忽略照顧實際的需要和限制，忘記財務上的責任，甚至對金錢和權力產生恐懼。[84] 對於納爾遜來說，我們的出路就是為經濟學的軀體注入生命，把人類心靈和倫理價值重新引入經濟活動裏。納爾遜所建立的典範，正視了經濟市場對人類生命的重要性，呼籲它為現實和真誠的人性化生活服務。也就是說，這典範確認了人是以關係為本的動物，是具有倫理和心靈上的需要的。要讓經濟市場承載人類生活真正的面貌，就必須把道德和靈性注入經濟規律裏。納爾遜的想法，正合乎兩基柱典範的取向，而其中的道德和靈性觀念，在聖約觀念中得以更全面和豐富地反映出來。

雖然人類「愛自己」這一觀念可以包括需要和慾望，但羣體關係也是人類基本的需要之一，而且這種關係特質無法完全反映在經濟學裏，更往往在經濟市場中被忽略掉。當人類形成羣體，通過聖約相交時，量化和非量化的需要都得到滿足和優化。反之，當人類被個人主義所主導，在市場的合約條款裏保護自己時，帶著權威的一方，將會操控其中的秩序，且為了滿足一己的慾望而漠視他人的需要。斯塔克豪斯（Max Stackhouse）指出，所有人與人之間的關係都包含著「權力」這一元素。當較具權威的一方與較弱勢的一方建立關係時，就必然發生操控的情況。在聖約裏，每位參與者的命運都是和其他人連在一起的，他們完全委身於共同的連結之中，按照共同的目標、原則和價值觀而活。聖約是創造中揭示的生活方式，是上帝對一切被造之物的照顧和關愛的承諾。即使人類漠視上帝的吩咐，以致傷害自己和整個大地，並扭曲創造中的共同美善，上帝卻仍然信實守約，並在聖約的原則下，繼續顯明祂的慈愛。[85] 我們需要重溯這種深藏於人類創造本質裏的聖約觀念，辨別和棄絕那扭曲人性的市場特質，並通過聖約和合約的平衡，重新建立真摯的生活方式。

雖然我們辨別出經濟學和市場的限制，但這並不表示會削弱經濟學和經濟分析的重要性。相反，我們正正需要發展更完善的經濟學理念和方法，因為它對政策和社會活動的影響力是長久和深遠的。經濟分析固然必須專注在市場及合約變量上，但亦要敏鋭於人類有機活動帶來的變化和影響。與此同時，我們需要培養對聖約觀念的認知和敏鋭度，讓它繼續成為我們的提醒，以致更深刻地明白到道德、共同利益和其他人性美善的重要性。在史密斯系統裏的自利、善心和共感觀念裏，我們發現經濟學的源頭並沒有假定人是自私的，也不認為可以任由市場完全自由地運作和發展。事實上，史密斯在其分工概念中，同時肯定了效率和合作的重要性，以及政府在國防、主持公義和公共建設上的必然角色。史密斯的經濟學與神學的不同之處，在於前者對市場在自然發展或進化下給予正面肯定，即依賴人類本質的自然發展，以及「無形之手」其進化機制的運作，史密斯認為這些足以促進和發展健康的經濟秩序。神學的人觀對這些前設則提出質疑，認為完全地依賴人性和自然進化是危險的，因為人在罪性下的扭曲，足以使經濟市場變得愈來愈非人性化，使身處其中的人聚焦在合約計算上，忽略聖約特質和人性美善。兩基柱就是為了喚醒這些深藏於人心底的美善本質，同時按照現實情況和需要，為經濟市場提供持續平衡的機制，在促進生產效率和彼此合作的同時，也照顧到全人的需要和福祉。

註釋

1. 一般來說，自然神論者（deists）相信上帝已經創造了一種自然的邏輯及理性秩序，然後不會再有進一步啟示或介入人類的生活。自然神論本身是抽象的理念，因為自然神論者有許多不同的種類和想法，沒有一套統一的系統。伯恩（Peter Byrne）指出，自然神論者們的共通點，只是他們都質疑傳統的啟示性宗教。由於亞當．史密斯（Adam Smith）並沒有在其作品中直接提及宗教，而只是在字裏行間暗示他的信念，所以我們很難完全確定他對宗教的看法。雖然如此，史密斯的哲學論點明顯存在一種進化觀念，使大多數學者將其視為自然神論者。有關自然宗教、自然神學和自然神論的討論，參 Peter Byrne, *Natural Religion and the Nature of Religion: The Legacy of Deism* (London: Routledge, 1989), 1 ～ 79。

2. Adam Smith, *The Theory of Moral Sentiments* (Indianapolis, IN: Liberty Press, 1981), 128 ～ 130.
3. 篇幅所限，本書不會詳細討論史密斯的宗教觀點，以及對無形之手的詮釋。我們在這裏的目的，是檢視一般學者把史密斯視為一位自然神論者的看法，在史密斯的作品中找出自然和自發秩序的論據。參 H. Richard Niebuhr, "The Religious Assumptions of Adam Smith," *Journal of Theology for Southern Africa* 44 (2006): 6 ～ 22；Donald J. Oswald, "Metaphysical Beliefs and the Foundations of Smithian Political Economy," *History of Political Economy* 27 (1995): 449 ～ 476；J. Ronnie Davis, "Adam Smith on the Providential Reconciliation of Individual and Social Interests: Is Man Led by an Invisible Hand or Misled by a Sleight of Hand?" *History of Political Economy* 22 (1990): 341 ～ 352；Emma Rothschild, "Adam Smith and the Invisible Hand," *American Economic Review* 84, no. 2 (1994): 319 ～ 322；Lisa Hill, "The Hidden Theology of Adam Smith," *The European Journal of the History of Economic Thought* 8 (2001): 1 ～ 29 和 Jerry Evensky, "Adam Smith's Moral Philosophy: The Role of Religion and Its Relationship to Philosophy and Ethics in the Evolution of Society," *History of Political Economy* 30 (1998): 17 ～ 42。
4. P. H. Werhane, *Adam Smith and His Legacy for Modern Capitalism* (Oxford: Oxford University Press, 1991), 23 ～ 24.
5. Smith, *The Theory of Moral Sentiments*, 262.
6. Smith, *The Theory of Moral Sentiments*, 172 ～ 173.
7. Smith, *The Theory of Moral Sentiments*, 50.
8. Smith, *The Theory of Moral Sentiments*, 183.

9. 在此我們從史密斯的《道德情操論》(*The Theory of Moral Sentiments*)轉移到《國民財富的性質和原因的研究》(*An Inquiry into the Nature and Casues of the Wealth of Nations*),並且假設他在這兩本著作中的進路和觀念是一致的。在一八九〇年後期,德國的經濟學家曾經質疑這兩本著作對人類本性的觀念是否互相矛盾。這問題引起了一連串的討論,名為「亞當.史密斯的問題」(das Adam Smith problem)。德國歷史學派的經濟學家認為,《道德情操論》把人類形容為仁慈或施恩惠的生物,可以理想地與別人共感而促使作出道德行動。相反,在《國民財富的性質和原因的研究》中,人類是自私自利的,完全被自私心和對物質利益的慾望所推動。一九七六年《國民財富的性質和原因的研究》的編輯拉斐爾(D. D. Raphael)和麥菲(A. L. Macfie)認為,史密斯自己對這種矛盾的觀點提供了最有力的反證,就是在《道德情操論》第六版的序言中,參照了《國民財富的性質和原因的研究》。史密斯把《國民財富的性質和原因的研究》視為《道德情操論》的延續篇,然後建議寫另一本有關法律和政府的作品,那部作品在他去世前尚未能出版。有關內容方面是否一致,艾文斯基(Jerry Evensky)認為《道德情操論》是道德哲學家的言論,而《國民財富的性質和原因的研究》則是實際應用規範的言論。尼利(Russel Nieli)把經濟關係中自利的擁有觀念,與更高層次的愛和仁慈這些美德分開,將其形容為不同的「親密範疇」(spheres of intimacy)。翁肯(August Oncken)把《道德情操論》視為《國民財富的性質和原因的研究》裏經濟行為的規範準則。泰切格雷柏(Richard Teichgraeber)指出,提出「亞當.史密斯的問題」的人,誤解了史密斯對共感的論述,以為它只是一種仁慈之心,然後把它和《國民財富的性質和原因的研究》中拒絕對仁慈之心的討論相比。事實上,大部分學者的結論都認為,史密斯在《道德情操論》和《國民財富的性質和原因的研究》中的進路是一致的。參 Smith, *The Theory of Moral Sentiments*, 20～25;Jerry Evensky, "The Two Voices of Adam Smith: Moral Philosopher and Social Critic," *History of Political Economy* 19 (1987): 447～468;Russell Nieli, "Spheres of Intimacy and the Adam Smith Problem," *Journal of the History of Ideas* 47 (1986): 611 ～ 624;August Oncken, "The Consistency of Adam Smith," *The Economic Journal* 7 (1897): 443 ～ 450;Richard F. Teichgraeber, "Rethinking Das Adam Smith Problem," *Journal of British Studies* 20 (1981): 106 ～ 123;和 Leonidas Montes, "Das Adam Smith Problem: Its Origins, the Stages of the Current Debate, and One Implication for

Our Understanding of Sympathy," *Journal of the History of Economic Thought* 25 (2003): 63～90。

10. Adam Smith, *An Inquiry into the Nature and Causes of the Wealth of Nations* (Indianapolis, IN: Liberty Press, 1981), 26～27.
11. 在十九世紀，「無形之手」和經濟學分析中的「價格機制」成為了同義詞。有關不同的經濟學思想及對史密斯系統的最新詮釋，參 Jan Peil, *Adam Smith and Economic Science: A Methodological Reinterpretation* (Cheltenham: Edward Elgar, 1999), 157～177。
12. Werhane, *Adam Smith and His Legacy for Modern Capitalism*, 5.
13. D. D. Raphael, *Adam Smith* (Oxford: Oxford University Press, 1985), 93～94.
14. Smith, *The Theory of Moral Sentiments*, 272.
15. Smith, *The Theory of Moral Sentiments*, 82～83.
16. Ian Maitland, "Virtuous Markets," *Business Ethics Quarterly* 7 (1997): 17～31.
17. Evensky, "Adam Smith's Moral Philosophy," 10～72.
18. Jerry Z. Muller, *Adam Smith in His Time and Ours* (New Jersey, NJ: Princeton University Press, 1993), 49～50.
19. Smith, *The Theory of Moral Sentiments*, 171.
20. Smith, *The Theory of Moral Sentiments*, 170.
21. Smith, *The Theory of Moral Sentiments*, 152.
22. Smith, *The Theory of Moral Sentiments*, 166.
23. Smith, *The Theory of Moral Sentiments*, 157.
24. Smith, *The Theory of Moral Sentiments*, 157～158.
25. 與一些著名的經濟學家，例如：乃特（Frank Knight）、舒爾茨（Theodore Schultz）、斯蒂格勒（George Stigler）、弗里德曼（Milton Friedman），以及其他一樣，貝克爾（Gary Becker）屬於芝加哥學派（Chicago school）的經濟學家。他們認為史密斯也是他們的一員。參 Jerry Evensky, "'Chicago Smith' versus 'Kirkaldy Smith'," *History of Political Economy* 37 (2005): 197～203.
26. Gary S. Becker, *The Economic Approach to Human Behavior* (Chicago, IL: The University of Chicago Press, 1976), 169.
27. Barbara R. Bergmann, "Becker's Theory of the Family: Preposterous Conclusions," *Challenge* Jan～Feb (1996): 12.
28. 貝克爾從庇古（A. C. Pigou）的著作中取得這定義。庇古把經濟活動視為那些直接或間接地通過金錢交易而完成的活動。

29. Becker, *The Economic Approach to Human Behavior*, 3.
30. Becker, *The Economic Approach to Human Behavior*, 5.
31. Becker, *The Economic Approach to Human Behavior*, 1 ~ 11.
32. Becker, *The Economic Approach to Human Behavior*, 14.
33. Barbara R. Bergmann, "Needed: A New Empiricism," *Economists' Voice* 4, no. 2 (2007): 1 ~ 4.
34. Julie A. Nelson, *Feminism, Objectivity and Economics* (London: Routledge, 1996), 66.
35. Becker, *The Economic Approach to Human Behavior*, 5. 在貝克爾後期的著作裏，他不再認為不變的取向是經濟學進路裏的一個基本前設。有關貝克爾對這方面改變的詳細分析資料，參 Robert A. Pollak, "Gary Becker's Contributions to Family and Household Economics," *Review of Economics of the Household* 1 (2003): 116 ~ 120。
36. Gary S. Becker, *Accounting for Tastes* (Massachusetts, MA: Harvard University Press, 1996), 139.
37. Marianne A. Ferber and Bonnie G. Birnbaum, "The 'New Home Economics': Retrospects and Prospects," *The Journal of Consumer Research* 4 (1977): 19 ~ 28.
38. Daniel Lawson, "Gary Becker and the Quest for the Theory of Everything," *University of Notre Dame* (2004): 1 ~ 18.
39. Becker, *The Economic Approach to Human Behavior*, 280 ~ 281.
40. Gary S. Becker and Kevin M. Murphy, *Social Economics: Market Behavior in a Social Environment* (Massachusetts, MA: Belknap Press, 2000), 8 ~ 11.
41. Becker, *Accounting for Tastes*, 154 ~ 155.
42. 對於貝克爾應用在家庭及生育上的經濟學進路之分析及批判，參 Judith Blake, "Are Babies Consumer Durables: A Critique of the Economic Theory of Reproductive Motivation," *Population Studies* 22 (1968): 5 ~ 25。
43. Bergmann, "Becker's Theory of the Family," 9 ~ 12.
44. Julie Nelson, *Feminism, Objectivity and Economics* (New York, NY: Routledge, 1996), 74 ~ 75.
45. Bergmann, "Becker's Theory of the Family," 11.

46. Pollak, "Gary Becker's Contributions to Family and Household Economics," 126.
47. Amartya Sen, *Choice, Welfare and Measurement* (Oxford: Basil Blackwell, 1982), 91 ~ 93.
48. Gary S. Becker and Julio Jorge Elísa, "Introducing Incentives in the Market for Live and Cadaveric Organ Donations," *Journal of Economic Perspectives* 21, no. 3 (2007): 3 ~ 24.
49. Martha C. Nussbaum, "Flawed Foundations: The Philosophical Critique of (a Particular Type of) Economics," *The University of Chicago Law Review* 64 (1997): 1197 ~ 1214.
50. Pope Benedict XVI, "Caritas In Veritate," *Encyclical Letter* (2009): par. 5.
51. Jeremy Phillips, "Caveat Caritas!" *Journal of Intellectual Property Law and Practice* 4 (2009): 603.
52. Michael Novak, "Pope Benedict XVI's *Caritas*," available from http://www.firstthings.com/onthesquare/2009/08/pope-benedict-xvis-caritas-1 (cited 17 Aug 2009).
53. Benedict XVI, "Caritas In Veritate," par. 22.
54. Benedict XVI, "Caritas In Veritate," par. 25.
55. Benedict XVI, "Caritas In Veritate," par. 28.
56. Benedict XVI, "Caritas In Veritate," par. 35.
57. Sixty-eight Signatories, "Doing the Truth in Love: An Evengelical Call for Response to *Caritas in Veritate*," available from http://www.firstthings.com/onthesquare/2009/08/doing-the-truth-in-love58-an-evangelical-call-for-response-to-caritas-in-veritate (cited 18 Aug 2009).
58. Mark A. Lutz, *Economics for the Common Good: Two Centuries of Social Economic Thought in the Humanistic Tradition* (London: Routledge, 1999), 3.
59. 福利經濟學挑戰規範性效益經濟理論，認為權利和自由是重要的。阿馬蒂亞・森（Amartya Sen）的能力評估方法，就是其中一種進路。這些福利經濟學進路的前設，是尊重人的尊嚴，以及確認物質上的豐足。有關社會和福利經濟學更詳盡的歷史，參 Lutz, *Economics for the Common Good*, 104 ~ 145。
60. 時至今日，福利經濟學仍然是一門有待發展和詮釋的專門學科，它背後的預設，似乎和經典道德哲學和共同利益觀念是一致的。但正如一切其他研究方法，它也有其自身的限制，需要繼續研究和改進。有關這些限制和其他福利經濟學的關注，參 Amartya Sen, "Personal Utilities and Public Judgements: Or What's Wrong With Welfare Economics," *The Economic Journal* 89 (1979): 537 ～ 558 及 Stephen Worland, "Justice and Welfare Economics," *Review of Social Economy* 63 (2005): 369 ～ 382。

61. Amartya Sen, *On Ethics and Economics* (Oxford: Basil Blackwell, 1987), 27 ～ 57.
62. Benedict XVI, "Caritas In Veritate," par. 7.
63. Benedict XVI, "Caritas In Veritate," par. 36.
64. Jonathan Sacks, *The Home We Build Together: Recreating Society* (London: Continuum, 2007), 152 ～ 153.
65. Jonathan Sacks, *The Dignity of Difference: How to Avoid the Clash of Civilizations* (London: Continuum, 2003), 203.
66. Eric Jr. Mount, *Covenant, Community and the Common Good: An Interpretation of Christian Ethics* (Cleveland, OH: The Pilgrim Press, 1999), 51.
67. Benedict XVI, "Caritas In Veritate," par. 66.
68. Antonio Lattuada, "A Positive Valuation of the Market in Ethical Perspective," in *Outside The Market No Salvation?*, ed. Dietmar Mieth and Marciano Vidal (London: SCM Press, 1997), 79.
69. Muller, *Adam Smith in His Time and Ours*, 6 ～ 7.
70. Sacks, *The Home We Build Together*, 149.
71. Sacks, *The Home We Build Together*, 154 ～ 155.
72. Sacks, *The Home We Build Together*, 151.
73. Becker and Murphy, *Social Economics*, 4 ～ 5.
74. 這些正面的影響，包括家人的關心，以及服務機構的受惠。
75. Gary S. Becker, Kevin M. Murphy and Tomas Philipson, "The Value of Life Near Its End and Terminal Care," *National Bureau of Economic Research* 13333 (2007): 1 ～ 21.
76. Marianne A. Ferber, "A Feminist Critique of the Neoclassical Theory of the Family," in *Women, Family and Work: Writings on the Economics of Gender*, ed. Karine S. Moe (Massachusetts, MA: Wiley Blackwell, 2003), 13.

77. Benedict XVI, "Caritas In Veritate," par. 37.

78. 通諭裏有關政府和公共機構角色的資料及討論，參 Douglas A. Sylva, "Is Benedict in Favor of World Government?" available from http://www.firstthings.com/onthesquare/2009/08/is-benedict-in-favor-of-world-government (cited 20 Aug 2009)。

79. Ivan Kenneally, "Benedict XVI, Economist," available from http://www.firstthings.com/onthesquare/2009/08/pope-benedict-xvi-economist (cited 21 Aug 2009).

80. P. S. Atiyah, *The Rise and Fall of Freedom of Contract* (Oxford: Clarendon Press, 1979), 717.

81. Julie A. Nelson, *Economics for Humans* (Chicago, IL: University of Chicago Press, 2006), 73 ~ 75.

82. 正如麥克尼爾（Ian Macneil）指出，許多其他法律學者都支持這觀點，其中包括富勒（Buckminster Fuller）、考克斯（Archibald Cox）和舒爾曼（Marshall Shulman）等。

83. Ian R. Macneil, "Contracts: Adjustment of Long-Term Economic Relations under Classical, Neoclassical, and Relational Contract Law," *Northwestern University Law Review* 72 (1977): 894.

84. Nelson, *Economics for Humans*, 52 ~ 61.

85. Max L. Stackhouse, *Globalization and Grace* (New York, NY: Continuum, 2007), 162.

第 7 章 從兩基柱縱觀香港經濟*

---

* 本章內容曾刊登於筆者專文：〈從聖約觀念縱觀香港經濟發展〉，《中國神學研究院期刊》，第 53 期（2012 年 7 月）頁 51 ～ 77。根據該期刊稿例，作者仍擁有文章之著作權。

這一章會從兩基柱典範，檢視香港現今社會裏的經濟現象，並探討神學中的聖約觀念和兩基柱典範，能夠為香港的經濟處境提供甚麼洞見和宏觀方向。從英國殖民地到中國的特別行政區，香港社會無論在政制、經濟、文化等各方面都不斷經歷變化，而且這些持續性的改變，同時受到中西方文化和交流的影響。雖然香港只是彈丸之地，但她的歷史發展和獨特之處，最終使她成為國際上一個舉足輕重的經濟交匯點。經濟活動是每個香港人都非常重視的生活環節，經濟活動的方式和觀念，深深影響著香港人的日常生活，甚至社會整體的思維、價值取向和世界觀。

在這一章，我們首先檢視香港傳統社會對人性和關係的前設，特別是在中西文化交匯的歷史進程裏，香港的本土文化，以及家庭結構和觀念上的改變，對經濟活動和市場交易發展的影響。接著，我們會從聖約的進路和兩基柱典範，檢視現今香港的經濟現象，並嘗試按兩基柱典範作一些初步反省。我們的目標是以神學為立足點，面向信徒與非信徒共同建構的社會，在香港這個特殊的經濟模式和文化關係處境裏，為人與人之間的經濟活動，提出合乎真理和人性美善本質的洞見。在這短短的篇幅中，我們難以深入分析香港的社會及經濟問題，而只可以兩基柱的框架，對香港社會的整體發展和取向作宏觀的檢視，並在過程中列舉一些本土的特殊例子，藉以檢視兩基柱典範的應用性和可行性。

7.1 香港的社羣關係及家庭結構

社會學家認為，華人社會的人觀明顯與西方的個人主義不同，沒有西方人那麼重視個人獨特品格。[1] 從某個角度來看，由於對家庭羣體的基本關係取向有異，華人羣體中個人自利的觀念較西方為低，對產業私有化和個人發展雖然重視，但比起西方在這些方面的法規和關注，仍是看得較輕。從另一方面來看，華人文化對宏觀價值的取向，卻減低了社會對個人尊嚴、價值和權利的重視，未能為個人提供發展空間，也不鼓勵培養個人的獨特性和創意。

香港是中西文化交匯的地方，同時受到中國傳統的家庭觀念及西方個人主義的思想所影響。因此，在香港這特殊的文化處境裏，出現了被社會學家形容為「功利家庭形態」的情況。[2] 功利家庭形態可說是香港華人社會文化的產物，反映出香港人的生活模式及行為取向。這種意識形態混合了中國傳統觀念中對家庭的重視，以及西方個人主義以自利為首的心態，形成一種把自身家庭利益置於個人及羣體利益之上的價值觀。在功利家庭中，物質利益比非物質利益更為重要，成員之間在經濟上互相依賴，並視之為理所當然的；在通過婚姻或其他關係選擇外來成員時，也會考慮到其對家庭羣體的貢獻和物質供應，這使家庭羣體形成內聚和排他的特性。

除了以家庭利益為首外，功利家庭亦傾向把社會政治環境，視為爭取家庭利益的場所；也就是說，在評估社會政策和體制處境時，往往以家庭利益為依據。雖然如此，在香港的殖民地時代，家庭羣體在爭取最大家庭利益之餘，一般都被動地接受現存的社會制度，以忍讓及和諧為社會目標。此外，功利家庭中的人際關係也是用功利標準來衡量。對物質的追求和功利主義觀念，往往與人的生命質素和價值觀混合起來，以致經濟能力較強的成員，自然擁有更高的權力；反之，經濟能力較差的成員，即使較為年長，也要承受一定壓力，甚至因自覺不如其他成員對家庭有利而感到自卑。在功利家庭中，成員之間會互相提供財政上的支援或借貸。當然，這不是每個家庭的必然現象，但中國文化傳統中對孝道的重視，乃深入民心，成為香港華人社會的一般前設。[3] 到了特區政府管治的時代，由於社會上對政府管治能力的疑問，以及對各項政策的不滿程度日益增加，功能家庭羣體對社會及政府的猜疑，引致許多抗爭行為，社會上的負面情緒也愈加嚴重。

雖然香港社會一直引進和採納西方的資本主義思想，但傳統的儒家文化仍然很有影響力，當兩者混合起來，傳統價值觀便起了變化。有學者把這種香港人的價值取向，稱為「理性傳統主義」（rationalistic traditionalism）。原因是，在香港社會經濟發展的過程中，儒家的家庭觀念及家族制度雖然仍普遍影響著人的思想和行為模式，其影響力卻日漸減弱。時至今日，香港人已經不再認為儒家的家庭價值，對經濟生活有任何內在意義，儒家的家庭觀只是一種文化資源和古典傳統，甚至演變成理性主義的工具。也就是說，香港人不再認為持守這些文化傳統和價值是必須的，但如果這些傳統能夠幫助他們達到所追求的經濟目標，並且能帶來實際可見的效益的話，他們就會選擇性地保留這些傳統。最明顯的例子，就是大多數香港人都追求財富，並以增加家庭財富為榮。這種價值取向，與孔子的財富觀並不一致，但卻是源於中國民間宗教對財神的崇拜。在經濟發展的進程裏，竭力追求物質財富被視為理所當然的，無論企業家，管理人員還是基層工友，都會以賺取更多金錢為目標，而教育則被絕大多數人視為賺取更多財富的條件和手段。因此，香港社會的經濟氣候，除了以功能和功利為大前提外，在追求財富的過程中，港人對眼前的事物都採納了一種實用主義和工具理性主義的態度。影響所及，甚至連傳統裏的美善和神聖特質，都淪為文化商品，供人各取所需，任意利用。[4]

另一方面，香港的家庭結構和許多大都市一樣，都面臨解體的壓力和危機，家庭模式由傳統的大家庭或家族觀念，改變成以核心單元為主的結構。一九九六年的中期人口統計顯示，以一對夫婦來計算，每戶平均就只有 1.3 個孩子，整體家庭單元平均只有 3.35 人。[5] 加上離婚、分居、單親和同居等現象日漸增加，對下一代的成長、人際關係、人倫價值觀等各方面都深受影響。自七十年代初開始，香港經濟急速增長，家庭體系卻逐漸解體，主導著社會發展的價值形態，則由功利家庭形態過渡為西方社會的個人利己主義，港人愈來愈傾向以法律和市場交易形式來建立合作關係。[6] 在破碎家庭中成長的新一代，由於受到社會上普遍認受的市場交易思維所影響，使他們對人與人之間的關係及連結觀念日趨薄弱，且容易傾向以約化或量化的計算方式來處理人際關係。

為了檢視香港社會結構由功利家庭形態過渡至個人利己主義的情況，張德勝提出了一些數字和研究重點。結果發現，雖然香港的婚姻制度已經亮起紅燈，但家庭成員相聚及互助的支持數據仍然偏高，顯示香港的家庭仍有高度凝聚力，傳統中國文化重視家庭觀念的傾向仍然強烈，只是家庭結構由過往的家庭羣體，轉變成現代社會的核心家庭，而家庭凝聚力也偏向只包括父母在內的核心家庭。[7]

從第二章的分析，我們知道，無論是否願意，我們每天都必然參與經濟市場的活動，被市場的系統和價值觀影響著。當市場參與者不但是個體，且涉及核心家庭的關係和價值觀時，情況就變得更加複雜了。從某個角度來看，家庭羣體的運作系統似乎更合乎人性化原則，以及創造中人與人建立合作關係的原意。可是，當家庭羣體或核心價值都以追求功利為大前提時，結果就產生一種羣體或核心的利己主義，比個人利己主義有過之而無不及。

功利家庭形態中的自利觀念，由計算個人利益，延伸至計算家庭成員及組織裏的整體利益，令成員傾向各自追求功利，甚至演變為家庭成員之間利益上的爭競，驅使原本已著重個人私利的市場參與者，更加重視功利和利己的目標。當量化了的金錢或財富算式，成為家庭羣體的價值取向時，約化了的數字與無法量計的價值觀就混合了，這很容易會扭曲人倫的美善本質。例如：當子女的成就和賺錢能力掛鈎，金錢就變成個人價值的肯定；父母若著眼於子女的金錢回饋，子女能否為父母提供多財富，很容易就被當成「愛惜」、「關懷父母」的指標，將本來不能用金錢來量度的人倫關係錯誤地予以量化。在這種社會結構下形成的自由市場，顯示出極化了的、無論在個人或核心家庭層面上都以利己為原則的經濟規範，推動著經濟市場單一地以自利為首的取向。

7.2 香港經濟及市場交易的發展

從歷史來看，香港的經濟是在英國殖民地統治下發展出來的，雖然香港已經回歸中國，政治氣候已有所變化，英資企業仍然存在一定的影響力。與此同時，結合中國文化的意識形態，以及背靠中國大陸的客觀處境，香港社會經過種種變遷後，市場夾雜著自由競爭與財團壟斷的狀況，在這片狹小的土地上靈活地自我調節，建構出獨有的香港特色。

早期的港英政府奉行積極不干預政策，任由香港的經濟市場依靠無形之手調節，成為許多經濟學家的研究焦點。在自由市場的原則下，不同競爭通過供應、需求和價格等指標反映出來，成為調節和分配資源的方法。與此同時，競爭的意識更深入一切經濟領域，包括商品、土地、金融和多種服務行業。有學者指出，香港是一個自由港，依靠自由貿易生存，沒有入口關稅，而且生產比率較低，市場由競爭主導，漸漸取得國際性的經濟地位。這種以競爭為主導的經濟，尤其有利於交易市場的發展，所有參與者均需竭力爭取利益和有利條件，致令市場供求不斷擴大。再加上香港採取自由投資制度，開設新企業遇到的限制很少，資源可以自由分配及流轉，更激發了香港人務實進取的精神，讓經濟及市場迅速發展起來。[8]

由於香港缺乏天然資源，惟一出路就是善用地利因素，發展轉口貿易。因此，香港的經濟發展，由開始就依靠貿易。也就是說，合約化的交易模式，在香港經濟發展史中早已是一項無法質疑的預設。五十年代初期，香港的製造業開始興旺起來，成為香港經濟的核心，其後香港工業持續發展，近似先進國家的工業發展模式。[9] 七十至八十年代，香港的製造業面臨亞洲各地及中國大陸改革開放帶來的直接競爭，香港經濟由製造業轉型為金融服務業為主，逐漸發展成國際金融中心，以及服務行業的據點和出口地。在這發展過程中，完善的法規和金融體制、自由的新聞資訊、優良的人材培訓等，都為香港的經濟活動提供了持續發展的先決條件。

與亞洲其他國家相比，香港穩定的殖民地政治環境，以及自由經濟的管治理念，為市場交易及整體經濟活動營造了非常有利的條件。一般研究殖民地社會的社會學家都認為，殖民地社會傾向多元化，社會道德規限較寬鬆，並且普遍以經濟和市場交易為社羣內人際交往的基本結構。[10] 在政制方面，殖民地社會的法規都是從上而下制定的，由宗主國和當地殖民政府作主導。在這情況下，人民缺乏國家和社羣意識，對社會和社羣組織都沒有歸屬感，致令經濟活動和人際間的合作模式，亦與社會不明文的道德文化觀念分離。當經濟力量離開了道德的規範，社羣和個人福祉都會遭受重大的負面影響。由於香港的發展從一開始就是中英政府為了共同的經濟利益而努力得來的成果，雖然當中存在政治張力和香港回歸的壓力，但雙方在經濟上的互惠互利始終是大前提。這些因素為香港的經濟發展形成特殊的氣候，使港人的視野——無論在社會文化、生活追求，還是公共福利等各方面，都離不開以經濟為主導的模式和思維。

社會急劇變遷，例如：政治回歸、移民潮、樓價高企等，加上經濟變化，例如：金融海嘯、工業轉型、貧富持續兩極化等，不但影響著整體經濟的穩定，而且對整個社會基本的家庭結構也帶來很大影響，令香港人面對的經濟處境，無論在社會宏觀還是個人家庭的層面上，都充滿不穩定因素。在這樣的處境中，明文訂定的合約模式也就顯得相對地安全穩當，讓人容易在合約的量化典範中，誤以為找到真正的承諾和平安。

事實上，香港的自由經濟和積極不干預政策，都是歷史政治的產物，是由特殊的政治因素建構出來的。有學者甚至指出，在表面上經濟起飛、財富急速增長的現象背後，香港的「成功」其實是英國官員和英僑從本身的利益出發，進行貿易及剝削所得的成果：

> 香港所累積的利潤是依靠一個龐大的剝削工具而得來的……這個機器包括了：剝奪絕大多數市民的政治權利、完全剝奪法律權利、實行教育上及語言上的歧視、故意漠視房屋和社會福利等問題，和對剝削及掠取超級利潤提供最高度的經濟刺激。香港的工作時間是全東南亞，甚至可能是全世界最長的；它的勞工法例是少到無可再少的，遠遠追不上任何國際或者是合法的標準；它的工廠被利用到了頂點；它有一個對有錢人最有利的課稅制度…政府長期地獲得盈餘：這種盈餘是從香港的勞苦大眾身上無情地榨取的；而同樣無情地，它是永遠不會再用在他們身上的。[11]

在第六章，我們已經知道，西方經濟學，尤其是芝加哥自由學派的言論，與經濟學之父亞當·史密斯（Adam Smith）的系統是截然不同的。在香港社會，自由市場和私有產權被認為是資本主義的成功條件；而當中的「積極不干預」的管治理念，更被視為香港經濟發展的成功因素，但這不一定能全面反映事實。[12] 弔詭的是，大多數香港人對殖民地時期的管治相對地滿意，並對政府推動經濟發展的成效尤為讚賞，主要原因除了中國文化傳統上對政治的冷感和對政權的順服外，對追求功利化經濟成果的認同也是基本要素。

一直以來，香港的政治氣候對其經濟發展都有著關鍵性的影響，但這些發展和影響背後，並非來自刻意的社會規劃，政府也未能全面考慮社會的長遠發展目標。由於香港過往以殖民地形式受英國管治，政府可避開投資於公共產業的壓力，不致像許多第三世界國家因投放於非生產性產業而須經歷財政困難。在殖民地時期，香港人的生活質素持續提升，政局和經濟發展較鄰近地區優勝，因而吸引不少移民，香港人也普遍接納和信任殖民政府的施政。在這些優良條件下，香港政府積存了大量外匯基金儲備，加上有其他資源配合，金融事務得以在穩固的基礎上發展。[13]

在土地政策方面，香港政府一直嚴謹監控著土地的供應量。賣地收益成為政府重要的收入來源，但同時也為香港社會造就了高地價的環境，並以地產事業為主導的經濟氣候。殖民地政府之所以在經濟上採用自由政策，目的原是使香港成為對宗主國有利的貿易中介，系統性的工業發展並不在其議程之內。因此，自由政策實際上是為自身利益著想而採取的做法，背後並沒有為殖民地人民謀求長遠福祉的打算。香港的經濟發展和成就，基本上並非英國人和殖民地政府所預期的收穫。[14]

香港的經濟結構不斷改變，無論對就業和民生都有持續性的影響。倡導自由經濟的學者認為，香港過往的成功基石，在於政府積極不干預的政策精神，以及制度與時並進的靈活性。這兩個主要因素，令市場得以發揮最大效益，也為自由競爭提供了有利條件。[15]但即使是自由經濟的倡導者，也並不否定社會福利的需要。雖然香港的人均收入排名位於世界前列，但社會福利卻遠遠落後於歐美的社會民主福利國家。政府表明，香港並不是福利國家，也就是說，香港政府不會以社會的價值觀為基礎，大力推動福利體制，但卻會關注市民的基本福利和生活保障。因此學者指出，在現時的香港社會，社會福利並非公民權利，而是政府本著人道主義者的立場，照顧那些無法靠己力維生的人，故此是一種「剩餘福利觀」(residual welfare concept)。[16]

到了二〇一〇年，香港人均生產總值（Gross Domestic Product，簡稱 GDP）已經到達三萬美元，處於後工業社會經濟成長的高級階段，而經濟體系的競爭力主要來自知識創新。[17] 知識型經濟的特色，就是以知識和創新科技帶動經濟發展，因此極為著重人才的供應和培育，包括全民素質的提升，以及社會制度和科技的發展。[18]

在以自由市場為主導的經濟活動裏，社會結構和價值觀對市場長遠的發展尤其影響深遠。在人口結構方面，人口日益老化以及新移民到港，使本地市場在勞動力的供應及服務需求各方面起了變化。加上近二十年以來經濟轉型的衝擊，工人普遍面對轉工及失業的壓力，雖然政府按自由經濟的前設，否定了全面發展社會福利制度的考慮，但面對形形色色的民生問題及公眾期望，政府不得不在社會資源分配和福利事業上，負起一定的領導責任。[19]

7.3 市場約化傾向帶來的影響

綜合功利家庭形態、核心家庭及個人主義傾向、積極不干預的殖民地處境、自由經濟發展等歷史和文化因素，相比其他較為注重社會福利的地區，又或經濟規劃較強的國家，香港的自由經濟為合約及市場交易模式的發展，提供了極為有利的條件。在促進經濟增長的大前提下，合約成為十分重要的工具，讓交易和合作關係得以受到規範，以致參與者能清楚計算各方的權利和條款，保障各個參與者的利益。可是，與此同時，合約模式亦帶來非人性化的傾向，在人類被罪性扭曲的情況下，人倫關係中的美善本質很容易就失落了，這個問題我們在第四章已作詳細分析。

在經濟掛帥的香港社會裏，約化了的因與果主導著一切事物。這種看似科學化的世界觀，事實上是把一切生命的有機體扭曲成數量值。正如張德勝所言，單單以法律和市場來建立社會秩序是有嚴重限制的。市場本身是工具理性（instrumental rationality）的產物，只要目標訂定下來，就會找到最有效的手段來完成之。為了最終的勝利，社羣關係充滿競爭性。這種工具理性能提升效率和節省資源，最終能提升競爭能力和整體的物質生活水平。可是，以目標為取向的行為，卻令人只著眼於實際果效，而不顧及其他生活狀態的現象。也就是說，人為了生活和提升物質水平，就只懂按照市場的價值優次，甚至不論手段和代價，去完成以經濟果效為指標的種種工作，並獨白式地以自身的利益為本，漸漸採納了自我中心和個人主義的傾向。[20] 這種工具理性的泛濫，是許多西方社會的共同狀況。要抗衡這種約化的狀態，必須重尋社會的聖約根基，建立人類根源所必備的道德情操，才能尋回社羣的真正福祉。

另一方面，市場不單鼓勵我們以利益為計算準則，也為社羣中的價值觀訂定了以市場價格為原則的優次。例如：香港這個彈丸之地，一直被譽為購物天堂，吸引許多旅遊訪客，在經濟發展過程中，港人的購買力也大增。單單看炫耀性商品的銷售量，就會發現香港人有一種以追求名牌商品來提高身價的傾向，也就是說，他們很自然地接受了以市場價格來衡量自我形象的價值取向。

香港人很會變通，可惜這種變通的動力，亦以功利主義和個人主義為導向，成為在法律和合約條款之夾縫中取巧的動力。就近年社會廣泛討論的勞工法而言，當法例中的合約結構更改時，原本對弱勢羣體提供保障或福利的原意，很容易就被強勢的一方利用各種方法避開了。這些合法的方式，例如：

改寫合約、把工作外判及其他變更等，顯示出社羣仍依賴法規和合約條款來處理合作關係，忽略了人性化美善的原則，也不考慮人與人之間建立長遠互助關係的重要性。反過來說，我們也很容易發現，現今香港的企業營商環境愈來愈惡劣，地價和租金高企，大集團壟斷的情況日益嚴重，中小企的生存空間縮窄，以致中小企被迫從多方面節流，在法律的夾縫裏找尋生存空間。勞資雙方所面對的不同難處，反映著香港過往經濟急速增長的同時，卻造成財富分配不平衡的現象，且嚴重忽略社會整體平均發展的需要。當香港社會被功利家庭形態所主導，宏觀的社羣共同利益的重要性則會被看輕，以合約為本的法規思維，取代了以人類美善本性為基礎的聖約追求。

受殖民地統治的歷史因素影響，香港的法律管治近似英國的架構及法則，在某些細節和決策上與美國不同。原則上，法律中的普通法支持「立約自由」，由參與者自行訂定彼此之間的合約條款和權責，在合理範圍內，法庭是不會採取干預的。可是，假如合約是違反公共政策的協議，法庭就不會承認和執行之。雖然香港的社會文化傾向西化及個人主義，但仍然保留一定的中國傳統色彩。例如：美國在婚姻家庭的安排上，大多數地區均接受以「婚前協議」來保障雙方利益。這是對婚姻這聖約關係的約化，即把本該建基於聖約的親密誓盟，演繹成彼此交易的條款。全球多個國家並未採納「婚前協議」的做法，因為「婚前協議」不但在法律上是一種反常措施，而且假設了社會中基本家庭制度的崩潰。然而，全球愈來愈多國家開始承認並執行婚前協議。在英國，第一宗被法庭承認的「婚前協議」案例，出現於二〇一〇年十月。在香港的法例下，法庭在一般情況下都不會執行「婚前協議」，因為婚約被視為神聖的，由於法庭要維護婚姻制度，不希望雙方在簽署婚約前已考慮離婚問題，並認為「婚前協議」會破壞婚姻制度本身，所以視之為違反公共政策的。[21] 可是，法官仍可視乎情況，在出現爭議時，將該等文書視為有力的證據。由此可見，香港社會在歷史演變中也有其本身的傳統和前設，但整體上都受到西方社會的制度及經濟法規所影響。

按照某些特殊處境及情況，香港社會也存在著一些特別的經濟狀況和市場模式，其中包括土地房屋價格高企、大量聘請海外傭工，以及教育下一代的方式等。就以海外傭工為例，香港人生活節奏急促，工作繁多，不少家庭需依靠外傭幫忙處理家務和照顧孩子及長者，外傭實際上就是進入雇主的家庭裏，成為家中的助手，這使整個家庭系統起了變化。他們不但改變了家庭生活裏的家務處理方式，也影響到家中各人相處和合作的習慣，尤其影響到下一代的價值觀和人際關係。假如我們只按照合約條款處理雇傭關係，單單把外傭視為處理家中各項事務的工具，就很容易會出現各種爭執，甚至牽扯到訴訟等官司問題，最終造成不愉快的局面。

聖約的觀念提醒我們，人與人之間的交往乃基於聖約的本質，我們必須在彼此尊重和關愛的前設下和睦相處，即使是雇傭關係也應當如此。在此，合約的功用是保障雇主和傭工的基本權責。但當外傭進入一個異文化的家庭時，雇傭之間必然會經歷一段磨合期，而彼此間也必須坦誠地表達自己的要求。雇主不能只當自己為消費者，忽略外傭在文化適應、基本生活和作息等各方面的需要。對新來港的外傭來說，除了和雇主相處、融入新家庭之外，他們也有社交的需要，當中要學懂分辨外來的引誘，並選擇做合宜的事。在聖約的觀念下，人與人之間的關係，無論是點頭之交、朋友、雇傭，甚至是親密伴侶，都必然包含著關愛和美善。假如這些人性本質被合約交易方式約化和量化了，就會產生許多問題，導致關係破裂，甚至影響到整體社羣的福祉。

7.4 兩基柱在香港經濟上的應用

7.4.1 進路

聖約觀念於社會及經濟上的應用，主要是針對前設及理念上的基礎。因此，兩基柱的對話典範，可以應用在宏觀的經濟市場上，也可以為個別問題提供研討框架。然而，對於特殊的經濟處境及問題的細節，又或相關的落實工作，仍需要由經濟學家和有關專業人士，針對不同的個別問題作出深入研究及策劃，這也是他們的重要工作和社會角色。

香港多年來的自由市場發展，以及對法規的重視，為市場交易模式營造出有利條件，使自由經濟得以急速增長，成為東亞地區經濟增長的典範。然而，經濟急速增長同時帶來不少民生問題。根據聯合國人類住區規劃署年度報告的統計數字，香港是全球貧富懸殊最嚴重的城市之一，堅尼系數達 0.53，評級為「極高」。[22] 單就這方面而言，社會貧富差距引起的問題，已經涉及社會福利、勞工、就業、土地、住屋、人口老化、新來港人士等多方面的社會經濟及民生狀況。法律規範和量化的計算及交易模式，一方面為社會發展提供了工具和架構，提升了整體香港人的物質生活水平，另一方面卻帶來了種種社會民生的後遺症。

兩基柱提供的框架，在宏觀的經濟策略上，提出了平衡和均平對社羣發展的重要性。在發展經濟的同時，社會資源無論在應用和分配上，都需要注重均平的原則。在市場交易上，當合約和法規成為促進商貿發展的重要工具，法規背後的人倫和道德基礎亦必須保留。正當香港經濟愈來愈傾向約化和講求量計原則之際，兩基柱典範則倡導聖約觀念的重要性，把人類基本的人性及道德美善，以一個清晰、肯定、深具歷史根源的概念展示出來。合約無疑帶給我們許多功能上的便利，但聖約是人倫關係和交易合作的根基所在，兩者都不容忽視。

7.4.2 形式及限期

合約的短期性質，有助促進貿易和商業活動，在量化計數和滿足各方條款後，合作關係可說便已結束，各參與者可就日後的每項交易重新釐定合約內容。在整體商貿活動上，包括香港歷史上藉以建立基本經濟來源的轉口貿易，合約都扮演了相當重要的角色，讓商貿活動得以在有完善法規和清晰條文的環境裏發展起來。

然而，單憑合約形式並不能建立長遠的合作關係。在第五章的雇傭合約範例裏，我們已經看到，合約的短期性質，並不足以促使雇傭之間維持良好的合作關係。例如：在雇主與外傭的關係上，當傭工長期不能融入雇主的家庭、成為家中的一員，並只按照合約和權責工作，很容易就會在不法分子的唆擺下，佔盡雇主或大或小的便宜，再者，當雇主缺乏長遠合作和建立關係的視野，亦易於忽略外傭的人性需要，造成各種傷害，甚至引致法律訴訟。在新聞中出現的外傭個案，又普遍影響到其他雇主對外傭的觀感，於是便削弱了彼此間的互信基礎，要好一段時間始能消除無形的誤解和恐懼。

類似的關係和合作上的限制，不但可見於雇傭安排這類涉及人與人之間直接交往的服務關係，也出現在一般商品貿易中。因為無論雙方的交易涉及甚麼商品或服務，交易行動本身都必須建立在信任、承諾、公義和忠誠等基本倫理觀念上。假如當中並無社羣觀念和長遠合作的打算，只有個人或核心羣體利益的量化計算，以及人類那已扭曲了的罪性，那麼，在單一短期的合約交易中，遵守道德規範的動力將會變得非常薄弱。這點可以一般商業運作來說明。一般企業通常會有長期的供應商和銷售客戶，使營運可以維持長期穩定。假如某企業突然出現倒閉的傳聞，不管屬實與否，其營運都必定大受影響，例如：供應商將要求馬上收取貨款、客戶恐怕企業未能如期生產而減少訂單。這類信心危機，輕易便可使企業無法經營下去。商貿行為建基於誠信，在合約借貸和貨款往來的過程中，無論中間會否涉及其他金融機構，誠信始終是最根本的考慮。合約在此必須先建立在聖約的承諾上，而且這承諾是肯定的、長遠的，因為誠信本身就涉及判斷和經歷，是需要時間和持續的交往活動來驗證的，單一而短期的合約交易無法體現這種特性。

這並不是說，現時的企業和商務合約都是單一向度的交易，因為事實並非如此，也根本不可能如此，合約必須帶有持續性的視野，才能使交易各方得到更大的長遠利益。因此單是在利益的大前提上，合約已經必須將某種聖約特質涵蓋在內，與聖約的精神呼應，而不可能自成一套，置身事外。事實上，現今的合約也離不開聖約，極端的合約取向，將會對市場交易造成破壞，甚至會拆毀交易中必須保留的人性化美善本質。聖約關係本身是長遠的委身承諾，即使在商貿交易裏，這種長遠合作的關係也是互惠互利的行動。它不但涉及交易的形式和期限，也對宏觀的經濟營商環境有很深遠的影響，更提醒我們把視野提升到社羣長遠彼此交往合作的層面，而不只停留在短期和形式化的籌算裏。

7.4.3 結構及動機

經濟體系是社會政制之下發展出來的，是社羣中人與人之間合作生活的方式。因此，經濟市場的結構必定會受社會制度的影響和規範。要建立一個人性化的、以人類美善為根本的經濟規律，就要先為其提供一個優良的環境和結構，讓人與人之間美善互利的本質可在社羣中發揮出來。可是，在全人類的本性都被罪性扭曲了的情況下，要做到這一點是不容易的，不但需要適切的規範，而且要避免規範帶來權力的扭曲，以及良好動機經過扭曲而造成的不良惡果等。這些難處都提醒我們，在竭力追求真理的同時，必須保持開放而謙遜的態度，在各種困難和誤解之中，共同檢視和尋找出路。

在人類歷史的發展中，人類對政制和政治權力的影響都有一定的認知。中國人經歷了歷代的帝皇專權，都明白到必須為政治和權力訂定界線和限制。香港經過殖民地政府的管治和中西方思想的交流融合，崇尚個人及社羣的自由和自主，社會對民主有一定的訴求。事實上，自由的「不干預」或「小政府」政策，為自由市場提供了結構性的基本條件。香港在「五十年不變」的口號下，自由市場在九七回歸時，保存了經濟上的自由發展空間。然而，在這漸進式的演變過程裏，市場結構面臨一定的挑戰。香港作為國際性的自由市場，能否在一國兩制的背景下建立長遠穩定的經濟發展狀態，保持身處中國與世界之間的特殊經濟金融地位，同時顧及到民生和本地社羣的福祉，這種種願景都需要我們把視野由短期的利益和量計方式，擴大到長遠和共同的社羣利益及整體社會福祉之上。因此，我們必須辨別清楚：香港社會在結構上的變化，即使是漸進式的或是不著迹的，其對整體經濟和市場結構都會有一定影響。兩基柱典範在此不斷提醒我們，必須回到基本的根源去反思，把動機由個人私利及核心功能家庭觀念，擴大到互惠共融、社會經濟長遠均衡發展的理想去。此外，也要把交易和合作的結構，從只計算量化成果和短期利益果效的觀念，擴闊到包含有機（organic）人類特質的考慮，並致力提倡人性化美善本質的重要和實踐。

至於如何落實這些動機和結構性內容，我們可以透過一些實際問題來討論。例如：就企業和商務合約而言，香港社會的法規為合約交易提供了很有效的推動平台。在這大氣候裏，我們必須建立具聖約特質的交易常態，讓香港市民在持守「等價交易」的思想之餘，亦明白並實踐道德化及以誠信為本的市場交易行為。事實上，香港及內地社會近年因毒奶粉、假食品和不良營商手法等劣行，已多番經歷不安，窒礙了民生及經濟的長遠發展。聖約觀念的內容豐富，不但具歷史基礎，且包含豐富的反省意義，有理念根據，亦有實踐涵義，是培育社會人性化意識的重要資源，也是實際企劃和討論時的重要框架。要解決社會民生問題，我們需要以一個根本性的人觀為基礎，由此落實「以人為本、以民為本」的觀念。在此，聖約可為我們指出美善的動機和取向，提醒我們「人本」的真正意義在於愛心關懷，而不在自我圖利，兩基柱典範正正為我們提供了實踐和應用方面的結構性框架。

香港家庭大量聘用海外傭工，將會為下一代帶來深遠的影響。也就是說，香港未來的主人翁，將會是那些在經濟條件相對較佳的家庭中長大的孩子，尤其是聘用外傭的家庭的新一代。就家庭結構而言，外傭為核心家庭帶來基本的結構性改變。這種改變，可隨雇主與外傭的相處方式和關係而有正面或負面的影響。假如我們按照合約方式，把外傭看成合約交易的工具，以功利思想替代核心家庭的前設，就會出現許多負面的結果。例如：雇主在法定期限前，為省卻向外傭提供休假或薪金等福利支出，刻意提前終止合約，這樣做雖然合法，卻顯示出雇主作為合約中較為強勢的一方，未有把外傭視為家中一員，與之建立長遠健康的雇傭關係。固然，外傭是協助處理家務的助手，但同時也影響著家中成員的關係和生活質素，以至下一代的價值觀。因此，外傭實際上是一個「有機」的家庭成員，其角色並不限於功能性的家務操作者。另一方面，兩基柱典範裏的平衡準則，也提醒我們要在文化差異中訂定條款來達致基本共識。這裏除了合約方式外，制度上的結構和法規也十分重要。我們必須在政策和法規上，建立良好的結構體系，按聖約的特質提出合理的約束和要求，保證雇傭雙方可以行使各自的基本權責，堵塞法例漏洞，使外傭不致面對剋扣工資、巨額中介費用，甚至暴力對待等，而雇主也能以關愛的態度，幫助外傭適應異鄉的生活，讓其成為家庭的好幫手，另一方面亦給予其適當的個人生活作息空間，建立互惠和平衡的雇傭關係。

7.4.4 經濟參與者之間的關係

既然每個人都必然會參與經濟活動，經濟參與者之間的關係對整個社羣的基本福祉也就有無可避免的影響。就以上對香港社會和家庭結構的分析而言，香港的功利家庭形態使人與人的相處傾向合約關係的模式，加上城市發展、人口增加、生活休閒空間缺乏等問題，人際關係變得愈加約化和量化。然而，這種取向和人類心底裏的美善的訴求背道而馳，連帶也傷害了人本性中對人倫關係的渴求。也就是說，當日常生活裏人與人之間的關係愈來愈非人性化，各人只顧滿足自己的私利，社羣中的個體也愈來愈難從社羣找到真正的滿足，其人性本質也愈來愈被功利取向所拆毀。

這種情況引發出種種負面現象，在社會中具體演繹成抑鬱症、仇富心理、抗爭心態等，危及社羣關係和共同福祉。許多時候，我們只看見這些破壞背後一層的問題，卻看不見更基本的社會特質和文化氣氛問題。即使能看見，這類長遠的基礎和結構性需要，似乎也不在我們的掌握之中。我們只能選擇短期的解決方案，在優次先後的排序上，無法理會根本的源頭問題。兩基柱典範似乎不是甚麼具體的建議，卻不斷提醒我們檢視問題的源頭，為長遠的社羣福祉提出洞見，在解決眼前問題同時亦考慮到長遠的影響，因為經濟活動就是社羣關係的基本元素之一。

由於欠缺長遠關係的視野，香港社會在經濟高速增長的狀況下，自然地失落了好些互助和關愛的聖約特質。幸好普及教育讓市民對聖約的美善特質還是有所認知，只是缺乏這方面的具體溝通和實踐文化。在「小政府」政策以及欠缺全面社會福利體制的處境裏，香港社會在一定程度上需依賴著民間的福利和慈善團體，以非牟利的營運方式，推動共同利益。這些非牟利團體，包括宗教和非宗教團體，也包括針對各類弱勢社羣的服務團體。在聖約的大前提下，推動民間團體按照本身的取向承擔和促進社羣福祉，相當重要。政府的角色也非常重要，除了提供平台讓這些團體發展和運作外，也需要給予適當協助和規劃，並監察整體的發展。在此，聖約觀念提醒我們，在計算和企劃共同利益的時候，必須考慮建立社羣文化，讓關愛、尊重和互信等美善特質，成為社會人倫關係的基本價值觀，使社羣可在合約和聖約並存的穩固基礎上均衡地發展。

關係是社會羣體的根基，也是基督教人觀的重要基礎。在神學觀念裏，關係的復和、彼此相愛、人際倫理，以至親密關係等，都是上帝在創造和救贖裏啟示的重要課題。我們也發現，經濟合作就是人類共同生活的互動，也是人與人之間關係的建立。無論是在神學信仰或中國傳統文化裏，都指出金錢利益無法取代或滿足人類心靈裏對關係的渴求。這一點，我們也從實際的生活經驗中經歷到。聖約特質在雇主與外傭的相處方式和關係中，倡導互相尊重和關愛；兩基柱典範則倡導聖約與合約的平衡，讓合約為關係提供保障，以免受人類罪性扭曲，造成壓迫和破壞。在宏觀的社會經濟層面上，我們容易傾向量化的計算和企劃，忽略社羣關係的重要，因此更需要讓聖約與合約取得平衡，倡導社會建立以聖約精神為根基的社羣文化，培養市民內在的質素，彰顯人性美善的本質，從而在社羣中享受到美善文化和良好關係所帶來的滿足。

7.4.5 權威基礎與道德價值

要維持社羣關係及和諧的經濟合作，有賴合約法規的權威。在此，立法和執法都十分重要。相對於其他鄰近地區，香港的法律規範和執法都較為優勝，成為本地經濟市場發展的有利條件之一。約化和量化的合約方式的其中一個重要優點，就是為立法和執法提供有效的計算準則，使交易能在清晰的條款和權責中順利進行。相對地，聖約特質的有機元素使其難以量度，也就容易被忽略甚至取代。

後現代文化主張自由開放，抗拒權威，這方面的影響也漸漸在香港的抗爭文化中顯示出來。然而，這種抗爭文化與在位者的施政和權威是相應的。雖然香港的「小政府」前設主導著政府的決策取向，實際影響著政府施政的卻是其權威和聲望，而政府的施政又反過來影響了它的權威性和社會整體的抗爭文化。聖約觀念不但倡導彼此尊重和付出的文化，更提醒我們重視人性的美善，一起追求和建構社會整體的美善價值。在這過程中，社羣內部必定對真理存有不同觀點。在信徒、非信徒及不同宗教背景的羣體共同生活的大前提下，我們固然不能單以對上主的認信作為神聖權威，但也不能放棄對真正美善的共識和準則。因此，兩基柱典範為我們提供的對話框架，提醒大眾在社羣的合作和生活中，除了遵守法律外，也必須重視對真善美的追求和共識，且要幫助下一代培育對人性美善的鑑別能力，建立正確的價值觀，以致港人在多元文化中，仍能保持和睦，對美善和道德的標準有所肯定和追求。

自由市場提供廣闊的空間，讓參與者可在交易平台上合作互動，把決策和選擇的權責都放在參與者的手上，這對參與者個人道德價值的要求是很高的。可是，人性因受罪惡扭曲，傾向爭取自由放任而不願接受有限制的自由。因此，我們需要訂定條款和方法，確保參與者在市場持守道德價值。在這方面，合約的法律形式起了一定作用，但好些聖約特質卻不是合約法規可以全面表達的。聖約觀念的形式和結構，原是建基於一種「以別人為先」的付出精神，讓關愛和委身不受環境甚至對方的行為影響。這當然是很理想的做法，因此必須透過具體的合約法規來實踐。這些理想化的原則，需要得到肯定和確立，成為大眾共同追求的目標，才能在多元而自由的社會氛圍中求得共識，看見長遠的共同指標。

7.5 前面的路

英國永續發展委員會（Commission on Sustainable Development）經濟委員傑克森（Tim Jackson）指出，人類盲目地追求經濟成長，實在是不負責任的做法。尤其是已發展國家不斷追求經濟發展和消費，對生態環境造成巨大破壞，已足以威脅人類整體的幸福。傑克森提出有力的數據，說明人均國內生產總值和生活滿意度並不成正比，先進的經濟體系更出現一種「生活滿意度弔詭」(life satisfaction paradox)，意思是當一個國家的人均購買力達到某個水平後，國人的生活滿意度會和國內生產總值的增長率脫鈎，甚至逆轉過來。因此，傑克森指出：「我們沒理由要求全世界一起放棄成長，但卻有強烈的理由，要求已發展的國家騰出空間，給較貧窮的國家成長。因為只有在比較貧窮的國家成長，才能真正帶來改變。」[23]

按照香港的實際情況，未來的經濟出路有不少變數和可能性。根據二○○三年香港社會民主基金會編著的資料，香港經濟在現今處境裏能保持相對地完整、工商業並舉及提供充分就業的可能性並不大。反觀現時的發展方向前瞻未來，在貧富懸殊、大財團壟斷、抗爭風氣、弱勢政府等不穩定因素的籠罩下，香港的經濟前景不無隱憂。一方面，香港需要發展創新科技，包括金融、商業軟件、中醫藥、環保科技及生物科學等高增值、低就業的行業；另一方面，香港也需要擴大勞動密集行業，包括旅遊、文化、娛樂、百貨、飲食及社會服務等。在這些轉變中，社會必須在目標和政策上達成共識，無論是政府、商界、學界或民間團體，都需要在促進社會健康及人性化發展上共同努力。香港社會民主基金會是關注香港政制發展的民間團體，該會亦肯定了典範轉移(paradigm shift)的需要，而且指出政府在其中起了關鍵性的重大作用。在此，政府必須提出實質內容，發揮其財政和行政兼具的影響力，為香港長遠的經濟狀況作出規劃，並有效地落實執行。[24]

經過多年的殖民地管治，與其他已發展地區相比，香港的社會福利政策，對民生的關注和社會資源分配等考慮遠為落後。在同時發展高技術和勞動密集這兩類行業底下，貧富差距將會愈來愈嚴重，因此需要通過政策和福利機制，確保社會的穩定和諧。事實上，現今香港社會的貧富懸殊和就業貧窮等問題，正正就是聖約本質失落的惡果。當一切只是「照本子辦事」時，人類自利的本性以及約化的計算方式，令人把目光聚焦在金錢和個人利益上。這時，單單建基於合約模式的交易，令人性美善的本質無從彰顯，合約的條款和保障，反倒可能成為強者欺壓他人的工具。當社會及其中的人倫關係，只建立在功利之上而沒有聖約特質時，許多不公平現象就會逐漸產生，在人際間長期積累負面思想和怨氣，令抗爭和不穩定的社羣情緒不斷升溫，影響到整體社會的發展和福祉。因此，香港政府需要以積極進取的態度，建立一個權責、社會福利和經濟政策三者相輔相成的機制，設計一套向貧窮人傾斜的福利制度，發展健全的社會保障，包括醫療健康、基本住屋及基本勞工收入等保障。[25]

我們仍需要本地學術界對香港經濟狀況進行更深入及全面的研究，不但在時事層面及對個別議題作出評論，更要深入探討基本的思維及結構問題。近年有關地產霸權、仇富現象等的討論，都顯示香港社會對問題缺乏深入的剖析。沒有正視問題的根源，沒有細心的分析，回應只會流於表面化和情緒化，為社羣帶來負面的影響，不但無法解決眼前的問題，更欠缺長遠的視野和考慮。這種缺乏為社會思考、未能以整體福祉為先的弊端，使政府在決策時可用的資源貧乏而膚淺，嚴重影響施政。在聖約的大前提下，兩基柱僅僅是一個最基本的典範，以作為對話的框架及研究的起始點。我們需要更多學者在跨學科的領域間一起努力，從多個角度深入探討香港的社會及經濟問題，為整體社羣的福祉作長遠的反思和考慮，進而推動政府制定適切的政策，傳遞合乎真理的價值觀，倡導眾人發揮人性美善的本質，共同建設一個回歸真理本源的社會。

註釋

1. Lau Siu Kai and Kuan Hsin Chi, *The Ethos of the Hong Kong Chinese* (Hong Kong: The Chinese University Press, 1989), 41.
2. 劉兆佳：〈工業都市環境下之中國家庭形態：香港的個案研究〉，收《香港之發展經驗》，邢慕寰、金耀基合編（香港：中文大學出版社，1985），頁157～172。
3. 劉兆佳：〈工業都市環境下之中國家庭形態〉，頁160～161；有關功利家庭形態組成的誘因和結構性條件，參頁166～169。另關於家庭結構之轉變及數據，參黃暉明：〈香港之工業化與家庭結構〉，收《香港之發展經驗》，邢慕寰、金耀基合編（香港：中文大學，1985），頁173～191。
4. 羅金義、李劍明編：《香港經濟：非經濟學讀本》（香港：牛津大學出版社，2004），頁61～64。
5. 劉兆佳編：《香港二十一世紀藍圖》（香港：中文大學，2000），頁155。
6. 劉兆佳編：《香港二十一世紀藍圖》，頁239～240。
7. 有關張德勝提出的研究和數據，在此不作覆述。有興趣作深入研究的讀者可參劉兆佳編：《香港二十一世紀藍圖》，頁239～243。
8. 錢益兵、賀耀敏：《香港：東西方文化的交滙處》（北京：中國人民大學出版社，1995），頁47～49。
9. 有關香港早期的貿易和工業發展，以及對經濟成長的影響和改變，參林聰標：〈香港的貿易結構與經濟成長〉，收《香港之發展經驗》，邢慕寰、金耀基合編（香港：中文大學出版社，1985），頁75～93。
10. Lau Siu Kai, *Society and Politics in Hong Kong* (Hong Kong: The Chinese University Press, 1982), 5～9.
11. 羅金義、李劍明編：《香港經濟》，頁128。
12. 在這些方面，中西方學者都有不少研究，在此不再詳述。讀者可參羅金義、李劍明編：《香港經濟》，頁449～464。
13. 羅金義、李劍明編：《香港經濟》，頁212。
14. 羅金義、李劍明編：《香港經濟》，頁218～219。
15. 劉兆佳編：《香港二十一世紀藍圖》，頁90～91。
16. 有關香港特區政府的社會福利觀和理據，周健林和魏雁濱的文章中有詳盡分析，參劉兆佳編：《香港二十一世紀藍圖》，頁150～153。
17. 經濟學家指出，一個經濟體系的成長，由生產帶動演變成由資本帶動，最後階段進展至由知識創新帶動。參李曉惠：《困局與突破：香港難點問題專題研究》(香港：天地圖書出版社，2010)，頁203。

18. 有關香港發展知識型經濟的考慮和方法，參李曉惠：《困局與突破》，頁205～215。
19. 劉兆佳編：《香港二十一世紀藍圖》，頁154～155。
20. 劉兆佳編：《香港二十一世紀藍圖》，頁244～246。
21. 鄧偉棕：《法、理、情》(香港：花千樹出版社，2001)，頁40～43。
22. 報告內有關香港的堅尼系數0.53乃採用二〇〇一年數字作為評估，香港地區一九九六年堅尼系數為0.434。參 United Nation Centre for Human Settlements (UN-HABITAT), *State of the World's Cities 2010/2011: Bridging the Urban Divide* (London: Earthscan, 2008), 73 ～ 74 和 United Nation Centre for Human Settlements (UN-HABITAT) and the United Nations Economic and Social Commission for Asia and the Pacific (ESCAP), *The State of Asian's Cities 2010/2011: Bridging the Urban Divide* (Fukuoka: UN-HABITAT, 2010), 118～119。
23. 提姆・傑克森(Tim Jackson)：《誰說經濟一定要成長？——獻給地球的經濟學》(*Prosperity without Growth: Economics for a Finite Planet*)，朱道凱譯(台北：早安財經文化出版社，2011)，頁70～75。
24. 王卓祺編：《香港：上下求索、何去何從？——政治、社會及經濟論文集》(香港：香港社會民主基金會，2003)，頁23～29。
25. 有關社會政策的設計細則，以及建立社會安全網的需要和相關討論，參王卓祺編：《香港：上下求索、何去何從？》，頁34～38，117～121。

第8章 結語：活在聖約裏

8.1 在市場中建立人性化美善

8.2 進一步研究與對話

8.3 活在聖約裏的呼聲

8.1 在市場中建立人性化美善

本書展示了兩基柱典範，當中強調聖約和合約相輔相成的關係，兩者必須同時並存，以承載一個平衡的經濟市場。藉著探討聖約和合約的觀念，我們建構了一種神學對經濟學的回應，為經濟活動這一公共議題作出反思。我們建構的神學回應，乃是從上帝的創造原意出發，以聖約為社會關係的根基，重尋人類社羣生活原有的聖約觀念，並將其應用在經濟活動上。聖約觀念曾經被廣泛用於政制、商業和家庭等層面，但在經濟學的應用方面，卻一直被忽略。事實上，經濟活動是人類基本互動和社羣生活的根本，每人每天都離不開經濟活動。因此，從神學角度解讀和回應經濟活動的基本和社會經濟議題，都是有其必要性的，對社會羣體和諧共融，以及個人整全的福祉都極為重要。

在重新肯定聖約觀念對社會和經濟秩序的重要性後，我們繼而探討現代市場的根基，以及經濟學對於人類本性的前設。我們也研讀了亞當・史密斯（Adam Smith）的經濟學起源。經濟學源自一種自然進化的世界觀，即假設人類其自利、共感和仁慈的本質，可以自然地發展出理想的經濟市場。這發展到了後來卻由合約方式和合約法所支持，以致促成以合約為基礎的市場運作模式，使市場機制愈來愈合約化。合約化的市場機制，帶著它本身的優次價值，包括個人利益最大化、獨立自主的自由選擇，以及生產效率等，為人類的合作關係設定了規則和界限，也訂立了以貨幣為計算準則的數量化公平定律。市場根據這合約化的形式，傾向相對短暫和定期的交易方法，以非人性化條理來制定合作關係。合約方式本身是有其好處的，它能促進良性競爭，也能擴闊合作交易的範疇和領域，保障交易各方免受不公平對待，且為參與者提供調解和仲裁的途徑。在合約化的市場裏，道德倫理是個人對未來利益和處罰的期望而作出的抉擇，依賴個別參與者的個人操守和準則來運作。

我們對於合約模式正反兩面的分析，旨在說明合約乃是市場交易中的有效工具，但同時必須為其訂定合理的限制，並要為市場注入人性化元素以作出平衡。聖約觀念在此非常重要，因為它是人類本源的一部分，是創造主所啟示的關係秩序，目的是讓人與人之間、人與上帝之間，都可以重新建立永恆、關愛和信實的關係。事實上，彼此相愛、互相信任、共同分享、公平公義及合作共融等聖約特質，在創造之時早已深藏於人類的內心深處，是我們極為渴望踐行的人性美善。神學的其中一個任務，就是尋回和建構這種經濟市場的真誠美善。在已然未然的現實世界裏，聖約並不能取代合約，但也不應與合約混淆起來。它是一種開放性、持久不變的羣體關係。在聖約中，參與者甘心樂意進入一種分享、關愛和委身的關係裏，擁抱社會連繫、道德倫理，以及共同利益等社羣美善。

現代經濟學帶著一套前設，包括利益最大化和理性行為。可是，追求最大利益和利潤，並不是個人或企業的惟一目標。

在不斷改變的和具生命力的人類社會中，參與者的目標必定是多元且不斷更新的。個人不但追求利益最大化，也追求享有全人福祉、美善的社羣連繫，以及家庭的需要和幸福等。企業不但努力使利潤最大化，同時也必須能持續地保持健康的營運狀態，以致能夠全面地保障每個參與者的利益。這些參與者包括股東、消費者、供應商和員工等。因此，經濟活動是一個講求平衡的活動，在個人、家庭、社會和社羣考慮等複雜關係之間，我們必須取得平衡。適當的競爭促進生產和效率，理想的市場運作能在資源分配上取得協調。隨著自由市場的發展，人類愈來愈依賴合約安排和貨幣機制，但我們要知道，世上沒有完美的理想市場，而它的不完全或墮落，直接對人類的生活構成重大影響；即使是在其完美的理想狀態下，市場也忽略了對社羣生活極為重要的社會資產和共同利益。故此，我們必須珍視聖約的特質，並致力推動真誠的人類生活方式、人與人之間的人性化關係，以及培養彼此關愛的情操。

一些經濟學家如阿馬蒂亞．森（Amartya Sen）及女權主義者，都明白到現代經濟學典範的缺欠和限制。他們提出重新檢視經濟學典範的需要性，且對計量經濟學的基本前設提出質疑，並倡導其他經濟學觀念。森的「個人能力進路」（capabilities approach）就是其中一個例子。[1] 我們需要研究這類典範轉移，尋找促進健康和平衡市場文化的方法，使市場效率和人性道德得以並存。

就著這類典範轉移的嘗試，本書即提出以神學的聖約觀念，回應現今的合約化市場模式。我們分析了聖約的內容和特質，以及聖約和合約的關係，並展示出聖約如何正面地與合約互動，以促進平衡與和諧的市場活動。一個過度依賴合約交易方式的市場，將會出現個人主義、商品化和非人性化的負面現象。反過來説，一個完全建基於聖約的理想化市場，卻只能在新天新地裏出現。因此，本書所倡議的兩基柱典範，強調聖約和合約互動，兩者相輔相成地承載經濟市場，使經濟活動能健康和平衡地發展。

在第五章，我們通過長期雇傭安排和關係合約模式，詳細説明了兩基柱典範的實踐應用。雖然關係合約和博奕論讓我們能從另一個角度觀察經濟活動，從而企圖把經濟活動裏的關係元素注入經濟學模式中，可是它們並不能捕捉人性化元素的有機本質。在長期雇傭安排的例子裏，我們看見聖約特質在實際情況下的重要性，明白它能提醒我們，在關係中必須建立信任、尊重、忠誠、誠信、委身等人性化元素，使這些聖約特質在工作場所裏，與合約相輔相成地促進公平和平等的合作原則。

事實上，由於聖約的生活方式是建立關係的基準，因此它也是人類生活不同領域的關係規律，能深入人類生活的不同層次和複雜性，提供社羣互動的基礎元素。聖約觀念的根源來自創造中的人觀，從開始就是一項具歷史性的進程，由以色列民成為上帝的百姓起，一直是人與人之間建立關係的基礎，其重要性並沒有因為我們忽略它而減低。反之，當人類漸漸忘記聖約的本質和重要性時，社羣中出現的種種問題，使我們注意到道德倫理和人性美善，確是人類生活中不可缺少的東西，從而在我們對真理的檢視和尋索中，再次顯明聖約乃是整全人性化關係的真正基準。當經濟關係建基在聖約裏時，人類始能放下恐懼和懷疑，彼此合作和分享上帝在創造中所賜的禮物。這種完美的聖約市場，以分享和施贈的經濟規律運作，但這只能在永恒的新天新地裏才能體現。完美的恩約市場，無需法規或合約來管治，因而能展現最終極的自由——完全脱離條款和需求的自由。當各人都甘心樂意地施贈時，供應者便會自由地按照其關愛之心而行動，而另一方則在感恩和樂悅中接受。參與雙方都沒有回饋的壓力，自由地分享社羣中豐足的資源，並享受背後的社羣關係。真正的施贈並不要求回饋，而是一種主動的、自由的關愛行為。

要從合約化進路轉移到兩基柱典範，我們先要明白聖約的觀念和特質，繼而提升對聖約觀念的敏鋭和關注，從而把人從執迷於一己私利的困境中釋放出來，共同建立社羣中的關係和共同利益。在兩基柱典範中，生產效率和競爭力要與合作和分享這些特質互相平衡，個人權利和擁有權也需要與社會產業和共同利益作出平衡。市場需要考慮個人和羣體的普遍性和多元性，個人抉擇和法律規條在此同樣重要。經濟市場裏的自由，並不能只是關乎選擇上的自由，而必須也是順服於更高道德標準下的自由，以及在分享和關愛上的自由。最後，我們對經濟增長的追求，必須與聖約中的滿足和豐盛信念取得平衡，讓人可以離開不安和恐懼，活在感恩中。聖約特質和兩基柱典範轉移，為經濟市場帶來了新的世界觀，讓人類重尋失落了的美善本質，並為市場提供了實際可行的應用模式。

經濟市場是人類互動和溝通的平台，讓人在當中彼此合作和互動，在社會裏發揮很重要和正面的功能。可是，當我們對市場疏於管理時，則很容易出現一些不理想的現象。人性的扭曲，自然地讓市場裏的人類美善本質漸漸失落，衍生出個人主義、威脅和不道德的現象，市場功能因而變質。一個健康的市場有賴參與者在當中持守誠信，以促進共同利益和全人福祉。我們不應為了效率和量化模式的考量，把這些聖約特質丟棄。在單靠合約方式的安排裏，關愛被約化成感覺和意願，失去其超越性的本質，而快樂和痛苦卻成為愛的惟一計算單位。人與人的關係以物質上的利益和虧損來量度，甚至在家庭和婚姻關係的層面也是如此。例如，斯塔克豪斯（Max Stackhouse）認為，一段合約化的婚姻，乃以滿足個人所感受到的需要為至高權威，當中沒有必然的秩序。[2]

現代經濟市場的根本，就是為了滿足人類的需要和慾望。合約牽涉到參與者的承諾，就著彼此同意的條款建成共識，這方面似乎和聖約相似，但卻不對應任何外在的秩序標準或道德體系，只剩下最基本的法律規範。因此，人類在商業交易中乃建基在自私的個人利益上，在利潤最大化的模式中，並不考慮外在價值和其他人的益處。對現代經濟學家和社會契約的倡導者來説，他們的動機就是自利。對聖約參與者來説，他們的動機乃是實踐彼此連結的需要。通過信任和合作，聖約把個人和他者連結起來，建立彼此相助、互相依賴的互動關係。聖約觀念把個人提升到超越合約市場的經濟秩序，不是只顧自己的利益，而是考慮到別人的需要。

聖約羣體在聖約之愛裏連結，並不是基於政治權力的交易，也非只為了財富。薩克斯（Jonathan Sacks）把這情況形容為人類學習彼此互動、建立密切關係、認識倫理準則等的渠道和過程，使人知道愛並不會落空，在我們彼此分享自己的軟弱時可以找到剛強。[3] 他認為人與上帝的關係是藏在人的心靈裏的，但人與人之間的關係則必須兩人互動才能產生。因此，關愛是需要行動的。薩克斯指出，我們必須愛陌生人也愛鄰舍，這行動將在人類團結合一的大前提下，在國家民族之中，在人民的聖約裏體現出來。[4] 薩克斯的説法，提醒經濟參與者不要忘記以行動實踐道德和關愛，即使在非人性化或沒有直接互動關係的市場交易中，也是如此，因為基於合約的交易，亦需要聖約的道德倫理作前設。與其把合約看為失落了的聖約，倒不如説，聖約乃擁抱合約精神，作為一種簡化了的相遇方式，在兩位陌生者之間起了積極作用，幫助單一的市場交易可以順利及清晰地完成。

布魯格曼（Walter Brueggemann）認為，聖約觀念是一具顛覆性的典範，非常適用於現代生活。他指出，聖約的核心信念，與現今社會裏的文化、操控模式，以及基督教文化的思維，成為正面的對比。聖約觀念為天國和地上的遠象，提供了不一樣的、另類的洞見。[5] 聖約觀念提醒我們羣體和更新的重要性，並在現今個人主義及孤立隔離的文化裏，把我們的視野帶到全新的羣體和團結觀念上。布魯格曼認為，社會學並沒有為人類提供羣體意識和出路，這是十分可惜的。由於上帝的心意是指向一個天上的合一羣體，所以他認為地上也應當宣認這未能實踐的、地上的合一羣體。通過人與人之間的聖約，我們可以體現在地若天的合一連繫，使萬事都更新變化。[6]

聖約也是照管秩序的一種主要形式，建立了上帝與人的關係，並為社會人民提供了建立社羣結構的模式。[7] 聖約觀念比其他人與人之間的關係模式更強，因為它包含著上帝神聖秩序的規律、心意和照顧。猶太人羣體是建基於深遠的聖約生活傳統的，當人自然地傾向一種合約化關係，無論這是出於自利或互利，其目的都是為了保障參與者的利益。在這種合約化的互動裏，可以包括聖約特質，或是聖約與合約之間的平衡（gradation of covenantalism）。[8]

斯塔克豪斯指出，現代人生活在多樣化的工作處境裏，面對著多層面的聖約關係。每人每日都需要面對自己的複雜經歷，包括來自工作、家庭、經濟、教育、消閑、政治及宗教等不同領域。為了在這些混亂的謎團中保持誠信，我們必須認清自己在上帝形象下的真實本質，以及在多元生活環境中，明辨我們工作裏的聖約本質。我們更需要在工作或服事別人時，捉緊上帝賦予我們的召命，以至上帝的國度可以從我們開始延伸出去。在宗教改革時期，召命觀早已廣及所有信徒，聖約觀念的接觸面也類同，涉及所有生活處境，包括物質生活和市場交易中的秩序。聖約觀念超越非人性化的合約安排，使人能真正活出人與人之間的美善關係。我們應把聖約看為恩典的管道，從基督徒自我犧牲的愛開始，為他者而活並實踐上帝的愛，反映人類按照上帝形象被造的美善本質。這樣的信徒，明白我們被召是要活出豐盛的生命，在現今世代的複雜生活處境裏，仍能看見恩典，並且成為恩典的一扇窗戶。由於人類的罪性，使我們無論進入哪一個生活處境，都會遇上破壞、扭曲、失望，甚至拆毀。但無論如何，基督徒的召命就是要在這些扭曲了的處境裏盡忠，知道上帝通過基督的救贖大能，可以使一切回復美善及和好。[9] 因此，信仰羣體的工作，就是要在地上所有的生活範疇中，尋求和實踐聖約帶來的更新。經濟活動是最基本的人類生活範疇之一，所以經濟學裏的物質秩序，也正處於最前的戰線，在自利觀念、非人性化合約，以及自我犧牲的道德聖約之間，我們必須作出理智和人性化的抉擇。

8.2 進一步研究與對話

在政治體制的歷史發展中，聖約政制有很深遠的根源。我們已經知道，聖約從創造之時已經是人類本質的一部分。聖約特質也深藏於人類美善之中，在人類對真理的追求上已經顯示出來。聖約並不是新的觀念，而是對創造原意和關係秩序的重溯。它標誌著人與上帝建立關係的過程和方法，也是人與人之間建立關係的基本藍圖。通過不斷追求知識和真理，我們可以尋找和採用各種人文學科的進路，讓經濟市場更能反映人性美善，促進全人福祉。在此，我們看見跨學科對話的好處和重要性，因為透過這些世界觀之間的對話、不同進路的觀點，以及開放的知識交流，這都有利於人類對真理的整體尋索。

現代社會包括許多不同層次的羣體範疇，而這些羣體都有其本身的聖約目標和合約條款。兩基柱典範並沒有為經濟學問題提供圓滿的答案。事實上，即使是完美的經濟市場，也不能保證提供圓滿的答案，因為人類的本質是有限和被扭曲的。兩基柱典範提供的架構，讓我們可以觀察、分析和反思經濟處境，並促進市場透過聖約的價值觀，重尋人性化美善和全人福祉，讓人明白到合約法規與聖約特質兩者之間的互動的重要性。按照這個架構，我們可以持續地提醒每一位市場參與者，在任何經濟活動中，合約和聖約是同樣重要的，好讓市場架構能包含一套整體的價值觀和操守文化，在合約和聖約的考慮上得到平衡，並促進全人類整體的福祉。

事實上，兩基柱典範只是一個起始點。從第五章長期雇傭安排的例子裏，我們看見這典範的應用方法，也知道同樣的架構，可以應用在其他經濟規律上，例如：物業租賃或買賣、金融工具或借貸、財富或貨幣單位的交易、環境保護的考慮、教育或醫療安排等。在此，兩基柱典範是一個分析經濟問題的基礎架構，讓我們可以從人性化角度，為人類的經濟生活取得平衡。兩基柱典範的優點，在於它可以實際地對經濟問題提供洞見和應用方式，而且可以普遍地被信徒和非信徒所採納，並無排他性。這個典範不斷提醒我們，聖約特質是人類生命的根本，對人類生活極其重要，千萬不可讓它失落。與此同時，在已然未然的現今社會裏，合約提供了與聖約同樣重要的規律，在現代經濟市場中，兩者必須互動並存、彼此相輔相成。

兩基柱典範的倫理實踐神學進路（ethical-practical

theological approach)，乃荷蘭神學家巴文克(Herman Bavinck)所展示之進路。這種方法讓兩基柱典範成為一種公共神學的建構，目的是以神學觀念回應當代社會。由於經濟生活與政治和社會息息相關，我們必定面對許多複雜的、多樣化的因素，這些因素直接或間接地影響著經濟秩序，使經濟運作不斷改變並變得難以預計。在全球經濟一體化的大趨勢之下，不同地區的政治經濟動盪、恐怖分子的活動、國際間的外交關係、天然災禍等，都可能嚴重地影響到經濟活動。要嘗試控制這些影響，減低經濟動盪，需要全人類的共同努力，讓抱持不同世界觀的利益羣體，可以超越自利化的經濟典範，看見更廣闊的遠景。另一些經濟問題，例如：全球暖化或環境保護，乃涉及經濟政策的決定，需要國內外在聖約的基礎上共同合作。這些都是影響深遠的問題，在複雜的討論和洽談過程中，這挑戰我們要同時考慮到聖約價值觀和合約法規。例如：對人類來説，氣候和環保的範疇，比政治和經濟利益更為基本，因為這些問題是和人類在宇宙創造中的身分和責任問題息息相關，而且也涉及全宇宙存在的本質。當人類只看見眼前的短期自我利益，這些最基本的根源性考慮，就徹底地失落了。聖約的價值觀提醒我們，必須思考這些問題的本質和根源，通過神學的宇宙觀，提升自身對創造的召喚的敏鋭度，並且注入永恆的視野，在神聖之約的大前提下，無論信徒或非信徒，都能提升心靈的疆界，為彰顯更美善的人類本質而努力。兩基柱典範沒有為複雜的經濟問題提供簡易的答案，卻在神學觀念和視野上，為決策者提供實際應用的典範，提醒人類聖約特質的基礎性和重要性。

作為神學與經濟學的整合和回應，本書的範圍限於對經濟學的世界觀、前設和進路的基本反思；對聖約和合約的分析，也限於聖經神學裏的聖約，以及法律和經濟學裏的合約觀念。

我們並沒有探討其他對人類本質的看法和世界觀，也沒有檢視社會契約的發展。由於經濟秩序是在政治體制的處境和規範裏運作的，所以社會結構和社羣運作機制，無論對個人或整體的經濟活動而言，都有很大的影響。兩基柱典範提示我們，在經濟學研究裏，需要進一步探討政府和決策機關的角色，以及社會福利和建制的影響等。

我們對貝克爾（Gary Becker）主張的行為經濟學的探討，顯示我們必須把市場和非市場活動分開，按照每項活動的行為本質加以處理。假如我們把非市場行為商品化，必定會影響到活動裏的人性化本質，令該項活動變得扭曲和非人性化。更令人感到困惑的是，在被扭曲的過程中，許多時並不是特定或預期的，而是人在其自身的罪性的扭曲下那自然衍生的負面現象。我們需要建立正確的世界觀，更深入地明白和反思人類的本質，不要讓現代經濟學的世界觀入侵所有人類生活的範疇。要在經濟運作上達到公平、和諧和安穩的狀況，我們必須以社會羣體為先，在關愛和分享的基礎上，促進社會大眾對他者的關注，為社羣建立以大眾利益為先、保護及扶助弱者的價值觀念。在神學和聖經裏的聖約中，這些特質都是從依靠及順從創造天地的上帝而來的。在人類的社會羣體中，要培養這些特質，就必須讓其成為羣體所珍視的價值，讓每位參與者都明白聖約的關愛、分享和施贈原則，且在社會中具體地踐行出來，以達成建立聖約社羣的目標。

經濟學這門學科，必然地涉及對基本價值觀、政治決策、社會學和心理學等考慮。無論在個人或社會層面，經濟學都影響著人類的生活，它的範圍不但是跨學科的，也是需要多個學科之間互相提供資料和洞見的。特別是在現代社會裏，政治和經濟兩者密不可分，政府的財務政策及其所帶來的經濟果效，往往對政治選舉有決定性影響。經濟市場的確是人類生活的重要部分，是人與人之間彼此依賴和合作的過程。經濟、政治和社會之間的密切關係，更進一步提醒我們，必須通過教育和社會文化的培育，高舉聖約價值觀，並竭力地在社羣中建立聖約文化。當市場的界線不斷擴張、全球一體化已為大勢所趨，我們便愈加迫切地要提升對聖約的關注度，因為聖約特質是人類本質和社會規律的根本，對個人和社羣的整體福祉有決定性的作用。

本書對經濟學進路的檢視和批判，並不貶低經濟學的角色和地位。反之，在經濟市場不斷擴張的現今處境裏，經濟學的角色和位置是非常重要的。當代的經濟學家，肩負著研究和反思的責任，其使命就是檢視人類的經濟活動並提供適切的建議，促進健康的經濟活動，在道德、和諧、合作和效率之間取得平衡。因此，年輕的經濟學者不但需要具備計量經濟學的知識，也需要更廣闊的視野，明白到經濟活動背後的價值元素，即合作、信任、分享和關愛等元素，以建構和諧平衡的經濟運作模式。我們不應忽略經濟學是由人類對生命和生活的哲學反思而來的，經濟學這門學科的根本和起源，都來自經濟哲學。計量經濟學模式不單需要通過數學的進路來發展，也需要通過神學和哲學反省，使之能更切合人類本質，也更能反映現實。現代社會的急速變化，呼籲我們不斷重新檢視經濟學的基礎和前設，挑戰我們鑽研新的方法和模式，為全球一體化和不斷改變的社會處境，作出更適切和深入的回應。

兩基柱典範代表著一種動力，為傾向簡單和約化的合約模式，注入那被忽略了的聖約特質，以達成平衡的市場運作。在此，政府和決策機關的角色也是很重要的。市場可以是有效的交易平台，但必須經由適當的法規和限制來管理。至於那些非市場化的人類基本生活元素，例如：家庭單位、社會福利、公共產業和社會文化等，都必須保持其有機特質。神學為個人及社羣生活的反省，提供了基於真理的洞見，經濟學則是檢視和分析市場資訊的專門學科。在這整合的過程裏，政府和決策機關應按照這些專業學科的意見和分析，釐定和執行相關的決策，為社會大眾的共同利益而把關。

從一個更廣泛的角度來看，本書是神學與人文學科之間的跨學科研究，特別是神學與經濟學的跨學科整合。它包含了多個學科的整合元素，尤其在社會學和法律學的研究中廣泛取材，以適切地對課題作出回應。因此，兩基柱典範的獻議，有別於神學與經濟學的課題研討，也和傳統上從不同學科或倫理角度來探討單一經濟學問題的方法不同。兩基柱典範提供了一個全面和基礎性的架構，是能夠實際和適切地應用的，並不停留於理念或理想化的層面。在現今複雜和不斷變化的社會裏，學科之間的知識和資源整合是非常重要的，跨學科的分析和對話，可以帶來嶄新的視野，更全面地促進人類的認知和對真理的探求。

現今社會的經濟問題和金融海嘯等不尋常的現象，不斷提醒我們必須深入反思人性的本質和處境，且要更謙卑和開放地彼此學習。通過不同學科的整合，我們可進一步促進知識的研究和發展。在此，神學人類學和基督教宇宙觀，正可為其他學科提供重要的洞見。現代的經濟學課題是複雜和多樣化的，兩基柱典範倡導一種聖約與合約之間的平衡，這不單有利於觀察和分析，也在個人及羣體的決策上，提供多角度的檢視和反思方式。雖然如此，經濟問題仍然是複雜和不容易解決的。事實上，在合約模式中加入難以量化的聖約特質，只會使這個模式變得更加複雜，令相關決策不再簡單清晰。然而，這卻更能反映現實。假如我們只停留於量化、非人性化和自私的觀點，這會使問題變得簡單化，甚至引起長遠的負面結果。我們推動聖約價值觀裏的施予、關愛和委身時，也不容輕看當中所潛藏的風險和不可預期的因素。例如：在人類的限制和罪性的扭曲中，自由施贈可以帶來濫用、損失和失望。然而，只有當我們提倡聖約價值時，人類才能重尋自己的身分、真理和人性美善。

我們沒有要求所有奉行聖約價值觀的參與者都是信徒，但這並不意味著非信徒和信徒沒有分別，而是聖約觀念的模式和關係結構，的確可以超越對核心信念的要求，應用在不同的羣體中。基督教的神聖聖約觀念對於信徒的要求是極高的，其本源和延續，全在乎那位創造和賜予的上帝，讓相信的人可以成為祂的百姓，活在祂的國度、能力和盼望裏。雖然非信徒未能在這基督信仰的聖約下生活，卻仍能按照上帝安放在人心靈裏的美善及倫理取向，洞察和了解聖約的方式和特質。基督以其自我犧牲而展示的完全的愛，是上帝送給每個願意相信的人的禮物，也是人間最美的禮物。信徒通過這完全的愛與上帝相連，以致在祂裏面可以得著能力，向其他人竭力活出這完全的愛。[10]

聖約就是敍事和更新。聖約的敍述讓人在關係中組成社羣，找到回憶和身分。自由的個體參與在社羣，建立聖約關係，並共同為建立公義、憐恤和關愛的社會而努力。這樣的社羣是具備道德規範、指向未來以及擁抱共同目標的，每個人都是當中的參與者，有分於這趟旅程，並迎向同一目標。聖約社會讓眾人分擔權責，容納多元化的自由，並賦予人民能力，一同建構社羣。[11]這種聖約的生活方式不無風險，因為在現實裏，因著人的罪性和扭曲，在世人中間似乎沒有絕對的信任。正如克羅寧（Kieran Cronin）所指，我們時常都將自己交在其他人的手中，這些他者，例如：醫生、修理技師、老師、父母等，都在不同程度上決定和影響我們的福祉。按照這個規律，在人與人之間的關係裏，最重要的是權責而不是施贈，而施贈的原則，卻仍然是權責下的根基。通過有分於聖約關係，人同時參與在全人類的整體聖約裏，通過道德倫理和關愛，願意在交易和合作中作出犧牲，在合理和有需要的情況下，為他者捨棄自我私利。聖約關係反映人類乃按照上帝形象被造的本質，使我們由超越性的理念層面，真正活在當下，繼而進入人與人之間的恩典關係裏。在這亮光之下，以色列民族的律法，不單代表了法規和秩序，而且更是上帝大愛的彰顯，在當中教導世人重尋在上帝裏的公義、慈愛和悲憫。[12]

8.3 活在聖約裏的呼聲

本書選取了基督新教傳統裏的聖約觀念和聖約神學，作為聖經裏的重要主題，並以加爾文傳統中對人類本質的看法，整合出以新教神學作為基礎的、對經濟學的回應。在本書的不同部分，亦與天主教社會教導對話，探討有關勞工和道德倫理的觀點。這裏的出發點，是根據經濟學乃從人類本質的前設開始的。我們看過一些神學資料，再從經濟學、法律學和社會學廣泛取材，以建構回應現代經濟市場的神學觀。天主教神學家倡導的「基督徒人格」（Christian personalism）進路，雖然有其可取之處，但也有一定的限制。它認同人類需要藉著經濟體系以滿足生活需求，並提倡個人人格發展的需要。按照這種進路，人在追尋真理和羣體關係中，需要有個人自主和自由。可是，與此同時，本書的聖約進路和「基督徒人格」觀念也有許多不同之處，主要是因為聖約把上帝與人的關係放在最優先的位置。筆者認為，「基督徒人格」觀念在人的道德倫理，以及人認識創造主的能力上，都過於樂觀。一個完全建基於分享和個人權責的社會秩序，是人類終極追求的美善，但在已然未然的現世裏，卻只能局部地體現。在此，合約是這過渡期裏的管治和保護方式。在現代的多元社會裏，許多不同的價值系統都要求人類向其效忠，而聖約觀念在當中就是竭力見證上帝國度的臨在，在已然未然的世代裏，讓人覓見天國的大能和盼望。與此同時，聖約觀念的適切性，也說明了屬靈和屬世並不存在清晰的界線，因為創造主同時是天地萬有的主宰，是照管和掌權的上帝。無論是信與未信、自然界或人類的世俗生活，都掌握在上帝手裏，祂把自我犧牲的愛注入這些不同的羣體和處境中，向全人類揭示真理。因為「看哪！天和天上的天，地和地上所有的，都屬耶和華你的上帝」(申十 14)。

彼此信任和合作的聖約文化，對人類真誠的羣體生活是極為重要的。兩基柱典範裏的聖約基柱，提醒我們需要不斷持守道德倫理價值，促進羣體生活，並在祂創造的大地上做好管家。聖約也告訴我們，必須培養和傳遞真正的自由和道德觀念。合約安排是必需的，它使產品和服務可以化成共通的貨幣語言，促成交易。聖約則在這交易平台下，建立施贈的基礎，使人不致在缺乏和不安裏迷失。關係合約企圖超越簡單的合約模式，讓參與者自由地在法規中建立連繫。可是，聖約關係卻能進一步超越正式的合約安排，擁抱人類本質裏的有機活動，讓分享和關愛的精神得以實踐出來。聖約提供人與人之間親密聯繫的渠道，而合約則保障參與者免受傷害。

對於活在這已然未然世代裏的基督徒來說，我們所有人都必然地活在市場交易和經濟關係裏。要活出基督徒的生命，就必須在生活每一範疇，包括在經濟市場裏實踐聖約的權責，在物質經濟中承擔看守管理的使命。作為地上的經濟參與者，我們信守合約和市場法規。與此同時，我們必須保持對聖約特質的敏銳度，在被扭曲和受限制的處境中，竭力尋求上帝的心意和屬靈法則，並以最大的智慧和努力去實踐聖約。聖約和合約相輔相成，在平衡互動裏支持著真摯的人類羣體生活，讓人類得以發揮其美善的本質，彼此建立互信、合作及和諧的關係。在此，正如在生活的其他領域一樣，基督徒的使命就是要作鹽作光，成為眾人的榜樣，以選擇實踐聖約的生活，展示上帝永恆信實的大愛。

經濟學所關注的是地上的物質生活，這似乎是信仰羣體最不感興趣的範圍。可是我們不要忘記，基督徒作鹽作光的召命，是一全人的、整全的呼籲，涉及我們生命和生活的每一個單元，聖俗不能二分，也無從分割。在新約聖經裏，耶穌引用了大量生活例子，藉著比喻來解說天國的信息。我們知道，經濟生活切實地影響著我們每天的活動，無論對信徒或非信徒來說，它都是生活中最具影響力的範疇。因此，經濟活動也是屬靈生命最前的戰線，屬於生活最基本的領域，無論我們是否意識到，它都影響著我們的思維，也涉及生活最基本的領域，例如：醫療、教育、社會服務等，支配著人類社會的整體運作。許多現今的基督徒，乃身處於合約化經濟秩序裏，在市場優次的壓力下，因感到無發持守信仰的價值觀，以致變得軟弱無力，甚至失去信念的現象。在這些困難和掙扎裏，聖約觀念再一次賦予我們力量，認定上帝的信實和慈愛，使信仰羣體活在召命和盼望裏，得著聖靈的能力和勇氣面對扭曲了的世代，且成為更新轉化的力量。正如布魯格曼所說：「上帝對世界的心意，就是讓這個羣體以聖約方式彼此立約，平均分配其出產，重視所有的參與者，並且剛強和軟弱的聚集在一起，一同作工，共享福樂。」[13] 信仰羣體的使命，就是傳遞、期待和實踐這聖約的更新和轉化。

對於身處經濟市場裏的非信徒來說，我們必須明白市場中隱藏著的價值觀和秩序優次，因為這些規律正影響著我們的思維和生活方式，並決定我們的福祉。聖約觀念是人際關係和社羣生活的基本典範，幫助我們在現代社會裏重尋失落了的道德倫理、權利責任和委身承諾。我們不但需要在經濟活動裏重尋聖約特質，在生活的其他範疇，例如：企業、家庭和社會等等，都需要重新建立聖約化的生活，為人類生活的每個範疇注入人性化美善的特質和規律。正如尼布爾（H. Richard Niebuhr）所說：「世界基本的道德架構是一個聖約社會，而政治領域可能做到和需要的，就是確認和肯定人在普世社羣裏，對委身承諾、持守承諾和作為聖約參與者的責任。」[14]

明白合約和聖約特質的重要性只是一個開始，是通過兩基柱典範來建構平衡化市場的第一步。社會科學的諸學科可以為社羣生活提供理論和分析方法，神學則能提出建基於真理的洞察，讓人有更清晰的視野，提醒我們反思人性本質、重尋人性美善本源的重要性。可是到了最後，還是需要每位個別的經濟參與者，在經濟市場和生活範疇裏，切實地踐行聖約的價值觀。

活出聖約生命的呼聲，也是一種尋求真理的呼籲，要呼召眾人重尋創造主和祂的神聖法則，以致人類能回歸真理的懷抱，與創造主及天地萬物和好，踐行真誠和真摯的人性化生活。這些觀念，把參與者帶往超越眼前物質價值的視野去，擁抱創造原有的美善，以及享受上帝豐足的供應。因為，上帝的創造原是美好，一切美善都是祂所賜予的禮物。聖約觀念也提醒我們，必須在心靈裏體認上帝所賜的美善，從心靈的更新轉化開始，繼而持守道德行為，並以行動活出關愛和分享的生命，最終帶來美善的經濟合作秩序。聖約條款對應著合約規則，但卻並不止於合約的書面條文。在聖約化的合約裏，人類對公義、憐憫和謙卑的表達和回應，並非出於規範條款，而是發自內心深處，是一向上帝信實大愛的回應。正如先知彌迦的宣告：「世人哪，耶和華已指示你何為善。他向你所要的是甚麼呢？只要你行公義，好憐憫，存謙卑的心，與你的上帝同行。」（彌六 8）

註釋

1. 詳參本書第四章 4.3 部分。
2. Max L. Stackhouse, *Covenant and Commitments: Faith, Family, and Economic Life* (Louisville, KY: Westminster John Knox Press, 1997), 32.
3. Jonathan Sacks, *To Heal a Fractured World: The Ethics of Responsibility* (London: Continuum, 2005), 54.
4. Jonathan Sacks, *The Home We Build Together: Recreating Society* (London: Continuum, 2007), 180.
5. Walter Brueggemann, "Covenant as a Subversive Paradigm," *Christian Century* 97 (1980): 1094.
6. Brueggemann, "Covenant as a Subversive Paradigm," 1096.
7. Max L. Stackhouse, *Globalization and Grace* (New York, NY: Continuum, 2007), 163.
8. 猶太政治科學家埃拉扎爾（Daniel Elazar）發現，當人類彼此承諾的時候，很容易就讓交易合作方式傾向合約化。所以，他提出了「聖約刻度」（gradations of covenantalism）的觀念，認為這些刻度就是聖約和合約觀念之間的平衡點。參 Daniel J. Elazar, *Covenant & Commonwealth: From Christian Separation through the Protestant Reformation* (New Brunswick, NJ: Transaction Publishers, 1996), 8。
9. Stackhouse, *Covenant and Commitments*, 155 ～ 157.

10. Michael S. Horton, *Covenant and Eschatology: The Divine Drama* (Louisville, KY: Westminster John Knox Press, 2002), 17 ~ 18.
11. Sacks, *The Home We Build Together: Recreating Society*, 120 ~ 125.
12. Kieran Cronin, *Rights and Christian Ethics* (Cambridge: Cambridge University Press, 1992), 210 ~ 216.
13. Brueggemann, "Covenant as a Subversive Paradigm," 1097.
14. H. Richard Niebuhr, "The Idea of Covenant and American Democracy," *Church History* 23 (1954): 135.

參考書目

Agus, Jacob B. " The Covenant Concept-Particularistic, Pluralistic, or Futuristic, " *Journal of Ecumenical Studies* 18 (1981): 217 ~ 230.

Allen, Joseph L. *Love and Conflict: A Covenantal Model of Christian Ethics*. Nashville, TN: Abingdon Press, 1984.

Althusius, Johannes. *Politica*. Indianapolis, IN: Liberty Fund, 1995.

Arce, M., G. Daniel and Todd Sandler. " The Dilemma of the Prisoners' Dilemmas. " *Kyklos* 58 (2005): 3 ~ 24.

Atherton, John. *Transfiguring Capitalism*. London: SCM Press, 2008.

Atiyah, P. S. *The Rise and Fall of Freedom of Contract*. Oxford: Clarendon Press, 1979.

Axelrod, Robert. *The Evolution of Cooperation*. London: Penguin, 1990.

Bader-Saye, Scott. " The Freedom of Faithfulness, " *Pro Ecclesia* 8 (1999): 437 ~ 458.

Baker, George, Robert Gibbonsand Kevin J. Murphy. " Relational Contracts and the Theory of the Firm. " *The Quarterly Journal of Economics* 117 (2002): 39 ~ 84.

Barnett, Tim and Elizabeth Schubert. " Perceptions of the Ethical Work Climate and Covenantal Relationships. " *Journal of Business Ethics* 36 (2002): 279 ~ 290.

Barth, Karl. *Church Dogmatics*. Edinburgh: T & T Clark, 1958.

Bavinck, Herman. *Reformed Dogmatics. Vol. 1, Prolegomena*. Grand Rapids, MI: Baker Academic, 2003.

_______. *Reformed Dogmatics. Vol. 2, God and Creation*. Grand Rapids, MI: Baker Academic, 2004.

_______. *Reformed Dogmatics. Vol. 3, Sin and Salvation in Christ*. Grand Rapids, MI: Baker Academic, 2006.

Becker, Gary S. *Accounting for Tastes*. Massachusetts, MA: Harvard University Press, 1996.

_______. *The Economic Approach to Human Behavior*. Chicago, IL: The University of Chicago Press, 1976.

Becker, Gary S. and Julio Jorge Elísa. " Introducing Incentives in the Market for Live and Cadaveric Organ Donations. " *Journal of Economic Perspectives* 21, no. 3 (2007): 3 ~ 24.

Becker, Gary S. and Kevin M. Murphy. *Social Economics: Market Behavior in a Social Environment*. Massachusetts, MA: Belknap Press, 2000.

Becker, Gary S., Kevin M. Murphyand Tomas Philipson. " The Value of Life Near Its End and Terminal Care. " *National Bureau of Economic Research* 13333 (2007): 1 ~ 21.

Benedict XVI, Pope. " Caritas In Veritate, " *Encyclical Letter* (2009).

Bergmann, Barbara R. " Becker's Theory of the Family: Preposterous Conclusions. " *Challenge* Jan ~ Feb (1996): 9 ~ 12.

_______. " Needed: A New Empiricism. " *Economists' Voice* 4, no. 2 (2007): 1 ~ 4.

Berman, Harold J. " The Religious Sources of General Contract Law: An Historical Perspective. " *Journal of Law and Religion* 4 (1986): 103 ~ 124.

Bernheim, B. Douglas and Michael D. Whinston. " Incomplete Contracts and Stategic Ambiguity. " *American Economic Review* 88 (1998): 902 ~ 932.

Bird, Robert C. " Employment as a Relational Contract. " *University of Pennsylvania Journal of Labor and Employment Law* 8 (2005): 149 ~ 217.

Blake, Judith. " Are Babies Consumer Durables: A Critique of the Economic Theory of Reproductive Motivation. " *Population Studies* 22 (1968): 5 ~ 25.

Blau, Judith R. *Social Contracts and Economic Markets*. New York, NY: Plenum Press, 1993.

Booth, Philip, ed. *Catholic Social Teaching and the Market Economy*. London: Institute of Economic Affairs, 2007.

Botman, H. Russel. "Covenantal Anthropology: Integrating Three Contemporary Discourses of Human Dignity." In *God and Human Dignity*, ed. Soulen, R. Kendall and Linda Woodhead, 72 ~ 86. Grand Rapids, MI: Eerdmans, 2006.

Bratt, James D., ed. *Abraham Kuyper: A Centennial Reader*. Grand Rapids, MI: Eerdmans, 1998.

Bright, John. *Covenant and Promise*. London: SCM Press, 1977.

Bromley, David G. and Busching, Bruce C. "Understanding the Structure of Contractual and Covenantal Social Relations: Implications for the Sociology of Religion." *Sociological Analysis* 49 (1988): 15 ~ 32.

Brousseau, Kenneth R., Michael, J. Driver, Kristina Enerothand Rikard Larsson. "Career Pandemonium: Realigning Organizations and Individuals." *Academy of Management Executives* 10, no. 4 (1996): 52 ~ 66.

Brueggemann, Walter. "Covenant as a Subversive Paradigm," *Christian Century* 97 (1980): 1094 ~ 1099.

_______. "Covenanting as Human Vocation: A Discussion of the Relation of Bible and Pastoral Care," *Interpretation* 33 (1979): 115 ~ 129.

Bull, Clive. "The Existence of Self-Enforcing Implicit Contracts." *The Quarterly Journal of Economics* 102 (1987): 147 ~ 160.

Byrne, Peter. *Natural Religion and the Nature of Religion: The Legacy of Deism* London: Routledge, 1989.

Caldwell, Cam and Ranjan Karri. "Organizational Governance and Ethical Systems: A Covenantal Approach to Building Trust." *Journal of Business Ethics* 58 (2005): 249 ~ 259.

Carlyle, R.W. and Carlyle, A.J. *A History of Mediaeval Political Theory in the West*. London: William Blackwood & Sons, 1936.

Carney, Frederick S. "Association Thought in Early Calvinism." In *Voluntary Associations: A Study of Groups in Free Societies*, ed. Robertson, D. B., 39 ~ 53. Richmond, VA: Westminster John Knox Press, 1966.

Chaplin, Jonathan. "Suspended Communities or Covenanted Communities? Reformed Reflections on the Social Thought of Radical Orthodoxy." In *Radical Orthodoxy and the Reformed Tradition*, ed. Smith, James K. A. and James H. Olthuis. Grand Rapids, MI: Baker Academics, 2005.

Congdon, Tim. "The Law: Freedom or Merit?" *Ecoonomic Affairs* 14, no. 2 (1994): 41.

Cortina, Adela. *Covenant and Contract: Politics, Ethics and Religion*. Leuven: Peeters, 2003.

Cosden, Darrell. *A Theology of Work: Work and the New Creation*. Cumbria: Paternoster, 2004.

Craswell, Richard. "Contract Law, Default Rules, and the Philosophy of Promising." *Michigan Law Review* 88 (1989 ~ 1990): 489 ~ 529.

Cronin, Kieran. *Rights and Christian Ethics*. Cambridge: Cambridge University Press, 1992.

Daly, Herman E. and John B. Cobb, Jr. *For the Common Good: Redirecting the Economy Toward Community, the Enviornment, and a Sustainable Future*. Boston, MA: Beacon Press, 1989.

Davis, J. Ronnie. "Adam Smith on the Providential Reconciliation of Individual and Social Interests: Is Man Led by an Invisible Hand or Misled by a Sleight of Hand?" *History of Political Economy* 22 (1990): 341 ~ 352.

Dayton-Johnson, Jeff. "Knitted Warmth: The Simple Analytics of Social Cohesion." *The Journal of Socio-Economics* 32 (2003): 623 ~ 645.

Elazar, Daniel J. "Althusius and Federalism as Grand Design." Available from http://www.jcpa.org/dje/articles2/althus-fed.htm (cited 15 Feb 2008).

_______. *Covenant & Commonwealth: From Christian Separation through the Protestant Reformation*. New Brunswick: Transaction Publishers, 1996.

_______. *Covenant & Polity in Biblical Israel: Biblical Foundations & Jewish Expressions*. New Brunswick: Transaction, 1998.

Evensky, Jerry. "Adam Smith's Moral Philosophy: The Role of Religion and Its Relationship to Philosophy and Ethics in the Evolution of Society." *History of Political Economy* 30 (1998): 17 ~ 42.

_______. " 'Chicago Smith' versus 'Kirkaldy Smith'." *History of Political Economy* 37 (2005): 197 ~ 203.

_______. "The Two Voices of Adam Smith: Moral Philosopher and Social Critic."

History of Political Economy 19 (1987): 447 ~ 468.

Everett, William Johnson. "Contract and Covenant in Human Community." *Emory Law Journal* 36 (1987): 557 ~ 568.

Feinman, Jay M. "Critical Approaches to Contract Law." *UCLA Law Review* 30 (1982): 829 ~ 860.

Feinman, Jay M. "Significance of Contract Theory." *University of Cincinnati Law Review* 58 (1990): 1283 ~ 1318.

Ferber, Marianne A. "A Feminist Critique of the Neoclassical Theory of the Family." In *Women, Family and Work: Writings on the Economics of Gender*, ed. Moe, Karine S. Massachusetts, MA: Wiley Blackwell, 2003.

Ferber, Marianne A. and Bonnie G. Birnbaum. "The 'New Home Economics': Retrospects and Prospects." *The Journal of Consumer Research* 4 (1977): 19 ~ 28.

Figgis, John Neville. *From Gerson to Grotius*. Cambridge: Cambridge University Press, 1916.

_______. "Political Thought in the Sixteenth Century." In *The Cambridge Modern History*, ed. Ward, A.W., G.W. Prothero and S. Leathes. Cambridge: Cambridge University Press, 1905.

Fins, Joseph J. "From Contract to Covenant in Advance Care Planning." *Journal of Law, Medicine and Ethics* 27 (1999): 46 ~ 51.

Forrester, Duncan B. *Christian Justice and Public Policy*. Cambridge: Cambridge University Press, 1997.

_______. *On Human Worth: A Christian Vindication of Equality*. London: SCM Press, 2001.

_______. *Theological Fragments: Explorations in Unsystematic Theology*. New York, NY: T & T Clark, 2005.

Forrester, Duncan B. and Danus Skene. *Just Sharing: A Christian Approach to the Distribution of Wealth, Income and Benefits*. London: Epworth Press, 1988.

Forrester, W. R. *Christian Vocation: Studies in Faith and Work*. London: Lutterworth, 1951.

Fox, Alan. *Beyond Contract: Work, Power and Trust Relations*. London: Faber, 1974.

Frank, Robert H. "Beyond Self-Interest." *Challenge* Mar ~ Apr (1989): 4 ~ 13.

Friedman, Lawrence M. *Contract Law in America: A Social and Economic Case Study*. Wisconsin: University of Wisconsin Press, 1965.

Friedrich, Carl J. *The Age of the Baroque*. New York, NY: Harper & Row, 1952.

Gardner, E. Clinton. *Justice and Christian Ethics*. Cambridge: Cambridge University Press, 1995.

Gasper, Des. "Is Sen's Capability Approach an Adequate Basis for Considering Human Development?" *Review of Political Economy* 14 (2002): 435 ~ 461.

Gierke, Otto von. *The Development of Political Theory*. New York, NY: Howard Fertig, 1966.

Gilbert, Daniel R. Jr. "The Prisoner's Dilemma and the Prisoners of the Prisoner's Dilemma." *Business Ethics Quarterly* 6 (1996): 165 ~ 178.

Goldberg, Victor P. "A Relational Exchange Perspective on the Employment Relationship." In *Firms, Organization and Labour: Approaches to the Economics of Work Organization*, ed. Stephen, Frank H., 127 ~ 145. London: Macmillian, 1984.

Goldingay, John. *Old Testament Theology Vol. I: Israel's Gospel*. Illinois, IL: InterVasity Press, 2003.

Gorski, Philip S. "Calvinsim and Revolution: The Walzer Thesis Reconsidered." In *Meaning and Modernity*, ed. Madsen, Richard, 78 ~ 104. Berkeley, CA: University of California Press, 2002.

Gorsky, Jonathan. "Beyond inclusivism: Richard Harries, Jonathan Sacks and The Dignity of Difference." *Scottish Journal of Theology* 57 (2004): 366 ~ 376.

Gough, J. W. *The Social Contract: A Critical Study of Its Development*. Oxford: Clarendon Press, 1957.

Grau, Marion. *Of Divine Economy: Refinancing Redemption*. New York, NY: T & T Clark, 2005.

Hartropp, Andy. "Christianity and Economics: An Annotated Bibliography by Andy Hartropp." *Journal of the Association of Christian Economists* special issue (December 1997): 1 ~ 36.

Hay, Donald A. *Economics Today: A Christian Critique*. Vancouver: Regent College Publishing, 2001.

Herman, Stewart W. *Durable Goods: A Covenantal Ethic for Management and*

Employees. Notre Dame: University of Notre Dame Press, 1997.

Hill, Lisa. "The Hidden Theology of Adam Smith." *The European Journal of the History of Economic Thought* 8 (2001): 1 ~ 29.

Hill, Peter J. and John Lunn. "Markets and Morality: Things Ethicists Should Consider When Evaluating Market Exchange." *Journal of Religious Ethics* 35, no. 4 (2007): 627 ~ 653.

Hollenbach, David. *The Common Good and Christian Ethics*. Cambridge: Cambridge University Press, 2002.

Horton, Michael S. *Covenant and Eschatology: The Divine Drama*. Louisville: Westminster John Knox Press, 2002.

Hübner, Hans. "Covenant." In *The Encyclopedia of Christianity*, ed. Fahlbusch, Erwin, Jan Milic Lochman, John Mibiti, Jaroslav Pelikan and Lukas Vischer, 710 ~ 713. Grand Rapids, MI: Eerdmans, 1999.

Hueglin, Thomas O. *Early Modern Concepts for a Late Modern World: Althusius on Community and Federalism*. Waterloo: Wilfrid Laurier University Press, 1999.

_______. "Johannes Althusius: Medieval Constitutionalist or Modern Federalist?" *Publius* 9, no. 4 (1979): 9 ~ 41.

Hviid, Morten. "Long-Term Contracts and Relational Contracts." In *Encyclopedia of Law and Economics*, ed. Bouckaert, Boudewijn and Gerrit de Geest, 46 ~ 72. Cheltenham: 2000.

_______. "Relational Contracts, Repeated Interaction and Contract Modification." *European Journal of Law and Economics* 5 (1998): 179 ~ 194.

Iannaccone, Laurence R. "Economics of Religion: Debating the Costs and Benefits of a New Field." *The Economics of Religion: A Symposium* (2005).

Jenkins, Willis. *Ecologies of Grace: Environmental Ethics and Christian Theology*. New York, NY: Oxford University Press, 2008.

John Paul II, Pope. "Laborem Exercens." *Encyclical Letter* (1981).

Kalleberg, Arne L. "Nonstandard Employment Relations: Part-time, Temporary and Contract Work." *Annual Review of Sociology* 26 (2000): 341 ~ 365.

Karlberg, Mark W. *Covenant Theology in Reformed Perspective*. Oregon, OR: Wipf and Stock Publishers, 2000.

Kenneally, Ivan. "Benedict XVI, Economist." Available from http://www.firstthings.

com/onthesquare/2009/08/pope-benedict-xvi-economist (cited 21 Aug 2009).

Kessler, Friedrich. "Contracts of Adhesion—Some Thoughts about Freedom of Contract." *Columbia Law Review* 43 (1943): 629～642.

Klempa, William. "The Concept of the Covenant in 16th and 17th Century Continental and British Reformed Theology." In *A Covenant Challenge to Our Broken World*, ed. Miller, Allen O., 130～147. Atlanta, GA: Darby Printing, 1982.

Kraus, Hans J. "God's Covenant: Old and New Testaments." In *A Covenant Challenge to Our Broken World*, ed. Miller, Allen O., 79～83. Atlanta, GA: Darby Printing, 1982.

Lattuada, Antonio. "A Positive Valuation of the Market in Ethical Perspective." In *Outside The Market No Salvation?*, ed. Mieth, Dietmar and Marciano Vidal, 77～84. London: SCM Press, 1997.

Lau, Siu Kai. *Society and Politics in Hong Kong.* Hong Kong: The Chinese University Press, 1982.

Lau, Siu Kai and Kuan Hsin Chi. *The Ethos of the Hong Kong Chinese.* Hong Kong: The Chinese University Press, 1989.

Lawrence, Lesa W., Harvey M. Rappaport, Joseph B. Feldhaus, Art L. Bethke and Robert E. Stevens, "A Study of the Pharmacist-Patient Relationship: Covenant or Contract?" *Journal of Pharmaceutical Marketing and Management* 9, no. 3 (1995): 21～40.

Lawson, Daniel. "Gary Becker and the Quest for the Theory of Everything." *University of Notre Dame* (2004).

Leibenstein, Harvey. "The Prisoner's Dilemma in the Invisible Hand: An Analysis of Intrafirm Productivity." *American Economic Review* 72, no. 2 (1982): 92～97.

Leo XIII, Pope. "Rerum Novarum." *Encyclical Letter* (1891).

Levin, Jonathan. "Multilateral Contracting and the Employment Relationship." *The Quarterly Journal of Economics* 117 (2002): 1075～1103.

Long, D. Stephen. *Divine Economy: Theology and the Market.* London: Routledge, 2000.

Long, D. Stephen and Nancy R. Fox. *Calculated Futures: Theology, Ethics, and Economics*. Texas, TX: Baylor University Press, 2007.

Lovin, Robin W. "Equality and Covenant Theology." *Journal of Law and Religion* 2

(1984): 241 ~ 262.

Loy, David R. "The Religion of the Market." *Journal of the American Academy of Religion* 65 (1997): 275 ~ 290.

Lutz, Mark A. *Economics for the Common Good: Two Centuries of Social Economic Thought in the Humanistic Tradition*. London: Routledge, 1999.

MacLeod, W. Bentley and James M. Malcomson. "Implicit Contracts, Incentive Compatibility, and Involuntary Unemployment." *Econometrica* 57 (1989): 447 ~ 480.

Macneil, Ian R. "Contracts: Adjustment of Long-Term Economic Relations under Classical, Neoclassical, and Relational Contract Law." *Northwestern University Law Review* 72 (1977): 854 ~ 905.

_______. *The New Social Contract: An Inquiry into Modern Contractual Relations*. New Haven: Yale University Press, 1980.

Maitland, Ian. "Virtuous Markets." *Business Ethics Quarterly* 7 (1997): 17 ~ 31.

Marsden, David. "The 'Network Economy' and Models of the Employment Contract." *British Journal of Industrial Relations* 42 (2004): 659 ~ 684.

May, William F. "Code, Covenant, Contract, or Philanthropy." *The Hastings Center Report* 5, no. 6 (1975): 29 ~ 38.

McCoy, Charles S. and J. Wayne Baker. *Fountainhead of Federalism*. Louisville, KY: Westminster John Knox Press, 1991.

Meeks, M. Douglas. "Being Human in the Market Society." *Quarterly Review* 21 (2001): 254 ~ 265.

_______. "The Economy of Grace: Human Dignity in the Market System." In *God and Human Dignity*, ed. Soulen, R. Kendall and Linda Woodhead, 196 ~ 214. Grand Rapids, MI: Eerdmans, 2006.

_______. *God the Economist: The Doctrine of God and Political Economy*. Minneapolis, MN: Fortress Press, 1989.

Meilaender, Gilbert. "A View from Somewhere: The Political Thought of Michael Walzer." *Religious Studies Review* (1990): 197 ~ 201.

Mieth, Dietmar and Vidal, Marciano, ed. *Outside the Market No Salvation?* London: SCM Press, 1997.

Miller, Allen O., ed. *A Covenant Challenge to Our Broken World*. Atlanta: Darby

Printing, 1982.

Moltmann-Wendel, Elisabeth and Jürgen Moltmann. *Humanity in God*. London: SCM Press, 1983.

Moltmann, Jürgen. *The Church in the Power of the Spirit*. London: SCM Press, 1977.

_______. *Creating a Just Future: The Politics of Peace and the Ethics of Creation in a Threatened World*. London: SCM Press, 1989.

_______. *God for a Secular Society: The Public Relevance of Theology*. London: SCM Press, 1999.

_______. *God in Creation: An Ecological Doctrine of Creation*. London: SCM Press, 1985.

_______. *Man: Christian Anthropology in the Conflicts of the Present*. Philadelphia, PA: Fortress Press, 1971.

_______. *The Trinity and the Kingdom of God: The Doctrine of God*. London: SCM Press, 1981.

_______. *The Way of Jesus Christ: Christology in Messianic Dimensions*. London: SCM Press, 1990.

Montes, Leonidas. "Das Adam Smith Problem: Its Origins, the Stages of the Current Debate, and One Implication for Our Understanding of Sympathy." *Journal of the History of Economic Thought* 25 (2003): 63～90.

Moser, Paul K. "Human Persons: Their Nature, Faith, and Function." *Ex Auditu* 13 (1997): 17～36.

Mount, Eric Jr. *Covenant, Community and the Common Good: An Interpretation of Christian Ethics*. Cleveland, OH: The Pilgrim Press, 1999.

Mulcahy, Linda and John Tillotson. *Contract Law in Perspective*. London: Cavendish Publishing, 2004.

Muller, Jerry Z. *Adam Smith in His Time and Ours*. New Jersey, NJ: Princeton University Press, 1993.

Nell, Edd S. "A Reformed Approach to Economics: Christian Reconstructionism." *Journal of the Association of Christian Economists* (1993): 6～20.

Nelson, Julie A. *Economics for Humans*. Chicago, IL: University of Chicago Press, 2006.

_______. *Feminism, Objectivity and Economics*. London: Routledge, 1996.

Nelson, Robert H. *Economics as Religion: From Samuelson to Chicago and Beyond*. Pennsylvania, PA: Pennsylvania State University Press, 2001.

_______. "What is 'Economic Theology'?" Second Abraham Kuyper Consultation on "Theology and Economic Life: Exploring Hidden Links" Princeton Theological Seminary, Princeton, New Jersey, March 22, 2003.

Newman, Louis E. "Covenant and Contract: A Framework for the Analysis of Jewish Ethics." *Journal of Law and Religion* 9 (1991): 89 ~ 112.

Niebuhr, H. Richard. "The Idea of Covenant and American Democracy." *Church History* 23 (1954): 126 ~ 135.

_______. "The Religious Assumptions of Adam Smith." *Journal of Theology for Southern Africa* 44 (2006): 6 ~ 22.

Nieli, Russell. "Spheres of Intimacy and the Adam Smith Problem." *Journal of the History of Ideas* 47 (1986): 611 ~ 624.

Novak, Michael. "Pope Benedict XVI's *Caritas*." Available from http://www.firstthings.com/onthesquare/2009/08/pope-benedict-xvis-caritas-1 (cited 17 Aug 2009).

Nussbaum, Martha C. "Flawed Foundations: The Philosophical Critique of (a Particular Type of) Economics." *The University of Chicago Law Review* 64 (1997): 1197 ~ 1214.

O'Hara, Erin Ann. "Trustworthiness and Contract." In *Moral Markets: The Critical Role of Values in the Economy*, ed. Zak, Paul J. New Jersey, NJ: Princeton University Press, 2008.

O'Neill, Onora. *A Question of Trust*. Cambridge: Cambridge University Press, 2002.

Ogletree, Thomas W. *Hospitality to the Stranger: Dimensions of Moral Understanding*. Louisville, KY: Westminster John Knox Press, 2003.

Oncken, August. "The Consistency of Adam Smith." *The Economic Journal* 7 (1897): 443 ~ 450.

Oslington, Paul. "A Theological Economics." *International Journal of Social Economics* 27 (2000): 32 ~ 44.

Oswald, Donald J. "Metaphysical Beliefs and the Foundations of Smithian Political Economy." *History of Political Economy* 27 (1995): 449 ~ 476.

Paul, Ellen Frankel, Fred D. Jr. Miller and Jeffrey Paul, ed. *Ethics and Economics*.

Oxford: Basil Blackwell, 1985.

Pava, Moses L. "The Many Paths to Covenantal Leadership: Traditional Resources for Contemporary Business." *Journal of Business Ethics* 29 (2001): 85 ~ 93.

Pearce, David G. and Ennio Stacchetti. "The Interaction of Implicit and Explicit Contracts in Repeated Agency." *Games and Economic Behavior* 23 (1998): 75 ~ 96.

Peil, Jan. *Adam Smith and Economic Science: A Methodological Reinterpretation*. Cheltenham: Edward Elgar, 1999.

Phillips, Jeremy. "Caveat Caritas!" *Journal of Intellectual Property Law and Practice* 4 (2009): 603.

Polanyi, Karl. *The Great Transformation: The Political and Economic Origins of Our Time*. Boston, MA: Beacon Press, 1957.

Pollak, Robert A. "Gary Becker's Contributions to Family and Household Economics." *Review of Economics of the Household* 1 (2003): 111 ~ 141.

Pressman, Steven and Gale Summerfield. "Sen and Capabilities." *Review of Political Economy* 14 (2002): 429 ~ 434.

Preston, Ronald H. *Religion and the Ambiguities of Capitalism*. London: SCM Press, 1991.

Rae, John. *Life of Adam Smith*. London: Macmillan, 1895.

Raphael, D. D. *Adam Smith*. Oxford: Oxford University Press, 1985.

Rendtorff, Rolf. " 'Covenant' as a Structuring Concept in Genesis and Exodus." *Journal of Biblical Literature* 108 (1989): 385 ~ 393.

Richardson, J. David. "Frontiers in Economics and Christian Scholarship." *Christian Scholar's Review* 17, no. 4 (1988): 1 ~ 20.

Rieger, Joerg. *No Rising Tide: Theology, Economics and the Future*. Minneapolis, MN: Fortress Press, 2009.

Riley, Patrick. "Three 17th Century German Theorists of Federalism: Althusius, Hugo and Leibniz." *Publius* 6, no. 3 (1976): 7 ~ 41.

Robertson, D. B., ed. *Voluntary Associations: A Study of Groups in Free Societies*. Richmond: Westminster John Knox Press, 1966.

Rothschild, Emma. "Adam Smith and the Invisible Hand." *American Economic Review* 84, no. 2 (1994): 319 ~ 322.

Rousseau, Denise M. "Psychological and Implied Contracts in Organizations." *Employee Responsibilities and Rights Journal* 2 (1989): 121 ~ 139.

Sacks, Jonathan. *The Dignity of Difference: How to Avoid the Clash of Civilizations*. London: Continuum, 2003.

_______. *The Home We Build Together: Recreating Society*. London: Continuum, 2007.

_______. "Markets and Morals." *First Things* 105 (2000): 23 ~ 28.

_______. *To Heal a Fractured World: The Ethics of Responsibility*. London: Continuum, 2005.

Salmon, J. H. M. *The French Religious Wars in English Political Thought*. Oxford: Clarendon Press, 1959.

Sauer, James B. "Christian Faith, Economy, and Economics: What Do Christian Ethics Contribute to Understanding Economies?" *Journal of the Association of Christian Economists* 42 (2003): 17 ~ 25.

Sen, Amartya. *Choice, Welfare and Measurement*. Oxford: Basil Blackwell, 1982.

_______. *Development as Freedom*. Oxford: Oxford University Press, 1999.

_______. *Moral Codes and Economic Success*. London: London School of Economics, 1993.

_______. "The Moral Standing of the Market." In *Ethics and Economics*, ed. Paul, Ellen Frankel, Fred D. Jr. Miller and Jeffrey Paul, 1 ~ 19. Oxford: Basil Blackwell, 1985.

_______. *On Ethics and Economics*. Oxford: Basil Blackwell, 1987.

_______. "Personal Utilities and Public Judgements: Or What's Wrong With Welfare Economics." *The Economic Journal* 89 (1979): 537 ~ 558.

_______. *Resources, Values and Development*. Oxford: Basil Blackwell, 1984.

_______. *The Standard of Living*. Cambridge: Cambridge University Press, 1985.

Signatories, Sixty-eight. "Doing the Truth in Love: An Evengelical Call for Response to *Caritas in Veritate*." Available from http://www.firstthings.com/onthesquare/2009/08/doing-the-truth-in-love58-an-evangelical-call-for-response-to-caritas-in-veritate (cited 18 Aug 2009).

Siker, Louke van Wensveen. "An Unlikely Dialogue: Barth and Business Ethicists on Human Work." *Annual of the Society of Christian Ethics* (1989): 131 ~ 145.

Skillen, James W. "From Covenant of Grace to Equitable Public Pluralism: The Dutch Calvinist Contribution." *Calvin Theological Journal* 31 (2006): 67～96.

Skinner, Quentin. *The Foundations of Modern Political Thought*. Cambridge: Cambridge University Press, 1978.

_______. *Visions of Politics*. Cambridge: Cambridge University Press, 2002.

Smith, Adam. *An Inquiry into the Nature and Causes of the Wealth of Nations*. Indianapolis, IN: Liberty Press, 1981.

_______. *Lectures on Jurisprudence*. Indianapolis, IN: Liberty Press, 1982.

_______. *The Theory of Moral Sentiments*. Indianapolis, IN: Liberty Press, 1981.

Smith, James K. A. and James H. Olthuis, ed. *Radical Orthodoxy and the Reformed Tradition*. Grand Rapids, MI: Baker Academic, 2005.

Smith, Timothy L. "Work and Human Worth." *Christian Century* 84 (1967): 1094～1097.

Soulen, R. Kendall and Woodhead, Linda, ed. *God and Human Dignity*. Grand Rapids, MI: Eerdmans, 2006.

Stackhouse, Max L. *Covenant and Commitments: Faith, Family, and Economic Life*. Louisville, KY: Westminster John Knox Press, 1997.

_______. *Globalization and Grace*. New York, NY: Continuum, 2007.

_______. "The Moral Meanings of Covenant." *Annual of the Society of Christian Ethics* (1996): 249～264.

_______. *Public Theology and Political Economy: Christian Stewardship in Modern Society*. Grand Rapids, MI: Eerdmans, 1987.

_______. Dennis McCann and Shirley J. Roels, eds. *On Moral Business: Classical and Contemporary Resources for Ethics in Economic Life*. Grand Rapids, MI: Eerdmans, 1995.

Stephen, Frank H., ed. *Firms, Organization and Labour: Approaches to the Economics of Work Organization*. London: Macmillian, 1984.

Sylva, Douglas A. "Is Benedict in Favor of World Government?" Available from http://www.firstthings.com/onthesquare/2009/08/is-benedict-in-favor-of-world-government (cited 20 Aug 2009).

Tanner, Kathryn. *Economy of Grace*. Minneapolis, MN: Fortress Press, 2005.

Tawney, Ronald H. *Religion and the Rise of Capitalism*. London: John Murray, 1948.

Teichgraeber, Richard F. "Rethinking Das Adam Smith Problem." *Journal of British Studies* 20 (1981): 106 ~ 123.

Tiemstra, John P. "Christianity and Economics: A Review of the Recent Literature." *Christian Scholar's Review* 22 (1993): 227 ~ 247.

Tiemstra, John P., ed. *Reforming Economics: Calvinist Studies on Methods and Institutions*. New York, NY: Edwin Mellen Press, 1990.

Torrance, Alan J. "On Deriving 'Ought' from 'Is': Christology, Covenant and *Koinonia*." In *The Doctrine of God and Theological Ethics*, ed. Torrance, Alan J. and Michael Banner. London: T & T Clark, 2006.

Torrance, Alan J. and Michael Banner, ed. *The Doctrine of God and Theological Ethics*. London: T & T Clark, 2006.

Torrance, James B. "The Covenant Concept in Scottish Theology and Politics and Its Legacy," *Scottish Journal of Theology* 34 (1981): 225 ~ 243.

Trebilcock, Michael J. *The Limits of Freedom of Contract*. London: Harvard University Press, 1993.

Trimiew, Darryl M. "The Renewal of Covenant and the Problem of Economic Rights: The Contributions of Daniel Elazar." *Annual of the Society of Christian Ethics* 20 (2000): 105 ~ 109.

Tucker, Gene M. "Covenant Forms and Contract Forms." *Vetus Testamentum* 15 (1965): 487 ~ 503.

Tullock, Gordon. "Adam Smith and the Prisoners' Dilemma." *The Quarterly Journal of Economics* 100 (1985): 1073 ~ 1081.

United Nation Centre for Human Settlements (UN-HABITAT). *State of the World's Cities 2010/2011: Bridging the Urban Divide.* London: Earthscan, 2008.

United Nation Centre for Human Settlements (UN-HABITAT) and the United Nations Economic and Social Commission for Asia and the Pacific (ESCAP), *The State of Asian's Cities 2010/2011: Bridging the Urban Divide.* Fukuoka: UN-HABITAT, 2010.

Waldman, Don E. *Microeconomics*. Boston, MA: Pearson Addison Wesley, 2004.

Walzer, Michael. *The Revolution of the Saints: A Study in the Origins of Radical Politics*. London: Weidenfeld and Nicolson, 1966.

Ward, A.W., G.W. Prothero, and S. Leathes, ed. *The Cambridge Modern History*.

Cambridge: Cambridge University Press, 1905.

Warsh, David. "How Selfish Are People—Really?" *Harvard Business Review* May ~ Jun (1989): 26 ~ 34.

Waterman, Anthony Michael C. "Economists on the Relation Between Political Economy and Christian Theology: A Preliminary Survey," *International Journal of Social Economics* 14 (1987): 46 ~ 68.

Wehberg, Hans. "Pacta Sunt Servanda." *The American Journal of International Law* 53 (1959): 775 ~ 786.

Weingartner, Robert J. review of *Economy of Grace*, by Tanner, Kathryn, *Missiology*, 34 (2006): 262 ~ 264.

Weir, David A. *The Origins of the Federal Theology in Sixteenth-Century Reformation Thought*. Oxford: Clarendon Press, 1990.

Werhane, P. H. *Adam Smith and His Legacy for Modern Capitalism*. Oxford: Oxford University Press, 1991.

Wogaman, J. Philip. review of *God the Economist: The Doctrine of God and Political Economy*, *Theology Today*, 47 (1990): 198 ~ 202.

Worland, Stephen. "Justice and Welfare Economics." *Review of Social Economy* 63 (2005): 369 ~ 382.

Zak, Paul J., ed. *Moral Markets: The Critical Role of Values in the Economy*. New Jersey, NJ: Princeton University Press, 2008.

王卓祺編：《香港：上下求索、何去何從？——政治、社會及經濟論文集》。香港：香港社會民主基金會，2003。

李曉惠：《困局與突破：香港難點問題專題研究》。香港：天地圖書出版社，2010。

余達心。《聆聽：神學言說的開端》。台北：校園書房出版社，2008。

林聰標：〈香港的貿易結構與經濟成長〉。收《香港之發展經驗》。邢慕寰、金耀基合編。香港：中文大學出版社，1985，頁 75 ~ 93。

黃暉明：〈香港之工業化與家庭結構〉。收《香港之發展經驗》。邢慕寰、金耀基合編。香港：中文大學出版社，1985，頁 173 ~ 191。

提姆．傑克森〔Tim Jackson〕:《誰說經濟一定要成長？——獻給地球的經濟學》（*Prosperity without Growth: Economics for a Finite Planet*）。朱道凱譯。台北：早安財經文化出版社，2011。

劉兆佳：〈工業都市環境下之中國家庭形態：香港的個案研究〉。收《香港之發展經驗》。邢慕寰、金耀基合編。香港：中文大學出版社，1985。

劉兆佳編：《香港二十一世紀藍圖》。香港：中文大學出版社，2000，頁 157～172。

鄧偉棕：《法、理、情》。香港：花千樹出版社，2001。

錢益兵、賀耀敏：《香港：東西方文化的交滙處》。北京：中國人民大學出版社，1995。

羅金義、李劍明編：《香港經濟：非經濟學讀本》。香港：牛津大學出版社，2004。

主題及人名索引

二劃

三劃

四劃

五劃

六劃

七劃

八劃

九劃

十劃

十一劃

十二劃

十三劃

十四劃

十五劃

十六劃

十七劃

十八劃

系統神學叢書

進入聖言思想的殿堂，
剖視神學的方法及基礎。

如此我信——基督教教義導引
The Christian Faith: An Introduction to Christian Doctrine

根頓（Colin E. Gunton）著 / 趙崇明、鄧紹光 譯 / HK$108

基督、聖靈與救贖：基督教要義導覽

陳若愚 著 / HK$118

上帝論：全球導覽
The Doctrine of God: A Global Introduction

卡維里（Veli-Matti Kärkkäinen）著 / 陳永財、蔡錦圖 譯 / 鄧紹光 學術審閱 / HK$138

基督論：全球導覽
Christology: A Global Introduction

卡維里（Veli-Matti Kärkkäinen）著 / 陳永財 譯 / 鄧紹光 學術審閱 / HK$153

聖靈論：全球導覽
Pneumatology: The Holy Spirit in Ecumenical, International and Contextual Perspective

卡維里（Veli-Matti Kärkkäinen）著 / 陳永財 譯 / 鄧紹光 學術審閱 / HK$93

教會論：全球導覽
An Introduction to Ecclesiology: Ecumenical, Historical & Global Perspectives

卡維里（Veli-Matti Kärkkäinen）著 / 陳永財 譯 / 鄧紹光 學術審閱 / HK$118

基督教教義淺析
A Primer for Christian Doctrine

約拿單・威爾遜（Jonathan R. Wilson）著 / 李金好 譯 / HK$73

基督教三一論淺析
The Trinity

奧爾森（Roger E. Olson）、霍爾（Christopher A. Hall）著 / 蔡錦圖 譯 / HK$63

基督教基督論淺析
Jesus Now and Then

伯理奇（Richard A. Burridge）、古爾德（Graham Gould）著 / 區秉中 譯 / HK$98

基督教詮釋學淺析
A Short Introduction to Hermeneutics

賈思柏（David Jasper）著 / 紀榮神 譯 / HK$73

緊扣時代 服事教會

以文字傳揚基督真道

讀者意見表

衷心多謝你購買本社書籍。本社一直致力以出版事工服事教會，幫助信徒扎根於神的話語，促進靈命增長。為使我們的出版更能滿足你的需要，請填寫下列各項資料，並寄回或傳真予本社。

所購書籍：______________________

本書最吸引你的地方：
☐作者 ☐適切性 ☐文筆 ☐設計 ☐實用性
☐其他：______________________

購買本書地點：
☐基道書樓 ☐基督教書店 ☐非基督教書店

性別：☐男 ☐女 職業：______________

信仰：☐基督徒 ☐非基督徒

年齡：☐ 16 歲或以下 ☐ 17～25 歲 ☐ 26～35 歲
☐ 36～55 歲 ☐ 56 歲或以上

學歷：☐中三或以下 ☐中五 ☐預科
☐大學 ☐研究院

☐我欲更多了解基道出版社的事工及考慮支持，請寄給我下列資料：
☐機構簡介 ☐新書資料 ☐基道會員通訊
☐《基道文字事工通訊》

姓名：______________ 電話：______________

地址：______________________

____

傳真：______________ 電子郵件：______________

其他意見：______________________

____

多謝賜教！

基道出版社

意見表可以傳真（2687-0281）或直接郵寄以下地址：
香港沙田火炭坳背灣街26號富騰工業中心1011室
基道出版社編輯部收